Norwegische See

Färöer-Inseln

Shetland-
Inseln

NORWEGEN

SCHWEDEN

Stavanger

Nordsee

Ostsee

Travemünde

Burghard Pieske

Abenteuer unter
arktischer Sonne

Burghard Pieske

Abenteuer unter arktischer Sonne

shangri-la

Delius Klasing Verlag

2. Auflage

ISBN 3-7688-0694-4
© Copyright by Delius Klasing & Co, Bielefeld
Fotos: Burghard Pieske
Zeichnungen: Gerhard Pieske
Printed in Germany 1990
Satz: Utesch Satztechnik GmbH, Hamburg
Druck: May + Co, Darmstadt

Inhalt

Ein Tag zum Jubeln

Fünf Uhr zeigt der Wecker auf dem Bücherbord neben der Koje. Der Blick durchs Bullauge ist nicht sehr ergiebig um diese Zeit: Grau und in musealer Stille liegt die Morgenstunde über dem schlafenden Yachthafen von Grömitz, dem Badeort am Rand der Neustädter Bucht. Noch schlummern die Boote der Ostseesegler mit ihrem Wald von Masten dem beginnenden Wochenende entgegen. Im dämmernden Zwielicht liegt dichter, herbstlicher Frühnebel über dem Wasser: ein untrügliches Zeichen, daß sich die Sommersaison ihrem Ende zuneigt.

Ich glaub', ich hab' Ameisen im Bauch. Von tiefer innerer Unruhe aus der Kabine an die frische Luft getrieben, finde ich mich auf dem taufeuchten Deck wieder, die Hände in der warmen Daunenjacke vergraben, müde und doch auf eine marternde Weise hellwach. Ich scheine weit und breit das einzige Lebewesen zu sein, das noch vor den Hühnern aufgestanden ist. Und ich bin mir ganz und gar nicht sicher, ob ich in dieser Nacht überhaupt ein Auge zugemacht habe. Stunde um Stunde habe ich mit heißem Herzen nur darauf gewartet, daß der Tag anbricht: *dieser* Tag. Irgendwann wird mich der Schlaf wohl doch übermannt haben, ohne daß ich mir dessen jetzt bewußt bin. Zuviel Zusammenhangloses, Ungereimtes wirbelte im Dunkeln durch meinen Kopf, ließ und läßt sich auch jetzt nicht in Einklang bringen: ein unvereinbares Chaos von Erinnerungen, Erwartungen, Befürchtungen, in dem vor allem Wehmut und Freude heftig miteinander streiten. Ich bin aufgeregt, bewegt.

Auch wenn nichts in dieser jungfräulichen Dämmerstunde darauf hindeutet: Dieser Tag, der da zögerlich hinter trübem Dunst über der Ostsee heraufschimmert, ist nicht wie jeder andere. Un-

zweifelhaft markiert er den Schlußpunkt eines Lebensabschnittes –
für mich wie für Helga. Fast aufs Datum genau nach zehn Jahren
Weltumsegelung wird unser Katamaran SHANGRI-LA – einst für
eine, wie wir dachten, dreijährige Reise gebaut –, unsere schwimmende, hochseetüchtige Behausung, die uns zuverlässig und sicher
bis an die entlegensten Küsten der Erde trug, in ihren Heimathafen
Travemünde zurückkehren. Heute schließt sich der Kreis nach
zehn Jahren, in denen das Leben auf Schiffsplanken für uns zum
Alltag geworden ist, den gegen einen anderen einzutauschen wir
uns schwer vorstellen können.

Wird also auch die Heimat nur eine Zwischenstation sein? Zunächst einmal endet hier ein Weg, der schöner, extremer und vor
allem viel länger war, als wir an seinem Beginn ahnten, und der, als
wir ihn betraten, unserem Dasein eine neue, nicht mehr umkehr-
bare Richtung wies. Das Beunruhigende ist die Tatsache, daß das
heute erreichte Ziel am Ende des Weges lediglich geographisch mit
der Startlinie übereinstimmt. Nichts kann nach so langer Zeit, nach
so vielen Geschehnissen noch oder wieder genauso sein, wie es
vorher war – am wenigsten können wir selber noch sein, was wir
vorher waren. In jedem Ende, heißt es, stecke auch ein neuer
Anfang; nur habe ich keine klare Vorstellung, was an diesem Tag
beginnen soll. Außer Frage steht lediglich das eine: Die Zukunft
wird und muß auf irgendeine Weise an diese vergangenen zehn
Jahre anknüpfen, die uns herausführten aus alten, ungeliebten
Zwängen in eine ganz andere Lebensform. Es war ein Weg der
Entbehrungen ebenso wie der Fülle und des Reichtums – eines
Reichtums an unvergeßlichen Begebenheiten und Begegnungen,
ein Leben ohne Schranken, in der Grenzenlosigkeit der Ozeane.

Um so kurioser kommt es mir vor, daß die Rückkehr aus der
großen Freiheit, in welcher der Begriff „Zeit" eine so unwesentli-
che Rolle spielte, gleichsam mit der Stoppuhr festgehalten werden
soll. Das hat sich nämlich mein lieber, lebenslanger Freund Jörg so
ausgedacht: Von Grönland kommend und bereits auf Heimatkurs,
erhielten wir beim Zwischenstopp in Island seinen etwas mysteriö-
sen Brief, dessen Quintessenz lautete: „Erwarten Euch am Sonn-
abend, dem 26. September, um zwölf Uhr an der Mole in Travemünde!" Der Termin sei unbedingt einzuhalten. Ich schrieb zu-

rück, ob er schon mal gehört hätte, daß Atlantiküberquerungen per Segelboot selten nach Stundenplan abliefen, ja, daß Termine der Erzfeind des Seglers seien. Vielleicht war das Ganze ja auch nur einer seiner üblichen Scherze, daß wir nach zehn Jahren mit dem Gongschlag zwölf Uhr mittags in die Hafeneinfahrt einbiegen sollten. Helga sagte, eine ähnlich seltsame Verabredung käme ihres Wissens nur beim braven Soldaten Schwejk vor, der sich „nach dem Krieg um sechs" mit seinem Freund zum Bier treffen wollte. Aber Jörg, den schwache Argumente nicht beeindrucken, beharrte auf seiner Anweisung, deren tiefere Gründe mit viel Geheimniskrämerei vertuscht wurden. Und wir nahmen uns vage vor, es wenigstens zu versuchen, um ihm nicht die Begrüßungszeremonie zu vermasseln, die er zweifellos organisieren wollte.

Nun ist es also wahrhaftig geschafft, allen Gemeinheiten, mit denen der Atlantik uns beutelte, zum Trotz – und sogar einen Tag früher als bestellt. Tatsächlich hätten wir schon seit gestern abend an der Mole in Travemünde liegen können, aber das, meinte Helga, ginge nun auch nicht: zu früh gehöre sich ebenso wenig wie zu spät; vielleicht wolle Jörg ja noch bis zwölf sein Gedicht auswendig lernen und ein paar Leute zusammentrommeln. Um keine Spielverderber zu sein, machten wir das Gedöns also mit und schlichen uns heimlich wie die Diebe zu nachtschlafender Stunde in den Yachthafen von Grömitz, um erst anderntags offiziell „deutschen Boden zu betreten".

Inzwischen ist noch jemand aus den Federn gekrochen. Im Cockpit taucht Helgas Notstands-Kopfbedeckung auf, die knallrote Wollmütze. Ich weiß, es ergeht ihr nicht anders als mir, aber statt nutzlos herumzutigern (sie kompensierte schon immer jegliche Anspannung durch praktische Aktivität), hat sie bereits den Küchendienst angetreten und Kaffee gekocht, was mir in meiner Aufgewühltheit natürlich nicht eingefallen ist. Sorgsam balanciert sie zwei randvolle, dampfende Becher aus der Kajüte übers Deck und reicht mir einen davon. „Morgen, Seemann. Aus der Koje gefallen? Ich glaube, du hast dich zu früh gefreut, der Empfang fällt aus wegen Nebel: Sichtweite keine hundert Meter. Die werden uns erst sehen, wenn wir ihnen über die Füße fahren."

Wir nippen an dem heißen Getränk und blicken ergeben in die

verhangene Waschküche, in der die Konturen der dösenden Boote schemenhaft verschwimmen. Dann sagt Helga: „Wie auch immer – wenn du dein Inkognito noch wahren willst, dann sollten wir aufbrechen, bevor hier die ersten Unentwegten aufkreuzen und der Betrieb losgeht."

Natürlich ist es noch reichlich früh, bis mittags könnten wir dreimal in Travemünde sein, aber wir beschließen, bis zu unserem „amtlichen" Ankunftstermin dort auf Reede auszuharren, und schleichen uns aus Grömitz so verstohlen davon, wie wir gekommen sind. Die Ostsee liegt träge und matt da wie Blei, als wir ganz allein und gemächlich in die milchig graue Watte tuckern. Zwei Stunden später beziehen wir Warteposition in der Lübecker Bucht. Und während wir da draußen dümpeln, von Stille und wattigem, undurchsichtigem Nichts umschlossen, kommt mir das Versteckspiel immer seltsamer vor, gerade so als wären wir Schauspieler, die darauf warten, daß der Vorhang aufgeht. Und am liebsten würde ich, wie etliche Mimen es angeblich tun, durch ein Loch im Stoff peilen und mal gucken, wer alles gekommen ist. Mich macht das nervös. Warum schippern wir nicht einfach los und sind zum zweiten Frühstück daheim bei den so lange vermißten Lieben? Aber da geschieht das Wunderbare.

Der „Vorhang" hebt sich tatsächlich! Von der steigenden Sonne erwärmt, beginnt der Nebel zu immer dünneren, durchsichtiger werdenden Schleiern zu zerfließen, die schneller und schneller in die Höhe streben. Nicht lange, und es sind nur noch Reste des Dunstes übrig, durch die es hell und verheißungsvoll schimmert. Und dann – jetzt merken wir, daß wir hier eher im Zuschauerraum sitzen – wird die Kulisse deutlich: Ungläubig und staunend starren wir überwältigt auf das weite Rund der altvertrauten Bühne: Dort, was wie ein Finger in den Himmel ragt, ist das Maritim, das wohlbekannte Wahrzeichen von Travemünde. Und da – der dunkle Streifen, das muß das Brodtener Ufer sein! Es ist wahr, es ist wahr... Wir sind zu Hause.

Eine Viertelstunde später strahlt die Sonne von einem blankgeputzten Firmament; so leuchtend blau wie der Himmel kräuselt sich sanft die Ostsee, und lichtüberflutet grüßt das Panorama der Stadt herüber. „Kaiserwetter" nennt man so etwas hier auch heute noch. Wir ziehen alle Flaggen der Länder hoch, die wir besucht haben, denn der Blick auf die Uhr zeigt: Es ist soweit. Schade nur, daß für einen trefflichen Endspurt unter vollen Segeln die Brise nicht ausreichen wird. So starten wir zum letzten Mal die Maschinen – um das restliche Stückchen Weges heimzufahren, zurück in den Hafen, in dem während all der Jahre an langer, unsichtbarer Kette unser Anker lag.

Dort, wo das Ende der Mole die Hafeneinfahrt markiert, empfängt uns ein buntes Gewusel von Yachten, Motorbooten, Ausflugsdampfern und verwegenen Schlauchbootfahrern. Auch die Seenotrettung ist vertreten und sogar der Bundesgrenzschutz mit einem Schiff, auf dessen Deck eng gedrängt Leute stehen, die jetzt die Kameras zücken. Daß aber diese ganze Betriebsamkeit allen Ernstes uns gilt, glauben wir erst, als sich der Schwarm um uns zu einem Geleitzug formiert. Mittendrin, sozusagen als roter Kern einer Traube von Wasserfahrzeugen, von denen geschrien und gewunken wird, nähert sich SHANGRI-LA mit zwei verwirrten Weltumseglern an Bord dem Travemünder Hafenbecken. Und was dort auf der langen Mole von weitem so aussah wie ein üppig bepflanztes Blumenbeet oder eine bunte Raupe mit aberhundert Köpfen, das sind Menschen, dicht an dicht...

Was in den nächsten Stunden abläuft, ist mir in Erinnerung geblieben als ein phantastischer Tagtraum, eine einzige wahrgewordene Vision, die alle Vorstellungen übertraf, die wir uns je von unserer Heimkehr zu machen gewagt hatten. Es sind einige tausend Menschen, die Travemündes Uferpromenade säumen. Ein Feuerlöschboot schießt wasserstaubende, glitzernde Fontänen in den wolkenlosen Himmel, und unter einem vielstimmigen Konzert von Schiffssirenen wird SHANGRI-LA an die Pier geleitet.

Als wir festmachen, lösen sich aus der Menge, die sich bis an die Kante des Anlegers drängt, drei Gestalten und springen unter Indianergeheul an Bord: Zwei davon sind Peter und Dörte, unsere Freunde der ersten Stunde und damals die andere Hälfte unser „Viererbande". Mit ihnen hatten wir einst die Idee ausgeheckt, die Welt zu umsegeln, und den Bau der SHANGRI-LA in Angriff genommen. Noch während der vierjährigen Vorbereitungsphase jedoch hatten sich Peter und Dörte als Paar „auseinandergeeinigt" und

11

waren ausgestiegen. Deshalb kam es uns wie gerufen, als beinahe zur selben Zeit ein Ersatzmann zu uns stieß: Luggi, der Urbayer, drei Jahre lang unser perfekter Koch, Erster Ingenieur und Bordfaktotum. Und auch der steht nun leibhaftig vor uns, mit den anderen beiden um die Wette strahlend. Er sei extra aus München angereist, um dabei zu sein, wenn „sein" Schiff nach Hause kommt!

Die drei bugsieren uns durch das Spalier der Menge, und nun bricht vollends ein Rausch der Emotionen aus, ein Taumel zwischen Lachen und Tränen, Händeschütteln und Schulterklopfen. Wir fallen von einem Arm in den anderen und können es nicht fassen, daß wir nach so langer Abwesenheit noch so viele Freunde haben. Es wird geschubst, geschoben, gedrängelt und geschrien, und mitten im Gewühl tauchen all die altvertrauten Gesichter auf, die Mühe haben, nicht abgedrängt zu werden: Eltern, Geschwister, Neffen und Nichten, Bekannte. Und natürlich ist, zufrieden grienend, auch Jörg da, der die Nachricht von unserem Kommen in alle Himmelsrichtungen lanciert hat und zweifellos – unterstützt von zwei Komplizen, Ecki und Ferdi – für diese Volksaufwiegelung verantwortlich ist. Als aber last but not least plötzlich auch Nico vor uns steht, unser Freund und Helfer aus Grönland, von dem wir erst vor zwei Monaten im Fjord von Nanortalik Abschied nahmen, da glauben wir fast an Halluzinationen. Nico, der schweigsame Naturmensch, der bei unserem Grönlandabenteuer eine so wesentliche, wenn nicht gar die tragende Rolle spielte, ist mit seiner ganzen Familie herübergeflogen! Und jetzt ist in dem wüsten Gerempel kaum eine angemessene Begrüßung möglich. „Wir sehen uns ja noch", ruft Nico und schmunzelt auf seine verhaltene Art.

Und schon schiebt man uns weiter, dorthin, wo offenbar die Bühne dieses Festspiels sein soll. Als I-Tüpfelchen von Jörgs Einfallsreichtum prangt nämlich ein großes Zelt – blau-weiß gestreift wie auf dem Oktoberfest – auf der Uferpromenade. Und nach dem Stimmungspegel zu urteilen, wird hier anscheinend schon den ganzen Vormittag Bier ausgeschenkt. Als wir beim Zelteingang ankommen, stellen ein paar blaue Jungs in maritimer Einheitskluft eilig die Pappbecher weg und nehmen Aufstellung zum Seemannschor. Ungeachtet des allgemeinen Tumults schmettern sie aus markigen Männerkehlen ein zünftiges Shanty in die klare Luft. Ihr „Firmenschild" mit der Aufschrift „Waterkantchor Möwenschiet" wird von der Menge fast umgeworfen.

Als das Lied verklungen ist, gebührend beklatscht und bejohlt, sehen wir, die Objekte dieser Volksbelustigung, uns in Positur gebracht; irgendwer rückt ein paar Mikrophone zurecht. Einige Herren in seriösem Zwirn sind auf einmal zur Stelle, eine Fernsehkamera läuft, und die Offiziellen der Stadt lächeln mit den Weltumseglern ins Objektiv. Ich gestehe, daß der Inhalt der Reden, zu denen geübte Zungen nun anheben, an mir ziemlich vorbeirauscht. Irgendjemand sagt dreimal etwas von „großartiger Leistung", und ich denke, wovon reden die eigentlich? Dann soll auch der Weltumsegler etwas sagen, und alles, was mir in meinem Schreck einfällt, ist, irgendeinen Schwank zum besten zu geben.

Um es kurz zu machen: Bis Mitternacht haben wir volles Programm. Ohne Pause eilen wir von Empfang zu Empfang, vom Festessen im Hotel zur Pressekonferenz, zu Interviews und Fototerminen. Und in meinem Kopf geht alles drunter und drüber an diesem Tag, der mit der trügerischen Stille einer nebligen Morgendämmerung begonnen hat. Allein die Verlorenheit und Tristesse dieser frühen Stunde erinnert heute noch an jenen ebenfalls schmutzig-trüben Septembermorgen vor zehn Jahren, an dem alles anfing. Damals klarte der Himmel nicht auf, und es war nur ein Grüppchen mehr oder weniger besorgter Eingeweihter, das uns, unbemerkt von der Öffentlichkeit, verabschiedete. Ich sehe sie noch vor mir, frierend in der feuchten Kälte, die blassen und ziemlich skeptischen Gesichter, die wir hinter uns zurückließen. Und mir fällt der Fischer ein, der nur zufällig von uns Notiz nahm, als wir zum letzten Mal vor dem Start ins Ungewisse Diesel bunkerten. Mehr beiläufig als interessiert blickte er von seinen Netzen auf und fragte: „Na, soll's heute 'n lütten Schlag segeln gehen?"

Ja, das sollte es: einen kleinen Schlag von neunzigtausend Seemeilen. Aber davon wußten wir in jenem Moment noch nichts. Weder ahnten wir etwas von dieser unbegreiflichen Zahl, noch davon, welche Dimensionen das Leben – unser Leben – haben kann.

Bei den Gorillas von
Godthåb

Es ist der zweite Tag, als der Weltuntergang sich ankündigt. Bei allen Polargöttern, das war knapp. Da können wir nur von Glück reden, daß wir uns jetzt trockenen Fußes auf festem Boden aufhalten und nicht mehr dort draußen, wo der eisgraue Nordatlantik wie in einem riesigen Kessel kocht und schäumende, wildbewegte Wassergebirge aufwirft, als wolle er alles an seiner Oberfläche abschütteln.

Doch da ist weit und breit nichts mehr. Längst haben die Fischer fluchtartig das Revier verlassen: kein Schiff mehr bis zur Kimm. Dicht an dicht drängen sich die Kutter im dürftigen Schutz der Hafenmole von Godthåb, wo sie wie ungebändigte Pferde an den knarrenden Leinen zerren. Schwerfällig bauschen sich selbst die groben Netze im salzigen Wind. Ungestüm knattern und knallen, von den Böen traktiert, die Planen. Es ist eine gepfefferte Kostprobe aus der arktischen Wetterküche, die an diesem absonderlichen Septembertag fauchend die Westküste Grönlands traktiert. Der Sturm schneidet durch Mark und Bein und treibt uns das Wasser in die Augen. Pfeifend und heulend, als seien sämtliche Mächte des Himmels entfesselt, tobt der Sturm von Norden her über die große „Eisschüssel" hinweg und rüttelt an den Kummer gewohnten Gebäuden von Godthåb, dem kleinen, wetterharten Fischereihafen, der sich Hauptstadt nennen darf. Was nicht niet- und nagelfest ist, fegt als wirbelndes Flugobjekt durch die Luft, schwirrt wie ein verirrtes Geschoß über die Piers und um die Straßenecken. Von Zeit zu Zeit fördert noch ein peitschender Regenguß die vorzeitige Novemberstimmung.

Vom warmen, trockenen Platz hinter der Fensterscheibe betrachtet, hat es ja durchaus etwas Ergötzliches, wie die paar Unentwegten draußen sich mit eingezogenen Köpfen gegen den Sturm stemmen: lauter schräge Figuren, die mit starker Schlagseite, beinahe spitzwinklig zum Erdboden, mühsam von der Stelle zu kommen suchen und immer wieder unversehens zum Spielball der Gewalten werden. Da schüttelt man sich wohlig und ist dankbar für die elementarsten Dinge im Leben: ein Dach über dem Kopf und etwas Heißes für den Magen.

Was wäre Godthåb in diesem Spätsommer ohne sein Seemannsheim, in dem die Heizung und der anheimelnd dampfende Tee nie ausgehen. Solange das Unwetter dauert, sieht man jeden Morgen in der Frühe zwei signalrot verpackte Gestalten, ausgestopften Stoffpuppen nicht unähnlich, die Ungemütlichkeit der Nacht noch in den steifen Gelenken, von einem Segelboot auf die Pier krabbeln. Dann kämpfen sie sich, konzentriert darum bemüht, die Füße unterm Leib zu behalten, um ein paar Ecken zu der kleinen Pension, die ortsfremden Seeleuten als Zuflucht offensteht. Dieses Seemannsheim erfüllt mehrere Funktionen: als Quartier, Begegnungsstätte oder einfach als Ersatz für Mutters gemütliche Stube.

Wen wundert's, daß in dem farbenfrohen Winkelholzbau von freundlichem skandinavischen Gepräge gerade Hochkonjunktur herrscht? Aus allen Räumen dringt das Geschwätz von Männern, die sich hier die Zeit vertreiben. Sämtliche Betten sind belegt – Vorbestellung wäre erwünscht gewesen. Doch das macht nichts, die zwei von der SHANGRI-LA, jener überraschend eingelaufenen Segelyacht, begnügen sich mit einem molligen Plätzchen hinterm Ofen während der Tagesstunden. Am Abend treibt uns die Unruhe sowieso zurück an Bord, ist die Sorge um unser verlassen im Hafen schaukelndes Schiff größer als das Gruseln vor kaltem, klammem Bettzeug und dem Eishauch der ungeheizten Kajüte. Zum Schlafen kriechen wir tapfer in unsere schwimmende, feuchte Höhle, der zur Zeit der Charme eines Feldquartiers im verregneten Herbstmanöver anhaftet.

„Heute nacht", hat der Wirt gleich am ersten Vormittag gesagt, „sind zwei Motorboote leckgeschlagen und gesunken, nicht weit von hier." Ich darf mir nicht ausmalen, was alles passieren könnte während unserer Abwesenheit. Machten nicht Feuchtigkeit und Temperatur den Aufenthalt an Bord schier zur Kasteiung, wir würden kaum eine Handbreit vom Schiff weichen, denn eine mögliche Havarie bei diesem Sturm scheint nur eine von mehreren denkbaren Katastrophen zu sein. Was, wenn an diesen Räubergeschichten von Diebstahl, Vandalismus und Anarchie, die hier im Umlauf sind, tatsächlich etwas dran ist? Alles nur Seemannsgarn – oder? Diese unbeantwortete Frage veranlaßt mich immer häufiger zu nervösen Wanderungen zum Fenster des Aufenthaltsraums und wieder zurück.

„Dein Herumtigern ist ätzend", kriege ich dann bisweilen zu hören. „Vor allem nützt es nichts. Setz' dich um Himmels willen auf deinen Hintern – oder geh an Bord. Ich jedenfalls bleibe bei dem Wetter hier. Wenigstens für ein paar Stunden will ich aus dem Faserpelz raus, außerdem hab' ich keine Lust, mir in der eigenen Wohnküche Rheuma ins Gebein zu holen."

„Aber wenn . . ."

„Es wird schon nichts passieren am hellichten Tag. Ist ja kaum ein Mensch draußen. Niemand klaut ein Schiff ausgerechnet bei Sturm. Jedenfalls sollte man das annehmen", fügt sie etwas halbherzig hinzu. Und das beruhigt mich nun überhaupt nicht. Was kann man hier schon als normal voraussetzen? Unentwegt muß ich mir diesen Auftritt vergegenwärtigen, der den niederschmetternden Auftakt bildete, kaum daß wir – mit den freudigsten Erwartungen – das Ziel Grönland erreicht hatten . . .

Zeitvertreib auf grönländisch

Der knollige, untersetzte Däne, seines Zeichens Hafenmeister von Godthåb, zuckt nur ebenso liebenswürdig wie unerschüttert die Achseln. Für ihn ist das Ganze keine Affäre, nichts als sein täglich Brot, gewissermaßen. Worüber hier jedermann im Bilde ist, davon scheinen nur diese beiden reichlich blauäugigen deutschen Segeltouristen nichts zu wissen, die irgendein Wind in diese Himmelsrichtung getrieben hat.

„Das", bekennt Helga, der zierlichste und langhaarigste Käptn, den er je gesehen hat, mit offenem Mißvergnügen, „das hatte ich mir ja ein bißchen anders vorgestellt."

Etwas wie unterschwelliges Unbehagen spricht jetzt aus dem

gemütvollen Gesicht des Dänen. Laut sagt er, sich nachsichtig räuspernd: „Tja, junge Frau, daran gewöhn' dich lieber gleich. Das oberste Gebot lautet bei uns: Niemals das Boot aus den Augen lassen! Jedenfalls nicht länger als unbedingt erforderlich. Gebt immer schön acht auf alles, was euch gehört. Sonst gehört es euch nicht mehr lange."

Nein, ganz gewiß werde hier niemand irgendwelche Sicherheitsgarantien übenehmen für Dinge, die nicht absolut unantastbar, kugelfest und einbruchsicher verschanzt seien und – Gott bewahre – womöglich einige Zeit unbeaufsichtigt blieben. Er schon überhaupt nicht. Und das gelte ganz speziell für Wasserfahrzeuge kleineren Kalibers. Die würden in Godthåb mit besonderer Vorliebe entwendet oder doch wenigstens zu Schrott zertrümmert.

„Sie sind sonst nicht schlechter als anderswo, unsere Burschen hier. Kritisch wird's eigentlich nur, wenn sie über den Durst bechern. Das Grundübel ist wohl, daß in den vergangenen Jahren überhaupt zu viele Leute in die Stadt gezogen sind. Man muß bedenken, die waren vorher noch Jäger und Robbenfänger, draußen in ihren kleinen Siedlungen. Solche Menschen fühlen sich hier bald entwurzelt. In der Stadt – na gut, da haben sie ihren Job, aber irgendwas fehlt ihnen wohl hier. Und wie das so ist, der Frust wird mit Schnaps runtergespült. Dabei brennt dann mal die Sicherung durch – und irgendwas geht zu Bruch. Oder wechselt formlos den Besitzer."

Also auch hier. „The booze" sagten sie drüben in Kanada. Die Ohnmacht gegenüber dem Fusel scheint das Kreuz aller kalten Länder der Erde zu sein. Halb belustigt denke ich, daß wir uns doch erklärtermaßen seit Monaten auf den Spuren der Wikinger befinden, und die sind ja als ausgemachte Rauf- und Saufbolde in die Geschichte eingegangen.

Unser Hafenmeister soll nicht der letzte bleiben, der uns darüber aufklärt, auf welch „originelle" Weise die Bewohner dieser Gegend sich die Zeit vertreiben. Und schon jetzt gucken zwei lange Gesichter ziemlich säuerlich aus unseren Kapuzen.

Nach fünftägiger Fahrt durch die Eisdrift der Davis-Straße frisch aus der Wildnis Labradors eingetroffen, alle Sinne noch durchdrungen vom Anblick stiller, majestätischer Landschaften und der

Begegnung mit hilfsbereiten, gastfreien Menschen, haben wir nun das Empfinden, als werde ein rosaroter Vorhang weggerissen und der Blick abrupt mit dem Fluch der Zivilisation konfrontiert. Dabei waren es doch gerade deutliche Attribute dieser Zivilisation – allerdings solche der maritimen Technik –, die uns so frohgestimmt auf diese Küste zusteuern ließen.

Noch sehe ich es vor mir: Der schwere Nordost war abgeflaut, der erste der Saison, mit dem uns die Davis-Straße, ihrem zweifelhaften Ruf gemäß, gebeutelt hatte – da tauchte es wie ein Wunder plötzlich im Morgendämmern des fünften Tages auf: ein erstes schwaches Blinken über der Kimm, im dunstigen Zwielicht der frühen Stunde, immer wieder von der noch hochgehenden Dünung verschluckt. Der winzige, aber verheißungsvolle Lichtpunkt durchstach regelmäßig das diffuse Grau der letzten Nachtschleier: ein Leuchtfeuer! Es schien uns ein Vorbote, ein anspornendes Winken Europas zu sein. In all den Wochen und Monaten, die wir im Angesicht der zerklüfteten Labradorküste segelten, bedeuteten Seezeichen einen Luxus, dem man bestenfalls an den Hauptschifffahrtswegen zu den wenigen „richtigen" Häfen begegnete. Weitgehend hatten wir im Irrgarten der Eisberge und Felsinseln auf eigene Hilfsmittel vertrauen müssen. Echolot, Satellitennavigator und Radar erwiesen sich als unentbehrlich, von Augen, Ohren und Nase ganz zu schweigen. Hier aber lotste uns ein hilfreiches Signal freundlich in die Schären der grönländischen Westküste, die am frühen Vormittag deutlich sichtbar wurden. Wenig später hatte „Europa" uns wieder. Grönland, dieser dänische Vorposten am nördlichen Polarkreis empfing uns mit dem vertrauten Betrieb und den Geruchswolken eines florierenden Fischereihafens skandinavischer Prägung.

Und nun konfrontierte uns die allererste Tuchfühlung mit Grönland, der größten Insel der Erde, mit einer einseitigen Kriegserklärung?

Helga schüttelt unwillig den Kopf, als wolle sie die bedrohliche Perspektive verwischen. „Also ... Ich weiß nicht. Wir sind hier doch nicht in New York. In Labrador, wo wir gerade herkommen, da wird leider auch furchtbar viel ges- ... ich meine, da gibt es auch viel Ärger durch Alkohol. Aber derartige Befürchtungen haben wir

18

dort nie gehabt. Daß die Inuit sich mal gegenseitig die Köpfe einschlugen, nun ja, so etwas haben wir erlebt. Aber Übergriffe auf fremdes Eigentum, *unser* Eigentum? Nein. Doch, wie auch immer, wir wollen hier jedenfalls aufslippen."

„Dann viel Glück. Ich sage euch nur soviel: Mein eigenes Motorboot, und das ist ein eher bescheidenes Modell, nehme ich grundsätzlich mit nach Hause, in meine Garage. Und ich weiß, warum. Seid gewarnt!" Sein Kennerblick taxiert wohlgefällig SHANGRI-LAS für diese Gegend so spektakuläre Konturen. Wie überall im hohen Norden, ruft unser knallrotes „Doubleboat" auch hier staunendes Interesse hervor. „Immerhin ist euer Dampfer ein recht auffallender Magnet. Ein richtiges Schmuckstück!"

Allmählich schwant mir Fürchterliches. Vergeblich bemühe ich mich, vorerst aus meinen Gedanken zu verdrängen, weshalb wir überhaupt nach Godthåb gekommen sind: in der an sich arglosen Absicht, unsere SHANGRI-LA hier überwintern zu lassen. Alleine.

Es hat wirklich keinen Sinn mehr, jetzt noch unsere geplante Route südlich um Grönland Richtung Island fortzusetzen. Schon neigt sich der September seinem Ende zu, und der erste Herbststurm, der uns zeitweilig gezwungen hatte, wahnwitzig auf- und niedertanzend vor Treibanker zu liegen, reichte völlig als Vorgeschmack auf das, was uns noch bevorstehen würde. Nein, es gibt keine andere Lösung als die, welche wir uns drüben in Frobisher Bay so schön ausgedacht hatten: SHANGRI-LA in Grönland einzumotten und ihr den wohlverdienten Winterschlaf zu gönnen. Wenn auch unsere inzwischen zehn Jahre alte Veteranin uns zuverlässig über manche ungemütlichen Gewässer getragen hat, im Augenblick fehlen für einen solchen Törn in einer äußerst kritischen Klimazone einfach die wichtigsten Voraussetzungen: absolut intaktes Material und eine ausgeruhte Crew. Wir brauchen uns nichts vorzumachen, die vergangenen Monate im Nebel und Eis der Labradorsee – so faszinierend sie waren – sind an die Substanz gegangen, Verschleißerscheinungen an Schiff und Mannschaft unübersehbar. Die jetzt nötige Verschnaufpause aber und die unabdingbare Generalüberholung des Kats würden uns noch für Wochen hier festhalten. Zu lange. Danach nämlich dürfte der früh anbrechende Polarwinter unsere Weiterreise mit Sicherheit vereiteln.

Und ganz so authentisch müssen wir die halsbrecherische Seefahrerei Eriks des Roten und seiner Drachenbootmannen denn doch nicht nachvollziehen...

In meinem Kopf beginnen sich die unvermutet auftauchenden Widrigkeiten zu einem wirren Knäuel zu verknoten. Was nun? Sind etwa die Gefahren, die unserem alten Mädchen in einem grönländischen Quartier drohen, noch ungleich größer als die eines polaren Sturmtiefs? Besorgt gleitet mein Blick über SHANGRI-LA, die da so friedlich neben einem Kutter dümpelt. Während ich meine Gedanken sortiere, rezitiert der gemütvolle Däne ausführlich die offizielle Bilanz der Einbruchs- und Diebstahlsdelikte des vergangenen Jahres, begangen vorwiegend von Jugendlichen, die an den Schnapsbuden Godthåbs gestrandet waren und ihrem Betätigungsdrang nur in hemmungsloser Zerstörungswut nachzugeben wußten.

Zum tieferen Verständnis der Dinge fehlen uns in diesem Augenblick noch nähere Kenntnisse über das Land, das wir betreten haben, diese endlos weite Provinz eines winzigen Staates jenseits des Meeres, zweiundfünfzigmal größer als das Mutterland Dänemark. Was es für die sozialen Anforderungen an das Gemeinwesen Grönland bedeutet, daß die Hälfte seiner Einwohner jünger als fünfzehn Jahre ist und daß rund achtzig Prozent der Gesamtbevölkerung aus den kleinen Fischer- und Jägersiedlungen in die wenigen Städte geströmt sind – davon verrieten sie nichts, die schönen, bunten Hochglanzbroschüren, mit denen der dänische Fremdenverkehrsrat um Arktis-Touristen warb.

„Ja, schlimm, schlimm", seufzt der Hafenmeister. Und anderswo sei es leider genauso. „Wenn es wenigstens ein angemessenes Freizeitangebot für die Jugend gäbe... Womit sollen sich die armen Teufel hier denn beschäftigen?"

Tja, das weiß ich auch nicht. Jedenfalls nicht mit der Zertrümmerung meiner SHANGRI-LA, die unser Eigenheim ist und alles, was wir besitzen.

Stumm und ratlos trifft mein Blick auf die ernüchterte Miene der zweiten Crewhälfte... Wo sind wir hier, scheint sie zu fragen, in der Urheimat aller Vandalen? Wie soll man sich jetzt verhalten – nur einzeln an Land gehen und jeweils einen als Stallwache zurücklassen? Und nachts? Dreistündiger Wachgang wie auf See? Eigentlich schlafe ich im Hafen gerne aus.

Als der Däne, dies wandelnde Menetekel, sich nicht ohne Sarkasmus mit den besten Wünschen empfiehlt, steht die SHANGRI-LA-Besatzung in Stinklaune auf der Pier von Godthåb. „Bangemachen gilt nicht." Helga entschließt sich zu trotzigem Optimismus. Und am nächsten Tag bläst der Sturm erstmal alles andere in den Hintergrund.

Die Hauptstadt auf der Landspitze

Die Bibliothek ist die Notlösung. „Okay. Hier bleiben wir mal", sagt Helga nach kurzer Besichtigung und entledigt sich des Anoraks.

Unverändert empfiehlt sich der Aufenthalt in geschlossenen Räumen – ein Umstand, der alsbald den Forscherdrang nach einem alternativen Zeitvertreib in uns geweckt hat. Nun sitzen wir also hier. Auch gut. Wir küren sie zu unserem neuen Asyl, die Stadtbibliothek von Godthåb. Die Sammlung in ihren Regalen nimmt es an Umfang und Vielseitigkeit mit jeder anderen „europäischen" Stadt auf. Da fehlt nichts, was für den anspruchsvollen Bücherwurm von Interesse sein könnte. (Bedauerlich nur für die selbstverwalteten Polardänen, daß ihre Metropole über keinerlei weiterführende Bildungsstätte verfügt. Grönländer, die ein Hochschulstudium absolvieren wollen, müssen sich zu diesem Zweck, mehr oder minder heimwehgeplagt, ins ferne, kontinentale „Mutterland" begeben.)

Allein mit dem Sortiment deutschsprachiger Bände, das wir entdecken, ließe sich durchaus ein arktischer Sturm sinnvoll überdauern. Doch stürzen wir Grönland-Anfänger uns, hier gleichsam an der Quelle der Informationsmöglichkeiten, auf jene Abteilung, die verständlicherweise den größten Raum einnimmt: auf „Kalaallit Nunaat", das „Land der Menschen". Kaum zu glauben, wie umfangreich die Literatur ist, die sich mit dem geologisch merkwürdigen Gebilde dieser gigantischen, eisgefüllten Gesteinsschale befaßt, die von Polarmeer und Atlantik umspült wird. Alles Wissenswerte über seine Gastgeberinsel, die kühle, spröde, kann sich der Zugereiste hier erschmökern.

Seine derzeitige klimatische Übellaunigkeit ignorierend, lassen wir uns in der Stille und wärmenden Geborgenheit zwischen dek-kenhohen Bücherwänden und einladenden Lesetischchen von Geschichte und Kultur, topographischen Zahlen und geographischen Phänomenen Grönlands beeindrucken.

Und wenn mir etwas im Gedächtnis bleiben wird von dem, was ich dem einen oder anderen dicken Wälzer entnommen habe, so ist es vor allem die Belehrung darüber, daß der Fortbestand des arktischen Klimas in Grönland von immenser Bedeutung sei – weltweit für alle Küstenregionen der Erde. Ich lese es mit Einsicht, und es bewegt mich, meinen Frieden mit den eisigen Wettergöttern zu machen. Denn würde der gewaltige Eispanzer, der das Inland bedeckt, abschmelzen – unzählige flache Inseln und Küstenländer auf diesem Globus verschwänden für immer unter dem Meeresspiegel. Irgendwer hat sich die Mühe gemacht, es auszurechnen: Ein Anstieg des Pegels aller Weltmeere um sechs Meter sei zu befürchten, würde das Kalben der Grönlandgletscher zu einem tödlichen Aderlaß ausarten... Da ziehen sie auf einmal plastisch und farbig durch mein Gedächtnis: die von Palmen gefächelten Korallenatolle Polynesiens, die Bahamas und die Florida Keys in ihrer sonnendurchglühten Idylle; wer weiß, vielleicht die Hälfte unserer Weltreise hätte nach einer derartigen globalen Katastrophe so gar nicht stattfinden können. Ach ja, und Travemünde, wo SHANGRI-LA ja mal wieder anlegen soll, gäbe es dann auch nicht mehr. Doch noch sorgen die eiskalten polaren Ströme, die die Insel umspülen, und die Kälteabstrahlung des bis zu drei Kilometer dicken Inlandeises dafür, daß Niederschläge gefrieren und der natürliche Kreislauf des Wassers zwischen Himmel und Erde im Gleichgewicht bleibt.

Ich schaue aus dem Fenster und bin beruhigt. Es gießt. Wolkenbruchartig. Nun weiß ich: Das muß wohl so sein. Man lernt doch nie aus. Nicht mal an einem weltfernen Ort wie diesem, der sich wie alle Siedlungen Grönlands gleichsam als kleine Enklave der Zivilisation an den Saum einer schier unermeßlichen, menschenleeren Eiswüste kauert.

Doch wer sagt denn, daß „Nuuk", die „Landspitze", wie sich die Hauptstadt mit neuerstarktem Nationalbewußtsein bevorzugt nennt, nicht auch Kurzweil zu bieten hat; mal abgesehen von den Erinnerungsfotos an den Wänden des Seemannsheims und von den Biographien der derzeit anwesenden Gäste. (Letztere konnten wir schon seit einigen Tagen vorwärts und rückwärts aufsagen.) Vor allem in kultureller Hinsicht ist dieses eher bescheidene Zentrum grönländischer Identität darum bemüht, seiner nationalen Bedeutung gerecht zu werden. Ein Bestreben, das seit 1979 Aufwind bekommen hat, denn seither beherbergt der von der Spezies Mensch kolonisierte Fleck am Rande der Unwirtlichkeit nicht mehr, wie bis dahin, nur einen politisch unbedeutenden „Landesrat", sondern darf sich der Anwesenheit einer Regierung rühmen. Die grönländische Selbstverwaltung – in Staatsgemeinschaft mit Dänemark – stellt ein Parlament, dessen Beschlußfähigkeit sich zumindest auf die Bereiche Sozialwesen, Bildung und Kultur erstreckt. Letzteres findet überzeugenden Ausdruck unter anderem im Grönländischen Landesmuseum am Alten Koloniehafen von Godthåb, das die erzwungene Freizeit der SHANGRI-LA-Crew auch noch bereichern soll.

Arktiserfahren wie wir sind, schrauben wir unsere Erwartungen hinsichtlich unterhaltsamer Zerstreuung am nördlichen Polarkreis nicht allzu hoch. Wer einzig urbanen Vergnügungen etwas abgewinnen kann, für den dürfte Nuuk so wenig das geeignete Ziel sein wie der Rest des Landes. Schon rein optisch vermittelt dieser Drehpunkt des nationalen Haupterwerbs, der Fischindustrie, mit 10 500 Einwohnern größte Stadt der Insel, mit seiner schmucklos-kühlen, meist zwei- bis dreigeschossigen Betonarchitektur einen Hauch prosaischer Farblosigkeit und Monotonie. Allein das Gesicht des alten Hafenviertels, der kleinen historischen Keimzelle der Stadt, trägt noch die ebenso beschaulichen wie blutvollen Züge der Gründerzeit. Hier künden sie gleich auf den ersten Blick von der Verbundenheit der Insel mit Skandinavien: Die fotogenen, Geborgenheit verheißenden Holzhäuschen, meist traditionell in anheimelnd warmem Rot getüncht, die als ausdrucksstark leuchtende Kontrapunkte die schwermütige Komposition der strengen, kargen Landschaft ringsum beleben.

Kein Wunder, daß sich Nuuk/Godthåb auf Fotos in Büchern und Broschüren vornehmlich mit dieser seiner Schokoladenseite präsentiert. Das attraktive, optisch lebendigste Viertel, das Quartier der altväterlichen Fischerhäuser, dürfte der am häufigsten abgelichtete Teil der Hauptstadt sein. Zumindest in Sachen Touristikwerbung wäre ja auch kaum Staat zu machen mit den gleichermaßen stereotypen wie sterilen Wohnsilos, mit denen sich das moderne Godthåb auf bedauerliche Weise der Neuzeit angepaßt hat. Wie schmale, hochkant stehende Streichholzschachteln zergliedern sie die „Landspitze", untereinander mit hohen, hölzernen Laufstegen verbunden, die, überdimensionalen Gangways nicht unähnlich, dazu gedacht sind, den Besuch von Haus zu Haus auch bei meterhohen Schneeverwehungen zu ermöglichen: zweckmäßige, aber eintönige Bauten, wie hingewürfelt an die landstraßenähnlichen Pisten. Ähnlich sehen Trabantenstädte überall in der Welt aus, von denen sich diese nur in einem Punkt – polartypisch – unterscheidet: Pflegen anderswo Socken oder Hemden auf den Balkonen im Wind zu wehen, so hängt in Nuuk die Hausfrau Rentierrippen, Wal- und Robbenfleisch zum Dörren vors Wohnzimmerfenster.

An der Peripherie verlieren sich die Fahrstraßen rasch ins Nichts. In einer halben Stunde, heißt es, sei jede Stadt der Insel – die Hauptstadt eingeschlossen – zu Fuß zu durchqueren, und dann ist die Welt zu Ende. Denn kein Straßen- oder gar Eisenbahnnetz verbindet die bewohnten Tupfen auf dem Rand der Eisschüssel miteinander. Inländischer Verkehr findet auf dem Luftweg statt – ersatzweise noch auf dem Umweg über das Wasser, wenn Eislage und Witterung es zulassen. Oder eben überhaupt nicht. Spätestens dann, wenn jeglicher Austausch, wenn Flugbetrieb wie Schiffahrt in Sturm, Eisgang und Schneegestöber ersticken, dann wird auch dem unkundigsten Landfremden dämmern, wieso im „Land der Menschen" die Uhren anders gehen. Weil nämlich hier, wie in allen arktischen Regionen, noch immer die Natur das Geschehen bestimmt. Am Rand der bewohnbaren Welt verschieben sich die Wertigkeiten. Den Themen, die sonstwo auf dem Globus von brennendem öffentlichen Interesse sein mögen, schenkt das Land in der Einsamkeit des Polarmeeres nur gemäßigte Aufmerksamkeit. Es ist mit sich selbst beschäftigt.

Selbst den andernorts allgegenwärtigen Medien wie Presse und

24

Fernsehen wird hier weitgehende Bedeutungslosigkeit zuteil. Eine Tageszeitung etwa sucht der Gast vergeblich zu ergattern. Doch es gibt eben Gegenden auf der Welt, da spricht sich alles schneller herum, als es gedruckt werden könnte, und dies scheint so eine zu sein. Nur eine einsame Wochengazette, in der Aufmachung nostalgisch die fünfziger Jahre beschwörend, bevölkert die „Presselandschaft". Selbst die TV-Nachrichten erweisen sich als Schnee von gestern: Vom dänischen Fernsehen übernommen, flimmern sie mit ein- bis zweitägiger Verzögerung über grönländische Bildschirme; man ist ja nicht neugierig. Und wenn doch, dann bleibt noch das gute alte Dampfradio, das als einzige Institution mit aktuellerer Information aufwartet. Was auch immer sich zutragen mag jenseits des Meeres und der Phalanx der stetig vorbeisegelnden Eistitanen – von Kalaallit Nunaat ist es allemal weit genug weg, um den Meldungen über Fangquoten, Hundeschlittenrennen oder Schafzüchtertreffen den Vorrang zu lassen. Alles andere erfährt man schon noch früh genug im Land der Menschen, denn nichts wird so heiß gegessen, wie das Weltgeschehen es gekocht hat. Logisch, nicht, daß auf dem Rand einer Eisschüssel alles ziemlich rasch abkühlt?

Wenn Godthåb, diese Stadt, der so wenig von einer Landesmetropole anhaftet, mit etwas wuchern kann, dann ist es ihre naturgegebene Einrahmung durch Wasser und schroffe Gebirgsmassive. Folgerichtig sind die Silhouette ihres Hausberges, des Sermitsiaq, und stilisierte Meereswogen als Symbole in das Stadtwappen eingegangen – nebst einem Schattenriß des „Alten Seminars", des vielleicht einzigen Gebäudes mit genügend Wiedererkennungswert.

Nuuk, die Landspitze, bewacht gleichsam den Zugang zu einem riesigen Fjordkomplex, der sich rund hundert Kilometer weit landeinwärts verzweigt, einem Gebiet, das sich reizvoller Wasserarme und stiller Hochtäler rühmt – sowie des einzigen Berghotels Grönlands. Das „Qorqut" preist sich Abenteuertouristen als Ausgangspunkt für Wanderungen während des kurzen Sommers an. Doch für die Shangri-la-Crew, sonst nicht abgeneigt, sich wo auch immer näher umzusehen, ist jetzt nicht die Zeit ausgedehnter Ausflugprogramme. Wir warten auf das Ende des winterlichen Intermezzos mitten im September. Und unser derzeitiges Bestreben erschöpft sich darin, so angenehm zu warten, wie es eben geht.

Zwei Hotels bieten sich in Godthåb als Zuflucht an. „Aber da hocken wir ja doch bloß an der Bar herum und gucken ins Glas. Es genügt völlig, wenn wir uns das für die Abendstunden aufheben", hat Helga entschieden. Sie weiß eben immer, wo's langgeht. Und ich füge mich, vor allem als sich herausstellt, daß Barbesuche in Grönland selbst bei bescheidenen Ansprüchen verheerenden Schwund in der Bordkasse verursachen. Angesichts der formidablen Preise für geistige Getränke mutet es um so erstaunlicher an, daß man – erst recht im Dunstkreis der Alkoholquelle – permanent über sternhagelvolle Eskimos stolpert.

Ich gebe es zu, irgendwie fängt Nuuk nach kurzer Zeit an, mir auf die Nerven zu gehen. Oder ist es nur diese lähmende Novemberstimmung, in der man hinter warme Öfen flüchtet und die Zeit totschlägt – oder zuguckt, wie andere dasselbe tun? Höchste Zeit, daß etwas geschieht, das uns einen Schritt weiterbringt; doch nicht einmal die sonst weltweit üblichen Behördengänge sind in Godthåb zu erledigen. Nach mehreren redlichen Versuchen, ordnungsgemäß einzuklarieren, wie es die Bürokraten aller Herren Länder von eintreffenden Yachties verlangen, haben wir letztlich ungläubig einsehen müssen: Keine Seele, schon gar kein Immigrationsbüro, kein Zollfuzzi, kein Hafenamt ist geneigt, auch nur einen gelangweilten Blick in unsere pflichteifrig bereitgelegten Papiere zu werfen. Woher wir kommen, wieso und womit und wie lange wir zu bleiben gedenken? Man nimmt es freundlich zur Kenntnis. Na und?

Zuerst glaubte ich an fremdsprachlich bedingte Verständigungsschwierigkeiten, als Helga die erstbeste Figur auf der Pier anhaute mit der Frage nach dem Sitz der „Immigration", zur Verdeutlichung ihrer Absicht noch angelegentlich mit unseren Pässen herumwedelte – und nichts als verstörtes Kopfschütteln erntete. Doch auch beim dritten Anlauf rannten wir mit unserer löblichen Bereitwilligkeit, „legal" einzureisen, gleichsam gegen eine Wand freundlichen Phlegmas. Niemand schien auch nur zu kapieren, worauf wir so versessen waren.

Nun, dann also nicht.

Nach zehn Jahren auf der SHANGRI-LA haben wir erstmals ohne jegliche Formalität ein fremdes Land betreten. Ein Land, das gegen die weltweit grassierende Epidemie, die sich Bürokratie nennt, tatsächlich noch immun zu sein scheint. Yachtie, kommst du an Grönlands Gestade – na, dann bist du eben da. Sorge dich nicht um deine Legitimation. Sorge dich lieber um dein Eigentum ...

„Wieso siehst du dann aus wie einer, dem es die Petersilie verhagelt hat?"

Der Himmel lichtet sich. Von Zeit zu Zeit. Dann weicht die regennasse Schwärze, jagt das „dunkle Heer" der Schreckensgeister (auf einmal begreift man das Naturverständnis der altnordischen Völker) über den Horizont davon und läßt einen zaghaften Schimmer zu. Oder kommt es uns nur so vor? Macht es die Gewöhnung, daß die Pausen von einem Ausbruch der Himmelsmächte bis zum nächsten länger zu werden scheinen? Es bläst noch immer wie aus allen Rohren, jede Straße wird zum Windkanal in dieser Stadt, die in ihrer exponierten Lage voll den erbarmungslosen Angriffen arktischer Wettergewalten ausgesetzt ist. Noch immer sieht man draußen die Mütter ihre Kinderwagen mit geübtem Klammergriff seitlich, im eigenen Windschatten neben sich herschieben (bei der herkömmlichen, uns geläufigen Methode könnte der Nachwuchs samt Karosse plötzlich davonfliegen). Doch ich täusche mich nicht, der Herbergsvater des Seemannsheims bestätigt: Die jetzige, geringfügig reduzierte Windstärke entspräche eigentlich nahezu dem Normalzustand.

Na fein, damit dürfte es für weitere Untätigkeit keine hinreichende Entschuldigung mehr geben. Und genau zu diesem Zeitpunkt kriegen wir in unserer Entschlußlosigkeit den sinnbildlichen Tritt, der uns auf die Beine bringt: Post flattert in unsere windumtoste Hütte! Dazu muß gesagt werden, daß so etwas bei uns Feiertagsstimmung auslösen kann. Wenn an irgend einem abgeschiedenen Ort der Welt jemand, der uns in all den Jahren nicht vergessen hat, sozusagen bildhaft zur Tür herein und auf den Wohnzimmertisch schneit, das ist wie Geburtstag oder Weihnachten, und dementsprechend werden Briefe bei uns auch gewürdigt: laut vorgelesen, rezitiert, analysiert, zelebriert, seziert, kurz: sie „ereignen sich".

Das erste Schreiben, von meinem Bruder, enthält die längst fällige Hofberichterstattung und besagt zu unserer Beruhigung: „Alles klar in Alemania – dem Clan geht es gut." Der zweite Brief allerdings löst auf der SHANGRI-LA eine abendfüllende Diskussion aus, die sich am nächsten Morgen zu einer längerfristigen Haushaltsdebatte ausweitet. Joe und Sabine haben geschrieben, die Danskys – lang' nicht mehr gesehen, aber Freunde fürs Leben, seit wir uns vor Jahren am Großen Barriere-Riff in Australien kennenlernten und danach noch oft auf gleichen Kursen wieder trafen. Mit ihrer Yacht waren sie Nachbarn der SHANGRI-LA an vielen palmengesäumten Ankerplätzen, und nie ist der Kontakt ganz abgerissen, wenn auch die MAKULU II inzwischen die Segel gestrichen hat und die Danskys ihre Weltumseglerlaufbahn als vorläufig beendet betrachten. Derzeitiger Wohnsitz der beiden aus Lübeck stammenden Kosmopoliten und ihrer dreiköpfigen Nachwuchsbande ist New York, wo der gelernte Molkereifachmann Joe, nach erfolgreichen Zwischenspielen in Südafrika und Sydney, gerade sein drittes Sauermilch-Imperium auf die Beine stellt. Joe Dansky macht nämlich keine halben Sachen, und wie es sich anhört, hat er beim Joghurtrühren auch diesmal wieder den Goldenen Löffel erwischt. „Inzwischen sind die New Yorker auf den Geschmack gekommen", schreibt Sabine. „Der Laden läuft wie geschmiert. Allerdings haben wir auch Kompromisse schließen und uns der hiesigen Unkultur beugen müssen. Zuerst meinte Joe ja, Wackelpudding wäre unter seiner Würde, aber jetzt ist der ‚Jelly Cup', unser knallbuntes Glibberzeug mit dem Löffel gleich im Becher, der Renner der Saison geworden! Wir sind tatsächlich mit der Fabrik aus dem Gröbsten raus – und jetzt fehlen uns Leute, die sich einsetzen. Da ist uns eingefallen, daß Ihr vielleicht im Winter einen lukrativen Job gebrauchen könnt. Also, das ist ein ernst zu nehmendes Angebot! Hier gibt's Arbeit rund um die Uhr, ob in der Produktion oder im Verkauf. Falls dieser Brief Euch in Godthåb noch erreicht – äußert Euch doch bitte recht bald mal, was Ihr davon haltet. (Wohnen könntet Ihr natürlich bei uns, gar kein Problem.) Schreibt uns bitte oder ruft kurz durch! Wir würden Euch auch die Flugtickets schicken."

Hm. Eigentlich wollten wir ja nach Hause.

„Ich weiß nicht", sagt Helga. „Den ganzen Winter in New York?"

„Den ganzen Winter Dollars verdienen", gebe ich zu bedenken. „Und das nicht so knapp." Eine Perspektive, die den nächsten Segelsommer in sehr viel rosigerem Licht erscheinen läßt. Wir einigen uns auf eine gewisse Bedenkzeit, die sich ohnehin ergibt, denn noch ist SHANGRI-LA nirgendwo einquartiert, und davon hängt alles weitere ab. Kümmern wir uns also um das Nächstliegende. Nun kriege ich richtig Hummeln im Hintern, meine Ungeduld ist nicht länger zu bezähmen. Wie lange sollen wir denn noch hier herumhängen? Wenn das so weitergeht, können wir uns gleich selber in Nuuk winterfest einmotten. Und das möge der Himmel verhüten. Dann doch hundertmal lieber New York.

„Also, ich geh' jetzt sondieren", eröffne ich meinem Kapitän, der sich zwischenzeitlich seiner Rolle als Bordfrau besonnen hat und nicht davon abzubringen ist, sich unserem seit Tagen vernachlässigten Haushalt zu widmen.

„In Ordnung. Aber paß auf, daß du nicht abhebst", werde ich etwas undeutlich aus dem Schapp unter der Spüle ermahnt. „Und vergiß den Friesennerz nicht."

Gewiß nicht, denn ein Regenschirm wäre kaum praktikabel. Vermutlich würde man in die Stratosphäre davongetragen. Doch ich bin mittlerweile so weit, daß auch preßluftgejagte horizontale Hagelschauer oder ähnliche Attacken mich nicht mehr zurückzuhalten vermögen. Von den Böen munter bald hierhin, bald dorthin getrieben, mache ich mich daran, die „Landspitze" nach sämtlichen Himmelsrichtungen abzugrasen. Dies wäre schließlich die erste Hafenstadt, in der sich nicht irgendeine Ecke finden ließe, um ein bescheidenes Wasserfahrzeug von fünf mal zwölf Metern Abmessung sicher unterzubringen und zu verwahren. Mit Betonung auf „sicher", versteht sich.

Unsere anfängliche Verzagtheit, hervorgerufen und geschürt durch die allgemeine Schwarzmalerei unserer einheimischen „Berater", ist nach einigem Überschlafen sachlicher Analyse gewichen.

„Das alles muß man nicht so wörtlich nehmen, in so einer Gegend gelten doch ganz andere Maßstäbe als bei uns", hat meine vernünftige Bordfrau bald sich und mich beruhigt. Wenigstens fünfundachtzig Prozent des Lamentierens über vorgeblich beklagenswerte Anarchie halte sie schlicht für Wichtigtuerei. In der Tat haben wir bisher vergeblich Ausschau gehalten nach einer Schar Gesetzloser, die Schrecken verbreitend die Hauptstraße heruntergaloppiert wäre. Torkelnde Eskimos an den Wochenenden gibt es, gewiß, und sie sind nicht weniger lästig als Schnapsleichen überall auf der Welt – daß jedoch in der Abgeschiedenheit eines Arktisstädtchens, inmitten unberührter, urwüchsiger Landschaft, die Kriminalität überhandnehmen könnte, ist wirklich kaum vorstellbar. Dies dürfte denn doch auf einer Überschätzung der Situation beruhen und mag seine Erklärung darin finden, daß Delikte, wie sie in den Ballungszentren der Industrieländer an der Tagesordnung sind, in der überschaubaren Gemeinschaft einer Kleinstadt eher ein spektakuläres Ereignis bedeuten. Die „Ballungszentren" am Polarkreis sind nun einmal Provinznester. „In solchen Kaffs", mutmaßt Helga respektlos, „wo beinahe jeder jeden kennt, da wird doch höchstens mal 'n Huhn überfahren. So was kann dann schon ein mittleres Scharmützel nach sich ziehen, und der Wachtmeister freut sich, daß er endlich mal den Bleistift spitzen darf."

Und die Sauferei? Ach – da, wo wir herkommen, wird auf dem flachen Land doch auch traditionell dem Köm und Bier zugesprochen, nicht? Objektiv kann die Lage hier eigentlich nicht aufregender sein als in irgendeiner Ostfriesensiedlung „achtern Diek".

Und mit wieder erstarkter Zuversicht nehme ich die Inspektion Godthåbs in Angriff – selbstredend mit besonderem Augenmerk auf die wassernahen Bezirke. Keine Sackgasse, kein Hinterhofschuppen bleibt von meiner Neugier verschont, und gegen Abend halte ich mich nicht nur für qualifiziert, in der Stadt Nuuk als Fremdenführer zu dienen, ich bin auch ziemlich sicher, bereits den besten in Frage kommenden Parkplatz für unser hochseetüchtiges Wohnmobil entdeckt zu haben. Die größte Werft am Ort – Fischkutter werden hier in offensichtlich gewinnbringender Zahl gebaut und repariert – scheint mir auf ihrem geschlossenen Areal jede Menge ungenutzten Raum zu bieten und zweifellos auch die gewünschte Überwachung.

Glaube ich.

Gerade noch vor Feierabend schneie ich ins Werftbüro und hindere den Chef am Nachhausegehen. Macht nichts, denn wieder habe ich es mit einem gemächlichen Untertan der dänischen Krone zu tun. Hoffnungsvoll trage ich ihm mein Anliegen vor. Die Begeisterung, die ich damit auslöse, hält sich in Grenzen. „Ein Katamaran? Interessant. Zwölf Meter? Hm. Fünf Meter breit? Hmhm. Sicherlich, Platz dafür hätten wir. Das ist nicht das Problem. Allerdings – bis zum Frühjahr? Sehr lange Zeit. Sie müssen sich klar sein, bis dahin kann Ihrem Boot hier so allerhand passieren..." Und schon tendiert die Mimik meines Gegenübers zunehmend ins Bedenkliche. Nein, er wisse eigentlich nicht, ob er überhaupt eine solche Verantwortung... Himmel noch mal, jetzt kommt mir schon wieder einer mit Wenn und Aber! Allmählich finde ich es albern, daß hier alle glauben, sie wären in Chikago. Da wollen wir die Dinge doch mal ins rechte Licht rücken. Nicht ganz höflich melde ich unverhohlen Zweifel an: „Passieren? Na, nun übertreiben Sie mal nicht!" Und dann kratze ich allen Optimismus zusammen, dessen ich fähig bin – in der Hoffnung, er möge anstekkend wirken. „Mal ehrlich, was soll denn großartig passieren? Sie haben ja offensichtlich alles prima im Griff hier auf Ihrem Gelände. Also – für 'nen Schneesturm würde ich Sie ja nicht verantwortlich machen. Und was sonstige Bedrohungen betrifft – ich nehme an, das Grundstück wird sowieso beaufsichtigt?"

Eine händeringende Geste kommentiert meine Ahnungslosigkeit. Wieder einmal muß ich erfahren, was für ein ausgemachtes Greenland-Greenhorn ich doch bin. „Man merkt, daß Sie noch nicht lange hier sind", stellt der Werftboß fest. „Wie Sie sich das vorstellen, guter Mann! Um für die Unversehrtheit Ihres Schiffes garantieren zu können, müßte ich schon rund um die Uhr persönlich danebenstehen. Sie wissen wohl noch nicht..."

Und so weiter, und so weiter. Den Rest kenne ich schon: von Klauerei und Hauerei, von Godthåbs Säufern und Vandalen. Mir dämmert schnell, daß ich es mit meiner Unkenntnis selbst bis morgen früh nicht schaffen würde, die Vorbehalte meines Gesprächspartners weichzukneten. Also greife ich lieber gleich zum letzten Mittel. Vielleicht ist alles nur eine Frage des Aufpreises? Es wäre ja nicht das erste Mal, daß ein gewisser Zuschlag das Unmögliche möglich macht. Wie sich herausstellt, gilt das auch in Grönlands Hauptstadt. Ich fange an zu bieten, und ehe der Werftboß es selber merkt, sind wir schon beim Feilschen. Die Kontobelastung, die schließlich zu seinem Einlenken führt, vor meinem Zahlmeister zu verfechten, wird allerdings nicht ganz einfach sein. Denn mein Gönner ist entschlossen, sich seine Gefälligkeit fürstlich honorieren zu lassen, mit Risikozulage sozusagen. Wobei das Risiko keineswegs seine Person betrifft. Doch was bleibt mir übrig? Hauptsache, unser Problem läßt sich regeln.

„Also gut", ertönt das erlösende Wort. „Auf Ihre Verantwortung! Das heißt – wenn das Schiff etwa nicht ausreichend versichert sein sollte, müßte ich von der Sache doch Abstand..."

„O nein, nein. Ich meine – doch! Selbstverständlich ist es versichert!" Diese Sorge kann ich mit bestem Gewissen zerstreuen. Die finanzielle Absicherung unserer schwimmenden Heimstatt gegen alle denkbaren Katastrophen zu Wasser und zu Lande ist so ziemlich die einzige Vorsorgemaßnahme, die wir uns seit zwei Jahren leisten. Ich mache die blauesten Augen meines Lebens, ein prüfender Blick taxiert mich, dann folgt ein befriedigtes Nicken. Das Abkommen ist perfekt, der designierte Hüter der SHANGRI-LA beruhigt. (Warum beschleicht mich dann schon wieder so ein latentes Unbehagen?)

Eben will ich mich heimwärts auf die Socken machen, um Helga die Neuigkeit zu verkünden, da erschreckt er mich mit einem letzten Einwand: „Daß Sie alles ausbauen müssen, ist ja wohl klar."

„Wie bitte?"

„Es darf nichts an Bord bleiben, was man wegtragen kann."

Jetzt muß ich mich noch mal setzen. „Was heißt nichts?"

„Nichts heißt, daß das ganze mobile Inventar verpackt werden muß. Es wäre sonst geradezu eine Einladung an jedermann, sich zu bedienen, nicht wahr?"

An die völlige Ausweidung unserer SHANGRI-LA war eigentlich nicht gedacht. „Logisch", sage ich schwach, „und wohin damit?"

„Das bringen wir schon gesondert unter. Andernfalls müßten wir die Sache leider vergessen, das verstehen Sie wohl."

Schon gut, schon gut! Ich verspreche alles, was er will. Und dann beeile ich mich zu verschwinden, bevor ich vielleicht noch die Auflage bekomme, beide Rümpfe in Packpapier einzuwickeln und den Mast in staufreundliche Stücke zu zersägen.

Zu allem Überfluß renne ich auf dem Weg zur Pier dem Hafenmeister in die Fänge, der mich sofort nach dem Stand der Dinge befragt. Ich erstatte Bericht – und muß mir, natürlich, meine soeben mühsam errungene Vereinbarung, begleitet von entsetztem Kopfschütteln, als den Fehler meines Lebens zerrupfen lassen.

„Oha! Ich hatte dir doch dringend abgeraten, dein Schiff in Nuuk zu lassen! Glaub' mir, nirgendwo ist es so unsicher wie hier. Das kann nur schiefgehen. Leichtsinnig, wirklich sehr leichtsinnig... Aber du mußt es natürlich selber wissen."

Mit letzter Nervenkraft verteidige ich mein Vorhaben. „Es wird schon gutgehen. Wir räumen vorsorglich alle Schränke leer, so daß...."

„Ha! Die Schränke leer – und damit, glaubst du, ist die Gefahr gebannt?" Eine Hand legt sich beschwörend auf meine Schulter. „Jetzt hör' mal gut zu... Also: Wenn es denn unbedingt sein muß, dann darf aber auch nur die nackte Schale von deinem Kahn stehenbleiben, klar? Wirklich nur die Schale!"

„Du meinst..."

„Ich meine, *alles* muß raus, die gesamte Inneneinrichtung, soweit sie sich ausbauen läßt. Fußbodenbretter nicht zu vergessen! Und zum Schluß läßt du die Tür gleich offenstehen, damit man schon von draußen sieht, daß nichts zu holen ist. Dann –" eine wirkungsvolle Pause, „aber auch nur dann wird sich der Schaden vielleicht in Grenzen halten."

So, nun weiß ich es also ganz genau, in zweifacher Ausführung, wie doppelt genäht. Guter Gott, wie bringt man einer Frau bei, daß der Abriß ihres Heims bevorsteht?

Ich danke bestens für all die hilfreichen Hinweise. Und dann begebe ich mich an Bord, wo Helga im Salon werkelt, falle aufs klamme Sofa und gebe wortkarg bekannt: „Es funktioniert. Wir haben einen Platz."

„Wunderbar!" stößt Helga hervor. „Meine Güte, wie bin ich froh!" Doch dann trifft mich unvermeidlich dieser Blick, dem nichts entgeht, auch die leiseste Schwankung meiner Stimme nicht. „Und wieso siehst du dann aus wie einer, dem es die Petersilie verhagelt hat?"

Die Kompaßsäufer

Die Sache mit dem Außenborder ist der erste Denkzettel, mal abgesehen davon, daß uns der Teufel hier schon vielgestalt und in leuchtenden Farben an die Wand gemalt worden ist.

Das Packen, die vorläufige Auflösung unseres Haushalts, ist in vollem Gange. Ich hätte es wissen können, daß meine Bordfee, in neun Jahren Weltumsegelung gestählt und daran gewöhnt, mit jedweder Widrigkeit konfrontiert zu werden, nicht lange fackeln oder sich mit Wehklagen aufhalten würde. Wortlos hat sie die Ärmel hochgekrempelt und umgehend das vorteilhafteste Verpackungssystem ausgeknobelt. Zuerst kommen sämtliche Gegenstände dran, die augenblicklich sowieso keine Verwendung finden, dann alles weitere Entbehrliche – natürlich nach Kategorien geordnet und etikettiert: Konserven, Freizeitutensilien, Reiseandenken und dergleichen mehr. Erst ganz zuletzt werden die Dinge des täglichen Gebrauchs folgen. Hübsch methodisch leeren sich nacheinander Schapps und Borde, Ramschecken, Bilgen und Vorratskammer, verschwinden Lebensmittelreserven ebenso wie Muschelketten und Macheten, holzgeschnitzte Figuren, Nähmaschine, Tauwerk und Schnorchelzeug. Schon haben wir das nächstgelegene Einkaufszentrum Godthåbs um den halben Berg seiner nicht mehr benötigten Kartons erleichtert, und im Handumdrehen sieht es bei uns aus, als werde jeden Moment der Möbelwagen erwartet.

Wir balancieren just den zweiten Stoß leerer Pappkartons, die vortreffliche Umzugskisten abgeben, vom Supermarkt zum Hafen, als wir schon von ferne einen merkwürdigen Gegenstand auf der Pier ausmachen, gleich beim Liegeplatz der SHANGRI-LA. Einen Gegenstand, der vor einer halben Stunde noch nicht zu sehen war und der mit Sicherheit dort auch nichts zu suchen hat.

„Ich finde", stammelt Helga verdutzt und gibt damit meinen schlimmsten Befürchtungen Ausdruck, „das Ding hat eine gewisse Ähnlichkeit mit unserem Außenborder..."

34

Die letzten fünfzig Meter legen wir im Laufschritt zurück. Es *ist* unser Außenborder, und gleich daneben findet sich auch der dazugehörige Tank.

„Von allein", bemerke ich tiefsinnig, „ist das Ding nicht hierher gekommen."

Dann stehen wir einen Augenblick stumm vor unserem deplazierten Bordzubehör. Wollte uns hier jemand unaufgefordert beim Umzug helfen? Der Rundblick über Pier und Schuppen bleibt ergebnislos, verrät nichts. Niemand treibt sich auffallend unauffällig in der Gegend herum. Weit können die Transporteure ja eigentlich nicht sein. Vielleicht haben sie unser Herannahen bemerkt und sich unverrichteter Dinge davongemacht, oder...

„O mein Gott, vielleicht fehlt schon irgendwas!"

Mit einem Satz ist Helga an Bord und drückt auf die Klinke des Eingangsschotts. Doch nein, unser Heim ist abgeschlossen, wie wir es verlassen haben. Helga sperrt auf, und in der Kajüte türmt sich unangetastet unsere teils verpackte und verschnürte, teils noch lose aufgeschichtete Habe. Niemand war in unserer guten Stube – jedoch zweifellos an Bord.

„Wer weiß", murmelt Helga betroffen, „wenn wir länger weggeblieben wären..." Der unvollendete Satz mündet in eine Bedrohung, die wir doch eigentlich ins Reich der Phantasie verwiesen hatten.

Rasch wandern Außenborder und Tank zurück an Deck, und die Verpackungsorgie nimmt unverzüglich ihren Fortgang.

Der Vorfall hat keineswegs Panik zur Folge, nur eine gewisse Beschleunigung unserer Geschäftigkeit, frei nach der Devise: Angst habe ich nicht, aber laufen kann ich schnell. Uneingestanden scheinen wir es beide plötzlich etwas eiliger zu haben; unwillkürlich behalten prüfende Blicke das Außenschiff unter Kontrolle, ist jedes Geräusch, jede Stimme außenbords Anlaß, die Ohren zu spitzen oder unvermittelt die Tür aufzureißen. Und die abendliche Flucht aus unserer zunehmend ungemütlichen Behausung in Hotel oder Seemannsheim fällt ohne jegliche Erörterung aus. Tatsächlich hat uns ja gar kein Verlust getroffen, doch die Frage steht einschüchternd im Raum: Sollte es vielleicht doch nur ein Zufall gewesen sein, daß wir bisher unbehelligt geblieben sind? War dies womöglich nur der unwirtlichen Wetterlage zu verdanken, die auch andere Leute von ihren Aktivitäten zurückhielt? Diese vage Ahnung soll schon bald ihre Bestätigung finden.

Der zweite massive Warnschuß, wenn auch nicht direkt auf uns selber gezielt, läßt nicht lange auf sich warten.

In der kalten, grauen Frühe des nächsten Morgens reißt uns eine fremde Stimme von dominanter Phonstärke aus dem ohnehin leichten Schlaf, die sich aus tiefster Seele in hingebungsvollen Flüchen ergeht. Augenblicklich hellwach, stecken wir aufgescheucht die Nasenspitzen in die salzige Feuchtigkeit des anbrechenden Tages. Es ist die Stunde, da die Kutter zum Fang auslaufen. Unseren unmittelbaren Nachbarn scheint daran jedoch irgend etwas Schwerwiegendes zu hindern. Aufgebracht fuchtelnd stapft der Fischer auf seinem Deck herum.

„Verdammte Saubande! Mist verfluchter!" poltert es, was ich nicht persönlich nehme. Ob wir denn nichts gehört hätten, vergangene Nacht?

Vielleicht haben wir doch fester geschlafen, als wir dachten. „Was wäre denn zu hören gewesen?"

„Eingebrochen haben sie bei mir! Dieses Pack! Und was denkt ihr, worauf die Brüder scharf waren? Ha!" Fassungslos schüttelt der stämmige Mann im Ölzeug den Kopf. „Da denkst du nun, daß dich nichts mehr überraschen kann..."

Auf den Kompaß hatten es die nächtlichen Besucher abgesehen – jedoch nicht etwa, weil sie für diesen eine zweckentsprechende Verwendung gehabt hätten. Vielmehr ist das Kompaßhaus des Kutters als ein einziges Bild der Zerstörung zurückgeblieben, zertrümmert und mit eingeschlagenem Glas.

Von Phantasielosigkeit geschlagen, frage ich: „Was soll denn so was?"

„Na, was wohl!" Der Heimgesuchte kennt seine Pappenheimer. „Denen ist heute nacht der Schnaps ausgegangen! Da haben sie sich über die Kompaßflüssigkeit hergemacht. Ist ja auch nichts anderes als reiner Alkohol. Verdammt, und ausgerechnet bei mir!"

Helga fallen fast die Augen aus dem Kopf: „Den Kompaß haben sie *leergesoffen*? Aber da ist doch Glyzerin drin..."

„Na, denn Prost", fällt mir dazu nur noch ein.

Dies also ist das zweite Warnsignal. Das überzeugendste aber steht uns noch bevor.

Münchhausen oder Globetrotter?

Wahrscheinlich hätten wir den „Fehler unseres Lebens" trotz allem begangen, wäre nicht zur rechten Zeit John in unser beklommenes Dasein geplatzt, ganz wie der Deus ex machina. John, das Unikum von Godthåb, mit dessen Auftreten Grönland für uns ganz neue, gewissermaßen sozialere Züge gewinnen sollte.

Gerade ist in dem düsteren, vollgestopften Kabuff auf der SHANGRI-LA, das einmal unser gepflegter, aufgeräumter Salon war, angestrengtes Knobeln im Gange. Wir diskutieren die schwerwiegende Gewissensfrage, ob man es wagen könne, an Land zu gehen und sich den Morgenkaffee bequem im Seemannsheim kredenzen zu lassen, oder ob es unumgänglich sei, das Frühstück an Bord zu improvisieren, auf dem inzwischen wüsten Schlachtfeld unserer Auseinandersetzung mit Kartons und Gerümpel. Da bricht dieser Mensch über uns herein.

Ein Poltern im Cockpit, das uns nervenschwach zusammenfahren läßt, und da steht er: unbekannt, unaufgefordert und mit der Präpotenz eines Naturereignisses. Ein Kerl wie ein Turm, gebeugt das Eingangsschott verbarrikadierend, was fast zur totalen Verdunklung führt, späht forschend ins Innere der SHANGRI-LA.

„Lederstrumpf", ist meine erste Befürchtung. Denn das Augenfälligste an dieser Erscheinung ist nicht so sehr die kompakt getrimmte Muskelansammlung, die einen gräulichen, geruchsdampfenden Norwegerpulli dehnt, wie vielmehr eine von Wind und Wetter quasi luftgetrocknete und von einer Unzahl Narben und Schrammen gravierte Dörrfleisch-Visage. Ein gebührend unkultivierter Fünftagebart unterstreicht prägnant den Touch von Pioniergeist und Wildwest.

Doch da macht die Gestalt den Mund auf, und ein unnachahmlicher Akzent signalisiert, daß die Wiege des Ungetüms, sofern es je in eine Wiege paßte, irgendwo in Schottland gestanden haben könnte. Unsere instinktiv eingenommene Abwehrhaltung lockert sich, als der Besucher friedfertige Absichten erkennen läßt.

37

„John Smith", lautet ohne Schnörkel seine Eröffnung. „Dachte, ich seh' mal vorbei." Wobei er eine bereits angebrochene Packung Dosenbier wie aus dem Ärmel zaubert. Und dann sehen wir ohnmächtig zu, wie das fremdartige Urwesen auf den letzten freien Quadratzentimetern unserer Kajüte Stellung bezieht, sich ohne Umstände zwischen den Umzugskisten zurechtrückt, die erste Büchse Carlsberg mit zischendem Knack aufhebelt – und zu einem scheinbar endlosen, aber fesselnden Monolog anhebt.

Fürs erste wehrlos in die Rolle des Zuschauers gedrängt, lassen wir uns vorsichtig nieder und hängen schon bald mit wachsender Faszination an den Lippen unseres selbsternannten Stargastes. Der Schock des ersten Eindrucks ist knapp verdaut, da hat der unverhoffte Alleinunterhalter bereits seine halbe Biographie vor uns aufgeblättert und diverse Kapitel eines schillernden Lebens in eindrucksvollen Schlaglichtern beleuchtet.

Dem Lachsfang hier an Grönlands Westküste scheint in der Karriere des John Smith schon eine ganze Reihe der ungewöhnlichsten, ja abenteuerlichsten Intermezzi vorangegangen zu sein, und das an den spektakulärsten Schauplätzen der Welt. Ganz lässig und wie beiläufig fallen da die Namen allerhand exotischer, international verstreuter Erdenwinkel – Namen, die unseren Ohren recht vertraut klingen, sind sie doch mit etlichen Stationen unserer Weltumsegelung identisch. Was auch immer wir selber aus den vergangenen neun Jahren zu bieten haben – sei es Tahiti oder Samoa, Sydney oder die Namibwüste –, „war ich auch schon", lautet stereotyp der Kommentar des John Smith. War er das wirklich? Es dauert nicht lange, da empfange ich von Helga Blicke wie Morsezeichen. Entschlüsselt lauten sie: „Wetten, daß der spinnt?"

Schwer zu sagen, was von dem Typ zu halten ist. Erleben wir hier den hauptamtlichen Münchhausen von Godthåb in Aktion? Oder soll man ihm alles glauben – zum Beispiel die Geschichten von diversen, höchst einfallsreichen Jobs, mit denen der Erzähler einst im südpazifischen Raum seine Brötchen verdient haben will? (Zugegeben, als so was Obskures wie Opossumfänger hat sich ja auch die SHANGRI-LA-Crew schon versucht.) Daß Johns tatkräftig eingesetzte Muskelkraft in Neuseeland beim Straßenbau Furore gemacht hat, scheint uns angesichts seines Äußeren eigentlich nicht abwegig. Etwas unwägbarer schon klingt die Sache mit seiner Laufbahn als Gastwirt in Tasmanien. Aber die gab er dann ja auch auf, zugunsten einer Tramptour durch Südafrika.

Festzuhalten wäre, daß die Sprachkenntnisse des Grönlandfischers John Smith zumindest auf internationale Kontakte schließen lassen. Sogar auf deutsch parliert der Kerl so passabel, daß wir uns ohne Schwierigkeiten unseres heimischen Idioms bedienen können; laut John ist das ein Ergebnis seiner Wanderjahre als Zirkusartist in Europa. Ich überschlage im Geiste, daß dieser Mensch entweder hundert Jahre alt ist oder aber schon als Schnullerkind mit seinen Abenteuern begonnen hat, um sie in einem Menschenleben alle unterzubringen. Wie auch immer, eine spannende Abwechslung ist der Knabe allemal an so einem trüben Vormittag am Polarkreis.

Da leuchten plötzlich wie Momentaufnahmen die Bilder fast vergessener Pazifikstrände in meiner Erinnerung auf; Bilder vom Schneckentauchen in bunt bevölkerten Korallengärten und von herrlichen Segeltörns am Großen Barriere-Riff erblühen in der kaltfeuchten Atmosphäre unserer vollgerümpelten Kajüte zu wundersamer Farbigkeit. Das hat etwas so Bestechendes, daß jegliche Aktivität unsererseits an diesem Morgen erstirbt – außer daß Helga nebenher einen Pott Kaffee kocht. John Smith fabuliert und fabuliert, und einzig das zischende Aufreißen seiner Bierbüchsen unterbricht in steter Folge das Programm wie ein Fanfarenstoß, der jeweils die nächste Runde einleitet. Nebenbei schafft er es noch, seine Produktion selbstgedrehter Glimmstengel, welche der Reihe nach in blauen Rauch aufgehen, ohne Pause in Betrieb zu halten.

Und gerade als es besonders interessant zu werden verspricht – atemlos begleiten wir den Trucker John über die endlosen, staubigen und gefahrvollen Fernfahrerpisten Australiens –, da hat John den letzten Tropfen Carlsberg-Bier vernichtet. Prompt stellt sich eine gewisse Konzentrationsschwäche bei ihm ein. „Entzugserscheinungen", wird Helga mir später ihre Diagnose verraten. John Smith, außer beißendem Qualm auch noch ein betäubend dumpfes Fisch-Schnaps-Nikotin-Gemisch verströmend (wodurch die atembare Luft in der Kajüte inzwischen auf ein kaum noch vertretbares Minimum geschrumpft ist) – John Smith erhebt sich so unvermittelt, wie er hereingeschneit ist. „Schlage vor, wir drei Hübschen gehen jetzt zu mir, ein Bierchen trinken."

Der Ausdruck heiligen Entsetzens, den diese freundliche Aufforderung auf dem Gesicht meiner Bordfrau zur Folge hat, entgeht ihm. Nun ja, bodenloser Durst scheint eben eine hervorstechende grönländische Eigenschaft zu sein. Und „Frühstück" definiert man international sowieso auf ganz unterschiedliche Weise.

„Eigentlich", wirft Helga rasch ein, und der warnende Unterton richtet sich an meine Adresse, „eigentlich haben wir wenig Zeit."

Als ob es jetzt auf einen Tag mehr oder weniger noch ankäme! Wir werden doch unsere erste und vielleicht einzige Einladung in dieser Stadt nicht einfach ausschlagen. So lernt man Land und Leute kennen! Ich jedenfalls will noch hören, wie es weitergeht mit dem Lebensroman des erstaunlichen Fischers John Smith. „Eine Pause", sage ich deshalb, „können wir ganz gut vertragen", und greife schon zur Öljacke. Raus müssen wir jetzt sowieso bald, sonst droht uns hier der Erstickungstod. Für Johns herb parfümiertes Gewölk sind unsere Gemächer einfach zu klein.

„Und wenn in unserer Abwesenheit wieder ungebetener Besuch kommt?" unternimmt Helga einen letzten Versuch. Ach ja, verdammt, können wir das Schiff nun allein lassen oder nicht?

„Keine Bange", brummt beschwichtigend unser neuer Freund, „solange es so gießt, kommt kein Schwein hier heraus. Garantiert nicht."

Tatsächlich hat es längst wieder angefangen, wie verrückt aus einer dichten, grauen Wolkendecke zu schütten – kein Hund würde da sein Dach über dem Kopf verlassen. Und unser Außenborder, der ja irgend jemandes Interesse geweckt hat, läßt sich für alle Fälle einschließen.

Wenige Augenblicke später, alle Befürchtungen sind verdrängt, haben wir uns wetterfest verpackt, verrammeln tief aufatmend von draußen unser Heim, und dann stiefeln wir unter regensprühenden Kapuzen hinterher, als John Smith säbelbeinig, aber ohne zu schwanken, über die Laufplanken den Weg zum Alten Hafen einschlägt.

Zu Gast bei Fischers Fru

„Wir malen uns ein Häuschen". Diese Aufgabenstellung an etwa siebenjährige Zeichenkünstler könnte, bei einigem Talent, jenes Bild hervorbringen, das nach zehnminütigem Fußmarsch regenverschleiert vor uns auftaucht. Immer im Kielwasser von Johns markanten O-Beinen steuern wir auf die Front eines Miniatur-Bretterbaus zu, dessen leuchtend ziegelrote Tünche unverzagt gegen das Naßgrau von Himmel und Erde ankämpft. In der Nachbarschaft ringsum, auf buckeligem Felsgrund verteilt, sind dunstgetrübt lauter ähnlich farbenfrohe Buden sichtbar. Wir befinden uns mitten in der urigen Siedlung des Alten Koloniehafens. Ein solches Original wie John Smith könnte nirgendwo passender residieren als in einer dieser charaktervollen Behausungen der Stadt, hier wo auch Nuuk eben noch „original" ist.

Und das sieht dann so aus: Ein senkrechter Strich links und einer rechts, Querstrich oben, Querstrich unten, und das Rechteck ausgefüllt mit der kinderfreundlichsten Schattierung des Tuschkastens. In der Mitte noch die Tür, links davon zwei weiß gerahmte Fensterchen und eines rechts, obendrauf ein Schindeldach mit rauchendem Kamin – fertig ist das Fischerhaus.

Gleich hinter der Tür hält das Domizil, was schon das Fluidum des Eigentümers versprach: Eine Diele, dämmerig und mit muffiger Holzverschalung, weckt den Verdacht, man sei versehentlich im Geräteschuppen gelandet. Doch weit gefehlt. Denn über Tampenrollen, Kanister, Außenborder und noch mehr raumfüllend geschichtetes maritimes Zubehör führt der Weg unvermutet in die gute Stube.

„Hab' noch 'nen Speicher bei der Pier, aber da geht nichts mehr rein", entschuldigt sich John Smith für die optische Abschreckung. Unsere stille Erwartung, der Rest dieser Heimstätte werde nun ein ähnliches Bild bieten, erfüllt sich überraschenderweise nicht. Das angrenzende Stübchen sowie zwei weitere winzige Gelasse, in denen mächtig des Hausherrn schon bekanntes Aroma haftet, sind offenkundig die Domäne seiner „besseren Hälfte". Schmuck und plüschig ist es hier und so mollig wie die rundliche Person, die den Überfall zweier nie gesehener Gäste ohne sichtliche Erschütterung hinnimmt. Mit stoischer Freundlichkeit, als seien Überrumpelungen dieser Art ihr täglich Brot, werden die unerwarteten Störenfriede aufs Blümchensofa bugsiert. Und Mrs. John Smith – falls etwas so Offizielles wie ein Trauschein sie dazu macht – läßt ganz nach Eskimoart die unverfälscht asiatischen Augen beinahe vollständig hinter dem breiten Grienen verschwinden, das ihrem Volk eigen ist. John, der Lebenskünstler aus der großen weiten Welt, hat offenbar eine der allerletzten noch waschechten Inuit-Damen unter den ansonsten längst gemischtrassigen Landestöchtern erwischt.

Als weitere Überraschung erweist sich die unbestreitbare Ansehnlichkeit des dritten Familienmitgliedes: Ein Mädchen von taufrischen fünfzehn Jahren ist dieser ausgefallenen schottisch-grönländischen Verbindung entsprossen. Welche Bravourstücke auch das Sippenhaupt schon vollbracht haben mag – dieses Zeugnis der Koalition gegensätzlichen Blutes dürfte sein gelungenstes Werk sein. Unter seidigem, blauschwarzem Haar, dem Vermächtnis der mütterlichen Seite, verfeinern deutlich europäische Züge (glücklicherweise nicht unbedingt die von John) die eher ausufernden Linien der Inuit. Das Gesicht ist von zarterem Zuschnitt, und die Schokoladenplätzchenaugen sind nur ein wenig geweitet – ein Anblick, der für Papas Gewaltkonturen voll entschädigt. Der Erzeuger kann denn auch einen gewissen Urheberstolz nicht verhehlen und bedauert nur seufzend, daß er mit der Inuitsprache nach wie vor auf Kriegsfuß steht, derer sich seine „beiden Mädchen" solidarisch bedienen, wenn Vater nicht alles mitkriegen soll. „Weiß der Teufel, was die sich alles erzählen..."

SHANGRI-LA wird ihr Mannschaftsduo erst zu später Abendstunde wiedersehen. Denn in den Kuhlen des Blümchensofas und unter der Obhut Johns und seiner Damenriege läßt sich heimisch werden. Sooft ich später an diesen Tag zurückdenke, spüre ich noch die bullige Wärme in dem schummerigen, schmalbrüstigen Kämmerlein, gegen dessen Puppenstubenfensterchen unablässig der Regen prasselt. Und hinter Qualm vernebelt sehe ich Johns chronisch geröteten Spritkopf, während seine blumigen Schilderungen verflossener Abenteuer immer konkretere Konturen erkennen lassen. Zur Ehrenrettung des John Smith sei vermerkt: Nein, nichts war gesponnen von dem, was sich zuerst verdächtig nach Sindbads Memoiren anhörte. Da müssen wir schon bald stille Abbitte leisten. Nur wer sich wirklich in Whangarei aufgehalten hat und das über längere Zeit, kann so genau wissen, an welcher Straßenecke welche Kneipe zu finden ist. Und er kennt sie alle, in- und auswendig. Aber auch sonst: Kein Winkel an diesem und diversen anderen Orten Neuseelands, der ihm nicht geläufig wäre, was sich zwangsläufig ergibt, wenn einer immerhin zehn Jahre das Land der Kiwis unsicher gemacht hat.

Und so, beflügelt von seinen und unseren Träumen vergangener Tage, rekapitulieren wir jene neun Monate, die zu den wichtigsten und schönsten unserer Weltumsegelung gehören. Noch einmal ziehen wir um und über die beiden großen Inseln, die uns unvergeßliche Eindrücke bescherten: von Whangarei im Norden (wo beim Einklarieren unser halber Lebensmittelbestand gegen sämtliche Einfuhrbestimmungen verstieß) bis hinunter zur herbschönen Südinsel mit ihrem einsamen Fjordland. Nicht zu vergessen Auckland, das sich uns als die ländlichste Großstadt der Welt eingeprägt hat. Dort, so John, habe er die erfolgreichste, weil lukrativste Periode seines Schaffens erlebt: Die imposante Straßenbrücke der Stadt – unter japanischer Bauleitung entstanden, wurde sie vom Volksmund „Nippon-Clippon-Brücke" getauft – war für den damaligen Straßenbauer John Smith das „interessanteste Projekt, an dem ich mitgearbeitet habe".

Doch auch die großartigste Brücke ist mal zu Ende, und für John kam der Tag, an dem er die Himmelsrichtungen nach einer neuen Plattform für seine zahlreichen Talente sondieren mußte. Das Herz der Südsee kannte er bereits, kein Gestade gab es zwischen Tahiti und dem Fidschi-Archipel, das „mir noch etwas Neues bieten konnte". Segelnd hatte John in den Jahren zuvor bereits jede Bucht im ganzen Revier abgegrast. (Die Wellen schlagen hoch, als wir in West-Samoa sogar eine gemeinsame Bekannte ausmachen: Aggy Grey, damals schon in den Achtzigern, die große alte Dame unter den Berühmtheiten des Südpazifiks.) Aber der Kreis der Windrose ließ ja noch einiges offen, und der fünfte Kontinent lockte als neues Betätigungsfeld. Eine Verheißung, der John ohne zu zögern nachging. Und auch dort entdecken wir – als sei Australien nichts als ein Dorf – sofort übereinstimmende Kenntnisse: In Paddington habe er seine Zelte aufgeschlagen, ausgerechnet in jenem Vorort von Sydney, wohin auch zahlreiche unserer Schritte führten. Paddington, das sich in den SHANGRI-LA-Annalen als Schauplatz mancher ausgelassenen Feste manifestiert hat.

Was hätte sich in Australien für John Besseres finden können als der Job als Lkw-Fahrer – einträglich und obendrein dazu angetan, das Land hautnah kennenzulernen? Es folgten dann noch das bereits erwähnte Gastspiel in Tasmanien und die Wanderjahre im Süden Afrikas – ein jahrzehntelanges Abenteurerleben. Und nun war er im Ehehafen auf der nördlichen Halbkugel gelandet. Welch ein Gegensatz! „Aber mit fast sechzig", meint John, „mußt du ja mal wissen, wohin du gehörst." Ein Globetrotter könne sich schließlich überall einleben, vielleicht weil das Vagabundendasein bereits im Flaschenkindalter sein Los gewesen sei. Kaum hatte er in Schottland das Licht der Welt erblickt, verschlug es nämlich Little-John im Gepäck seiner Eltern aus der Heimat auf den Kontinent. Magdeburg im Sächsischen sollte das Universum seiner ersten sieben Lebensjahre werden. Später, zum jugendlichen Muskelpaket gereift, öffnete sich ihm ganz Europa, die Landstraße wurde seine Heimat und sein Zuhause ein Wanderzirkus, dessen Programm der hünenhafte Highlander als Catcher bereicherte.

Über das Wohnzimmer im Holzhäuschen am Alten Hafen von Godthåb senkt sich mittlerweile längst der Abend, und ich glaube, daß im Tabakdunst, aufgeheizt von soviel Dynamik, inzwischen auch unsere Gesichter glühen. Indessen hat sich Johns Biervernichtung unermüdlich fortgesetzt. Als der Gastgeber mal kurz zum Nachschubholen verschwunden ist, räumt meine Bordfrau einsichtig ein, an ihm gemessen könne ich glatt als Präsident der Anti-Alkohol-Liga durchgehen...

Da aber kein Mensch ein Faß ohne Boden ist, nicht einmal John Smith, sind wiederholte Unterbrechungen des Unterhaltungsprogramms unumgänglich. John hat da allerdings eine sehr zeitsparende Methode, in seiner Blase Raum für die Nachfüllung zu schaffen: Dann und wann wird per Fußtritt mal eben die Haustür aufgestoßen und im hohen Bogen ins Freie gepinkelt. Voilà. Der Hauseingang in ganz neuartiger Funktion, das ist für uns eine bisher unbekannte Variante arktischer Sanitäreinrichtungen. Aber selbstverständlich verfüge man auch über den „Honeybucket", hören wir, das obligatorische, in allen Arktisländern verbreitete Eimerklo.

Ein Tag geht zur Neige, der sich sehr unerwartet gestaltet hat; aber solche Tage sind immer die besten. Und als es Zeit wird, die gastliche Stätte zu verlassen, schon im Gerümpel der Diele stehend, da hat John noch die wichtigste Eingebung des Tages. „Übrigens, eure Idee mit der Werft ist Mist", belehrt er uns. „Da ist kein Boot sicher und euer Gepäck erst recht nicht. Wenn ich selber Platz hätte – aber ihr seht ja... Egal. Wartet auf jeden Fall noch." Und nach einer ermutigenden Denkpause: „Gebt mir zwei Tage Zeit. Ich lasse mir was Besseres einfallen."

Schmalztolle überfällt die Shangri-la

In dieser Nacht schlafe ich wie ein Murmeltier, und weder Kühlschranktemperatur noch spakige Lagen können mir etwas anhaben. Für die richtige Bettschwere hat nicht allein das Bier gesorgt. Mindestens ebenso entspannend wirkt sich die Zuversicht aus, die mir John Smith im gleichen Maße eingeflößt hat wie seine Spezialmarke. Wie ein weiches Ruhekissen wirkt die begründete Erwartung, daß Grönland und wir nun ganz bestimmt miteinander klarkommen werden – eine Hoffnung, von der ich nicht wissen kann, wie hart sie noch erschüttert werden soll. Und wie bald. Der nächste Schlag, der meinen zart gekeimten Optimismus treffen wird – er folgt, noch ehe der Morgen graut.

Etwas piesackt mich, knufft mich in die Seite, rüttelt ungnädig an meiner Schulter. „Eh, aufwachen! Hörst du nichts?"

Nein, ich höre nichts. Ich bin weit weg, versunken in Morpheus' Armen, und Helgas leise zischende Stimme bleibt unwirklich, verschwommen hinter Traumnebeln.

„Mensch, Burgi, wach doch auf!"

Aufwachen? Im Hafen kann ich schlafen, so lange ich will. Sie scheint es einzusehen, denn ich werde in Ruhe gelassen. Bettzeug raschelt, das kriege ich am Rande noch mit, eine lautlose Bewegung entsteht, und ich schwebe zurück in selige Abgründe.

Dann dieser Schrei. Und die Worte, die in durchdringendem Fortissimo die Verschleierung meines Bewußtseins jäh zerreißen: „What do you want?"

Seit wann redet sie englisch mit mir?

„Burghard!"

Das klingt nach Alarmstufe drei. Ich fahre mit erschrocken pochendem Herzen aus den Federn hoch. Stehe verwirrt auf den Füßen. Finde blind ein nicht identifizierbares Kleidungsstück, welches ich mir fahrig und ziemlich unnütz um den Nacken drapiere.

„Burghard!"

„Hmm..."

Es ist noch dunkel und der Gang verbarrikadiert. Wo andere Leute einen Bettvorleger liegen haben, türmt sich bei uns der gesammelte Hausrat in unterschiedlichsten Behältnissen, die sich vornehmlich per Tastsinn orten lassen, denn vom Salon dringt nur gebrochen ein schwacher Lichtschein herunter. Und jetzt nehme ich ihn wahr: einen ausladenden, schräg fallenden Schatten, der den Niedergang verfinstert. Solche Ausmaße hat meine Bordfrau nicht...

Über die Hindernisse hinweg die Stufen erklimmend, erstarre ich einen Atemzug lang zur Salzsäule. Bin ich wach? Oder träume ich einen Horrorfilm? Durchs offene Eingangsschott weht kalt die

46

Nachtluft von Godthåb, und mitten in unserer Wohnküche steht King-Kong.

Das heißt... Diese Mutmaßung stützt sich nur auf das figürliche Format des greulichen Nachtmahrs. Die verquollene Fratze des Fastnachtsschrecks, der da affenarmig in unserem Privatgemach herumlungert, läßt bei eingehender Betrachtung mehr an Dschingis-Khan denken... Jawohl, der Schrecken der Mongolei! Und eine verwegen in die niedrige Stirn fallende Bill-Haley-Gedächtnislocke fügt der Erscheinung noch einen besonders ausgefallenen Akzent hinzu.

Keinen Meter vor dieser furchterregenden Gestalt hat sich meine Bordfrau aufgebaut, die Fäuste aufgebracht in die Hüften gestemmt und bemüht, den Spuk ebenso beherzt wie lautstark zum Teufel zu jagen. „Raus hier! Aber plötzlich! Hier gibt's nichts zu holen, verdammt noch mal! Verpiß dich! Wird's bald?"

Die Antwort, falls es eine ist, besteht aus einem Grunzen, das einer vierbeinigen Kreatur alle Ehre gemacht hätte. Schmalztolle – den Namen hat er bei mir prompt weg –, Schmalztolle verpißt sich nicht, sondern gerät nur leicht ins Schwanken wie ein Fahnenmast im Wind. Gesenkten Hauptes sondiert er aus geschwollenen Schlitzaugen den Inhalt der Kajüte. Wir warten.

„Bier..." läßt sich der Typ schließlich schweren Zungenschlags vernehmen und: „Whiskey..."

Seine mangelnde Reaktionsfähigkeit könnte sowohl auf Taubheit wie auf einen hohen Promillewert hindeuten. Vielleicht trifft beides zu. Daß der Knabe sich einiges hinter den Knorpel gegossen hat, ist jedenfalls unübersehbar. Und einen Boxkampf scheint er auch schon hinter sich zu haben, nach diversen blutunterlaufenen Verunzierungen zu schließen. Fragt sich nur, wie weit er überhaupt noch zurechnungsfähig ist.

„Nix Bier, nix Whiskey!" sage ich forsch, um die Sache ein für allemal zu klären. Doch für Schmalztolle ist gar nichts klar. Unvermittelt – wir weichen reflexartig aus seiner Reichweite zurück – holt der Kerl unter schaurigem Gebrüll aus und räumt per Rundumschlag sämtliche säuberlich gestapelten Kartons ab, die sich in Reichweite seiner Gorilla-Arme befinden. Was wir mühsam übersichtlich geordnet haben, poltert in heilloser Konfusion durcheinander. Irgend etwas geht dabei schmerzhaft splitternd zu Bruch. Das fehlte gerade noch.

„Aufhören, Mann! Hau ab jetzt!" höre ich mich zetern, wobei mir gleichzeitig bewußt ist, daß wir uns Schulter an Schulter, verängstigt wie Hänsel und Gretel, gegen den Kartentisch drücken. Was soll ich machen? Mit dem in den Clinch gehen? Wo der hinhaut, wächst kein Gras mehr.

„Bier..." wiederholt sich Schmalztolle lallend, „Whiske-y ..." Und schickt sich unbeirrt an, SHANGRI-LA auseinanderzunehmen.

Helga fallen die fünf Brocken Dänisch ein, die sie sich extra für Grönland angeeignet hat, und sie versucht es auf die beschwichtigende Tour: Hier sei die falsche Adresse – kein Alkohol an Bord. „Du mußt jetzt nach Hause!"

Muß er natürlich nicht. Helgas Versuch ist eindringlich, aber vergeblich, der Effekt gleich null. Schmalztolle versteht vielleicht nur Eskimoisch. Falls er überhaupt einer Sprache außer Grunzen und Schnaufen mächtig ist. Die Erfolglosigkeit seines Tuns macht ihn nun erst richtig böse, was sich in einem gesteigerten Tobsuchtsanfall äußert. Mein Gehirn tickt auf Hochtouren. Was in aller Welt fange ich bloß mit dem an? Helga überlegt nicht mehr lange, ihr platzt der Kragen. Vom Mut der Verzweiflung beseelt, wagt meine Bordfrau einen Schritt vorwärts. „Du hörst jetzt auf!" brüllt sie ultimativ. „Du Mistvieh, du!"

Logisch, daß Schmalztolle auch davon keine Vokabel geläufig ist, doch der Tonfall scheint ihm diesmal den Sinn verraten zu haben. Ehe einer von uns auch nur mit der Wimper zucken kann, hat er Helga bei den Handgelenken gepackt und fängt an, sie zu schütteln wie ein nasses Handtuch. Mit einem Satz bin ich dazwischen, und es beginnt ein ziemlich aussichtsloses Gerangel.

„So nicht!" schreit mir Helga über die Schulter zu. „Hol das Gewehr!"

Ich plumpse hinunter ins Dunkle, finde mit zittrigen Fingern den Lichtschalter und reiße das Bett auseinander. Das Jagdgewehr liegt unter der Matratze. Aber wo sind die Patronen? Natürlich, die hat sie irgendwo separat verstaut, umsichtig wie immer, „damit nichts passieren kann..." Keine Zeit, keine Zeit fürs Suchen! Man sieht der Waffe ja nicht an, ob sie geladen ist oder nicht. Ich springe die

48

Stufen hinauf, lade durch und lege an. Und siehe da – bei dem scharfen, metallischen Klicken weiß der rasende Gorilla auf einmal, woran er ist. Dieses Geräusch ist ihm ohne Zweifel vertraut, wird doch der Gebrauch von Schußwaffen allen Inuit von Kindesbeinen an zur Selbstverständlichkeit.

Augenblicklich läßt Schmalztolle taumelnd von seinem Opfer ab. Mit einem letzten wütenden Stoß wird Helgas Fliegengewicht gegen den Pfosten des Eingangsschotts geschleudert, so daß sie leise aufstöhnt. Und wie ein geölter Blitz ist Schmalztolle draußen im Cockpit. Eine Sekunde des Unglaubens verstreicht, dann stürzen wir hinterher, ich mit dem Ziegentöter.

King-Kong ist bereits eine Hausnummer weiter, hat in Windeseile den benachbarten Kutter geentert, von wo aus wir jetzt mit unartikulierten Verwünschungen bedacht werden. Frappierend, mit welcher Sicherheit der Typ in seinem Rausch immer noch von Deck zu Deck turnen kann. Ich schlage brüllend Alarm im dunklen nächtlichen Hafen, um mögliche weitere Opfer auf die Gefahr aufmerksam zu machen. Doch nirgends rührt sich etwas. Verlassen und still liegen die Fischdampfer da, keine Menschenseele zeigt sich weit und breit – was um drei Uhr nachts auch kaum anders zu erwarten ist. In anderen Worten: mit Hilfe ist nicht zu rechnen, wir müssen alleine mit diesem Berserker fertig werden – und der gibt sich noch nicht geschlagen. Daß meine Rufe ungehört im nachtschlafenden Hafenrund verhallen, scheint ihn aufs neue zu ermutigen.

„In Deckung!" entfährt es mir entsetzt. Denn mit ungeahnter Geistesgegenwart hat sich Schmalztolle auf dem Nachbardeck gegriffen, was dort an Wurfgeschossen herumliegt. Sämtliches Zubehör für Fischkästen – Haken, Schäkel und Eisenketten – hagelt erbarmungslos auf die wehrlose SHANGRI-LA nieder. Wir können gerade noch die Köpfe einziehen, aber zwei Solarzellen gehen zu Bruch.

Volltreffer! Mir stellen sich die Nackenhaare auf.

„Der ist ja wirklich irre...", flüstert Helga, sich hinter das Eingangsschott duckend.

Eine ungeheure, aktivierende Wut ergreift von mir Besitz. Ich reiße das Gewehr hoch, ziele auf Schmalztolle und drohe ihm augenblickliche Exekution an – allerdings ahne ich schon, daß dieser Bluff ein zweites Mal kaum fruchten kann. So dämlich ist er nun auch wieder nicht, daß er nicht inzwischen kapiert hätte, daß wenigstens ein Warnschuß gefallen wäre – wenn ich Munition hätte. Also macht er keinerlei Anstalten, das Bombardement einzustellen, und jeder hörbare Treffer, den unser unschuldiges Schiff abkriegt, verursacht mir körperliche Schmerzen.

Jetzt weiß ich, daß mir nur noch der Nahkampf bleibt.

Ich wähle die Sekunde, als sich Schmalztolle nach weiteren Eisenteilen bückt, um an Deck des Kutters zu springen und unseren impotenten Schießprügel zur Keule umzufunktionieren. Blitzartig geistert mir diese alte Geschichte durch den Sinn: Wie war das noch mit David und Goliath? Hätte ich mir wohl besser merken sollen...

Ich nehme Anlauf und ramme ihm die Knarre mit dem ganzen Effet von vierundsechzig Kilo Lebendgewicht gegen die Schulter. Schmalztolle verliert, da unvorbereitet, die Balance und fängt sich mit gestauchtem Arm nur knapp neben der Reling am Boden ab. Ein Röhren wie das eines verwundeten Hirsches dröhnt durch die Nacht, wobei blankes Entsetzen die verquollenen Schlitzaugen weitet. Und dann geschieht das Unglaubliche. Dschingis, das Phantom von Nuuk, rappelt sich so hastig auf, wie sein Doping es zuläßt, kommt taumelnd auf die Beine und schwingt sich auf die Pier – um endlich stolpernd, aber im fliegenden Galopp zu enteilen. Hinter dem letzten Schuppen taucht er in die Dunkelheit und wird nicht mehr gesehen.

Stumm und offenen Mundes verharren wir in Habtachtstellung. Dann ertappe ich mich dabei, daß ich antwortsuchend den Lauf des Gewehrs betrachte, als sei er auf wundersame Weise zum Zauberstab geworden. Was in aller Welt hat dieses Mirakel bewirkt?

Das Rätsel soll für Stunden ungelöst bleiben. Erst am anderen Morgen wird John Smith, dem ich die Geschichte brühwarm auftische, den Schleier unserer Begriffsstutzigkeit lüften.

„Klar, daß den die Panik gepackt hat!" grinst John. „Bei der Aussicht, über Bord ins Hafenbecken befördert zu werden, ist er stocknüchtern geworden. Denn schwimmen können die Kerle alle nicht."

50

Schwimmen, da ist John ganz sicher, hat kein Grönländer jemals gelernt. Für diese Sportart sind die eisigen Fluten des Polarmeeres auch kaum geeignet.

Das hätte ich früher wissen sollen!

Das fidele Polizeirevier

Die Bilanz kann sich sehen lassen. Gründliche Arbeit hat er geleistet, der nächtliche Unheilstifter. Bei fahlgrauem Tageslicht zeigt SHANGRI-LA die ganze Trübsal der ihr blindwütig zugefügten Verstümmelung. Beinahe ein Wunder, daß der Täter das Kajütdach nur als kerben- und dellenübersäte Kraterlandschaft, jedoch ohne Durchlöcherung hinterlassen hat. Dafür ist das aufgetuchte Großsegel von einer Eisenkette glatt durchschlagen worden, und nicht weniger schade ist es um die wertvollen Solarzellen.

„Junge, Junge..." John Smith, den ich hilfesuchend als Zeugen herbeigeholt habe, pfeift beeindruckt durch die Zähne. „Der muß ja in Fahrt gewesen sein."

Helga, dunkle Schatten der Müdigkeit unter den Augen, aber einem heiligen Zorn im Bauch, steht in den Startlöchern, als ich mit dem Schotten im Schlepptau zurückkehre. „Ich geh' jetzt zur Polizei. Wer kommt mit?"

„Hm", brummt John. „Anzeige erstatten? Das könnt ihr natürlich ruhig machen. Aber ich sage euch gleich, daß es überhaupt nichts bringt"

„Na, das wär' ja noch schöner! In so einem Kaff wird der doch zu ermitteln sein! Schließlich können wir ihn ganz genau beschreiben."

Ich muß meiner Bordfrau beipflichten. Daß dieses Werk anarchischer Raserei gänzlich ungeahndet bleiben oder gar klaglos hingenommen werden soll, geht auch mir erheblich gegen den Strich. „Wir versuchen es halt", sage ich. „Vielleicht läßt sich gegen den Knaben doch etwas ausrichten."

„Optimist", tituliert mich John Smith wohlwollend, aber kopfschüttelnd. "Kann zwar sein, daß sie den Burschen kriegen. Bloß – was nützt euch das? Mit einer Entschädigung braucht ihr gar nicht erst zu rechnen. Und wie ich Justitia hier kenne, hat der Kerl nicht viel zu befürchten. Wir haben hier ja den fidelen Knast erfunden. Das ist so 'ne Art Haus der offenen Tür, das reinste Sanatorium, damit die armen Inuit, die was ausgefressen haben, keinen seelischen Schaden erleiden."

„Das", sagt Helga düster, „erinnert mich an etwas."

Und auf einmal müssen wir beide lachen. Denn auch mir fällt sofort unser Anschauungsunterricht in Knastologie drüben auf dem kanadischen Baffin Island ein. Im Arktisstädtchen Frobisher Bay waren wir erst vor wenigen Wochen Augenzeugen eines fröhlichen Jagdausflugs der dort „einsitzenden" Knackis geworden. Die bunte Schar verurteilter Totschläger und sonstiger Entgleister durfte sich für diese „Gruppentherapie" bis an die Zähne mit Jagdgewehren bewaffnen, bis auf den begleitenden Aufseher, der als einziger mit einem Gummiknüppel vorliebnahm.

„Genau!", nickt John. „In der Art läuft das auch hier ab. Von wegen ‚Häftling'! Das heißt eigentlich nur, daß man auf Staatskosten übernachten darf."

Das läßt in der Tat keine Genugtuung erwarten. Sei's drum! Helga bleibt dabei, daß der Überfall auf SHANGRI-LA im Hafen von Nuuk aktenkundig gemacht werden soll. Und so führt uns der nächste Weg dieses freudlosen Tages, den ein gebührend verstimmtes Frühstück eingeläutet hat, aufs örtliche Polizeirevier.

Die erste Voraussetzung für unser Anliegen ist gegeben: Alle anwesenden Beamten beherrschen das Englische gut genug für eine komplikationslose Verständigung. Allerdings wirkt meine Erklärung, eine Anzeige wegen Einbruchs und Sachbeschädigung erstatten zu wollen, auf sie nicht gerade elektrisierend. „Soso", meint der hinter dem ersten Schreibtisch ohne sichtbaren Diensteifer, „auf einem Boot. Na ja..." Sein Tonfall läßt vermuten, so ein Boot habe eigentlich selber schuld, was liege es da auch so provozierend herum? Jedenfalls offenbart die pomadige Reaktion dieses Ordnungshüters zweifelsfrei, daß der geschilderte Tatbestand für ihn weiter nichts ist als die alte Leier arktischen Dienstalltags.

„Anzeige – gegen wen?"

„Schmalztolle!" hätte ich beinahe gesagt. „Unbekannt."

„Aber Sie haben den Täter doch gesehen?"

„Gesehen ist gut. Tuchfühlung gehabt!" stellt Helga klar.

„Ach – Körperverletzung auch?"

„N-nein", murmelt Helga und reibt sich unwillkürlich die Schulter, „das wäre zuviel gesagt."

Ob größere Verluste zu beklagen seien?

„Es langt", sage ich und verlese im Telegrammstil Helgas auf einem Zettel festgehaltene Schadensliste.

„Sind Sie denn nicht versichert?"

„Selbstverständlich sind wir versichert. Aber das steht auf einem ganz anderen Blatt. Ich dachte nur..."

„Nun denn", seufzt erleichtert der Beamte, der es offenbar nun doch auf sich nehmen will, den Fall zu bearbeiten, „das ist ja schon die halbe Miete. Also... Wir hätten da reihenweise Kandidaten, von denen es ziemlich jeder gewesen sein kann. Sie können den Täter beschreiben?"

Nichts leichter als das. Es gelingt Helga und mir, gemeinsam in kurzen Zügen eine überaus lebensnahe Charakterisierung von Schmalztolle zu geben. Und schon nach wenigen gestenreich akzentuierten Stichworten scheint das ganze Revier Bescheid zu wissen: „Ach soo, Arne..."

„Wie bitte?"

„Arne Magnussen. Das kann eigentlich nur Magnussen gewesen sein, möcht' ich wetten."

Tja, vorgestellt hat sich der Einbrecher nicht. „Ist er hier denn prominent, dieser Magnussen?"

Da pflanzt sich ein Grinsen durch die Amtsstube fort. Ja, so könne man wohl sagen. „Ist ein alter Kunde von uns, der Arne. Den kennt hier fast jeder. Hat schon eine beachtliche Karriere hinter sich, unser Arne... Na, wir werden ja sehen. Ich zeige Ihnen am besten mal unser Familienalbum, dann wissen wir es ganz genau." Womit der Polizist einen überquellenden Ordner aus dem Aktenschrank und auf die Tischplatte wuchtet.

Nicht ohne Spannung schlagen wir den Deckel auf, denn wann hat man schon mal Gelegenheit, eine Verbrecherkartei zu studieren? Noch dazu eine, die von lauter exotischen Eskimogesichtern bevölkert ist. Ungewöhnlich – gemessen an der bescheidenen Einwohnerzahl der Hauptstadt – scheint uns auch der stattliche Umfang des Sammelwerkes, das die Ermittler hier zusammengetragen

haben. Einzigartig aber ist der Inhalt. Diese geballte Ladung de-
struktiven Potentials, die uns da entgegenmuckscht und -schmollt,
läßt den unbescholtenen Betrachter unwillkürlich trocken schluk-
ken. Der Fotograf scheint beim Knipsen immer das „Bitte recht
freundlich" vergessen zu haben. Oder die erwischten Sünder
mochten dieser Aufforderung in der Stunde der Niederlage partout
nicht nachkommen. Die auf Zelluloid erstarrte Mimik reicht jedenfalls von aggressiver Geisterbahngrimasse bis hin zu entrückter
Ignoranz. Wütig vorgebraßte Unterkiefer, unverhohlene Droh-
blicke unter platten Stirnen und zerrauftem Haar wechseln ab mit
zerknirscht gesenkten Häuptern, glasig getrübten Augen, die
scheinheilig an der Zimmerdecke Zuflucht suchen.

„Hübsch, unsere Starparade, was?" grinst der Beamte.

„Mann o Mann", flüstert Helga. „Ist das ein Auszug aus Fran-
kensteins Katalog oder 'ne Porträtsammlung der letzten Neander-
taler?"

Zugegeben, letztere Bemerkung war wenig höflich, aber verzeihlich. Ich blättere weiter mit unwillkürlich gespitzten Fingern, und
siehe, da starrt uns unverkennbar King-Kongs grimmiges Konterfei
entgegen! Einmal von vorn, zweimal im Profil, und genauso sauer
wie die Kameraden. Der Fingerabdruck darunter hat das Kaliber
einer Hundetatze.

„Da! Das ist er!" rufen wir unisono. Und Helga schüttelt's noch
bei diesem Wiedersehen. „Zum Fürchten, der Kerl!"

Die ganze diensthabende Belegschaft wirft interessierte Blicke
auf die aufgeschlagene Seite, und unser Sachbearbeiter nickt be-
friedigt. „Sag' ich ja: Arne. Gut, damit wäre die Sache geklärt."

Spricht's und läßt die Kartei wieder im Archiv verschwinden.
Und nun?

„Jetzt können Sie also etwas gegen ihn unternehmen", meint
Helga hoffnungsfroh, aber naiv, wie sich gleich herausstellt. Denn
Johns pessimistische Einschätzung soll prompt Bestätigung finden.

„Ja, wissen Sie, ich fürchte, zu unternehmen ist da nicht viel",
räuspert sich der Grönland-Sheriff.

„Was soll denn das heißen? Der Täter ist einwandfrei identifiziert!"

„Gewiß, gewiß. Alles klar. Aber ob wir den zum siebenundzwan-

54

zigsten Mal zu Zwangsarbeit verdonnern oder nicht, bleibt sich ziemlich gleich. Er wird so oder so wieder rückfällig."

Denn Arne sei einer von diesen völlig hoffnungslosen Fällen. Manchmal gehe es ja eine Weile gut – dann nämlich, wenn er sich zeitweise auf einen Fischdampfer verdinge. Gingen mal keine Beschwerden über ihn ein, so bedeute dies: Arne ist gerade auf See. In die Stadt zurückgekehrt, mache er sich dann umgehend daran, den sauer verdienten Lohn schnellstmöglich zu versaufen. Und das seien dann eben die Phasen, in denen er regelmäßig ausraste und irgendwas anstelle. Sein Konto in den Polizeiakten belaufe sich derzeit auf etwa fünfzig Delikte und ebenso viele Anzeigen. Von der Dunkelziffer gar nicht erst zu reden.

„Daß unter diesen Umständen bei Arne nichts, aber auch gar nichts zu holen ist, brauche ich wohl nicht erst zu betonen", fährt der Beamte fort, und einer der Kollegen gibt seinen Senf dazu: „Man sagt bei uns in Grönland: Ein Mann ist immer soviel wert, wie seine Frau aus ihm macht, und Arnes Pech ist, daß er keine hat."

Darüber wiehert fröhlich die ganze Runde. Arne und 'ne Frau, nicht auszudenken! Richtig in Stimmung haben sie sich geblödelt.

„Demnach", unterbricht Helga die allgemeine Heiterkeit, „muß man also hierzulande nur genügend Straftaten begehen, um sich einen Freibrief für weitere Gesetzesübertretungen zu erwerben?"

Dieses prägnante Fazit scheint dem verhinderten Wahrer von Recht und Ordnung denn doch einer Klärung bedürftig. „Verstehen Sie, wir sind nun mal in Grönland... Bei mir zu Hause in Dänemark, da würde das auch anders laufen, glauben Sie mir! Aber was soll man mit diesen Burschen hier machen? Mit Haftstrafen, wie bei uns üblich, richtet man bei den Inuit einfach nichts aus. Überhaupt sind ihnen Begriffe wie ‚Strafe' oder ‚Sühne' völlig fremd. Und hinter Gittern drehen sie komplett durch. Bei solchen Völkern, die erst spät mit unserer Zivilisation in Berührung gekommen sind, müssen eben andere Methoden gefunden werden."

Man scheint noch auf der Suche danach zu sein. Das Stadtgefängnis von Godthåb verfügt denn auch über nur achtzehn Plätze – Zellen, die in der Regel leerstehen. Etwaige „Insassen" gehen tagsüber einer Arbeit in der Stadt nach, und darin besteht wohl die eigentliche Strafe. Es dürfte sich somit bei diesem Knast um eine eher symbolische Einrichtung handeln.

Zu erwähnen bliebe noch, daß an diesem Morgen über Arnes Attacke gegen SHANGRI-LA ein ordnungsgemäßes Protokoll aufgesetzt wird. Datumsstempel, Unterschrift, punktum. Womit der Vorgang unter M wie Magnussen abgeheftet und zur Ruhe gelegt werden kann. Ach ja – einen „strengen Verweis", versichert man uns glaubhaft, werde es schon noch geben, ganz bestimmt. Mindestens! Huch, das wird Arne aber erschrecken!

Ein Hoffnungsschimmer

John Smith, massig und dunstend, die unvermeidliche Selbstgedrehte kippelig an der Lippe, inmitten eines Rasens von Bartstoppeln, füllt am Nachmittag wieder den Salon der SHANGRI-LA. Der Schotte, erprobt in allen Lebenslagen, ist seiner Sache ganz sicher: Unter Problem sei so gut wie gelöst, das Ei des Kolumbus nunmehr gefunden!

Und zwar liegt es – wo?

„Hier." Johns Knackwurstfinger ist auf der Grönlandkarte, die ausgebreitet den Kombüsentisch bedeckt, an der Westküste entlang abwärts gerutscht, bis fast zum äußersten Südzipfel der riesigen Insel. „Nanortalik" steht da, etwas fetter gedruckt als die umliegenden Ortsnamen. Wieso Nanortalik?

„Erstens", sagt John, „weil euer Schiff hier sowieso nicht bleiben kann, das ist ja wohl jetzt restlos klar. Und zweitens: Da wohnt Nico. Und auf den ist Verlaß."

Nico Hansen, als gebürtiger Flensburger anscheinend von Natur aus so etwas wie ein Kumpel von uns, betreibe „da unten" einen Baustoffhandel – was allerdings weniger von Belang sei als die Tatsache, daß es bei ihm einen Slip für Fischkutter gebe. Einen Slip, den er fraglos auch für die Yacht deutscher Landsleute zur Verfügung stellen werde.

Das hört sich schon recht vielversprechend an.

Außerdem, fährt John fort, sei dort – im Hauptort des südlichsten Bezirks Grönlands – alles viel übersichtlicher als in Godthab. „Da kommt so leicht nichts weg. Die Siedlung liegt auf einer Insel;

überhaupt – die kleinen Dörfer sind alle gewissermaßen wie ‚Inseln‘ – abgeschlossen vom Rest der Welt, ohne Straßenverbindungen. Na gut, absolute Sicherheit gibt es natürlich nirgendwo, aber besser als hier in der Stadt ist euer Boot dort allemal aufgehoben. Am besten, ihr ruft mal selber in Nanortalik an.“ Und aus seinem weitgereisten, antiquarischen Notizbuch, das sich in der Gesäßtasche längst der Anatomie seines Besitzers angeglichen hat, liefert John Nico Hansens Rufnummer nach, mit der ich unverzüglich zum nächsten Telefon eile, um den Hoffnungsschimmer genauer auszuloten.

Auf Anhieb kriege ich den Gewünschten an die Strippe. Allerdings – ausgesprochen Informatives ist es nicht, womit ich danach zur Pier zurückkehre, denn Nico Hansen scheint kein Mann vieler Worte zu sein. Es ist ein Kontakt, der künftige Gedeihlichkeit noch nicht vermuten läßt. Da rede ich mir den Mund fusselig, schildere unsere Situation in blühenden Farben, vergesse weder die Gefahr neuerlicher Einbrüche bei uns noch die Maße der SHANGRI-LA oder die Referenz eines gewissen John Smith zu erwähnen. Und dann, nach beharrlicher Kommentarlosigkeit, sagt dieser Nico nur: „Okay. In fünf Wochen. Solange liegt ’n Kutter auf ’m Slip. Bis dann.“

Fertig, Punkt, es knackt in der Leitung. Derartig im Eilverfahren abgefertigt, frage ich mich einen Augenblick, ob damit nun wirklich der ganze Berg unserer Kalamitäten so einfach abgetragen sein soll. Habe ich Nico Hansen nur nicht an seinem besten Tag erwischt? Hat er mich überhaupt richtig verstanden?

„Logisch hat er", meint John. „Was willst du noch mehr? Sollte er Süßholz raspeln? Wenn Nico sagt, in fünf Wochen, dann meint er in fünf Wochen. Also bis Nanortalik, das sind an die vierhundert Meilen. Das heißt, ihr habt noch Zeit für einen netten, kleinen Segelurlaub. Ich schlage vor, daß ihr mich unterwegs besucht. Ich gehe jetzt auf Lachsfang, mein Camp findet ihr dreißig Meilen südlich von hier. Da kommt ihr sowieso dran vorbei. Wie wär's?"

Wie es aussieht, kommen Grönland und wir doch nicht so bald voneinander los.

Saure Arbeit, frohe Feste: Julianehåb

„Richtige Flaute", hat John gesagt, „erlebst du hier selten." Niemals scheint der Wind den Atem anzuhalten im Bereich dieser mächtigen Eis-Schüssel. Aber heute ist uns eine handige Brise willkommen. Die Morgenfrische bläst kräftig kühle Luft in die Segel. SHANGRI-LA macht, noch einmal ihrem Element zurückgegeben, freudig Rauschefahrt, als sie die Schwimmerspitzen südwärts wendet, zu ihrem ungeplanten Abstecher entlang der tausendfach zerschnittenen und zu unzähligen Inselbrocken zerkrümelten Westküste Grönlands.

Wohlverpackt in Faserpelzen und Stiefeln, läßt die Crew nicht viel mehr von sich sehen als tränende Augen und rote Tropfnasen; denn immer wieder werden die dicken Strickmützen sorgsam bis über die Ohrläppchen gezupft. Und doch – es ist die reinste Wohltat, wieder auf dem Wasser zu sein, den Tücken des Landlebens von Nuuk entronnen! Was auch immer uns im Süden erwarten mag, bei Johns Spezi, jenem wortkargen Nico Hansen, bedrohlicher als ein Aufenthalt im Wirkungskreis von Arne Magnussen wird es kaum sein.

Überhaupt lassen sich an diesem Tag die Sorgen von gestern leicht auf morgen verschieben. Nicht einmal das Fehlen jeglichen Komforts vermag unsere Stimmung zu trüben. Der verfügbare SHANGRI-LA-Haushalt beschränkt sich derzeit auf zwei Zahnbürsten nebst vier Handtüchern und auf zwei Suppentassen, während das übrige Inventar unerreichbar in den Umzugskisten ruht. Aber wen stört das schon? Wie beflügelt zieht sie davon, unsere unermüdliche Gefährtin, zu neuem Leben erwacht. Glucksendes Wasser unter ihren Rümpfen, die vertrauten Geräusche im Rigg – da läßt sich ganz tief durchatmen!

Und dann ist da wieder die stille, monumentale Schönheit der nordischen Küstenlandschaft, wie sie uns ähnlich schon in Labrador in ihren Bann zog. Auch hier säumen uralte, karge Berge unseren Weg, einsam und stets düster, wie von dunkler Patina überzogen. Archaisches Land, abgeschieden, schwerblütig und irgendwie feierlich in seiner greisen Abgeklärtheit. Unerschüttert vom Lauf der Welt, verströmt es jenen Hauch von Ewigkeit, der alle Zeitalter zu überbrücken scheint und die vermeintlichen Nöte des Heute zu Lappalien reduziert.

Wir schauen, träumen und lassen die Gedanken frei. Nach einer Stunde taucht ein weißes, hochbordiges Boot hinter den Schären auf und pflügt, die Nase frontal der SHANGRI-LA entgegen, durch die Enge zwischen den Felsbuckeln. Alarmiert gehe ich unverzüglich höher an den Wind, denn gegen Kollisionskurs bin ich allergisch. Nach allen internationalen Gepflogenheiten wäre es zwar Sache des Motorschiffes, einem Segler auszuweichen, aber wir sind in grönländischen Gewässern. Daß hier ganz eigene Auffassungen herrschen von allgemeinen Richtlinien, hat sich uns bereits unauslöschlich eingeprägt. Soll also der andere Verkehrsteilnehmer, außer uns der einzige weit und breit, von mir aus sein Heimrecht oder was er dafür hält in Anspruch nehmen. Ich drehe das Ruder, um das Feld zu räumen. Doch da ändert auch das Fischerboot unvermutet seinen Kurs. Zielfahrt: SHANGRI-LA.

Leide ich jetzt an Verfolgungswahn?

„Kommt mir so vor, als ob da einer was von uns will", höre ich Helga vom Vordeck rufen. Ich linse gespannt durchs Glas, bis mir die drei strammen Staturen auf dem Kutter bekannt vorkommen.

„Das muß die NUKTUK sein!"

Während der ersten Tage in Godthåb lag der kleine Muschelfischer längsseits bei uns. Die untereinander versippte und verschwägerte Mannschaft der NUKTUK, eines Familienunternehmens mit ausgeprägtem Inuit-Einschlag, hatte sich als ausgesprochen aufgeschlossenes Trio erwiesen. Ein Akt der Piraterie, denke ich, ist von denen nicht zu erwarten. Rrrrt, ist die Rollfock zu einer schmalen, weißen Stange gedreht, die Großschot losgeworfen, und wir liegen, in Erwartung des Besuches beigedreht, mit killendem Großsegel still. Für dieses kleine Manöver mußten wir in früheren

Jahren immer wie die Affen nach vorne aufs Trampolin springen, um das schlagende Vorsegel zu bergen. Aber inzwischen ist bei uns so etwas wie nautischer Luxus ausgebrochen: Heute können wir alles lässig aus dem Cockpit fahren, ohne daß der Atem dabei wesentlich schneller geht. (In solchen Situationen gilt immer wieder ein stilles Gedenken meinem Freund Heino Haase in Travemünde, dem wir die großartige Rollreffanlage zu verdanken haben.)

Die NUKTUK hat rauschend aufgestoppt. Grienende Grimassen unter Pudelmützen treiben in zwei Meter Abstand vorbei, und ein Wortschwall von Dänisch und Grönländisch weht herüber. Wir verstehen rein gar nichts, gestikulieren aber freundlich zurück. Da kommt plötzlich etwas geflogen, das heftig aufklatschend in der Plicht landet: ein Mordsheilbutt. Und unverzüglich schwirren noch drei Dorsche von Kingsize-Kaliber hinterher, begleitet von lebhaften Zurufen, die wir trotz der Sprachbarriere nur als gute Wünsche interpretieren können. Die Eiweißration, die da unversehens zu unseren Füßen liegt, wäre ausreichend für eine Handelsschiffbesatzung. Aber wir sind doch bloß zu zweit! „Dazu müssen wir uns wohl jemanden einladen", stellt Helga augenblicklich fest. Jedenfalls wärmt diese freundschaftliche Geste, so etwas wie ein letzter versöhnlicher Abschiedsgruß von Nuuk, unser Gemüt. Uns bleibt gerade noch ein Dankeschön-Winken, dann ist der Versorger schon achteraus gedriftet.

Ein letzter Blick auf die NUKTUK, die tuckernd davondieselt, das Großsegel dichtgeholt, die Fock ausgerollt, und dann betrachten wir etwas überfordert die milde Gabe für unseren Mittagstisch.

Die drei Dorschköpfe scheint das nichts anzugehen, sie starren unbeteiligt ins Nichts. Der Heilbutt jedoch glotzt mit Glubschaugen in die Runde, öffnet rhythmisch das Maul, klappt die Kiemendeckel ab, zittert mit den Seitenflossen und haut von Zeit zu Zeit den Schwanz wie eine Fliegenklatsche aufs Deck. Das Bemerkenswerte daran ist, daß er das alles ohne lebenswichtige Innereien schafft. Denn Herz, Magen, Leber und Darm müssen auf der NUKTUK oder irgendwo außenbords geblieben sein.

Die postmortale Energie des Heilbutt-Torsos hält auf mystische Weise an. Er zappelt und zittert unverdrossen weiter – sogar dann noch, als Helga schon durchs Glas den kleinen, orangeroten Fleck am Berghang entdeckt, der geographisch auffallend mit dem Kreuzchen übereinstimmt, welches uns John als Markierung seines Camps in die Karte gekritzelt hat. Dieser signalfarbene Tupfen, in den matten, irdenen Schattierungen von Fels und Uferböschung hervorstechend wie eine Leuchtreklame, muß Johns Zelt sein. Da wären wir also...

John Smiths zahme Möwen

Als ich eben im Begriff bin, SHANGRI-LAS Nase mit dem Zielpunkt in Übereinstimmung zu bringen, ziehe ich geschockt den Kopf zwischen die Schultern – denn ich werde aus der Luft attackiert! Etwas stößt herab, flatternd, mit fegendem Flügelschlag und markerschütterndem Geschrei. Vor lauter Schreck finde ich mich auf dem Hintern sitzend wieder und sehe mich schon als zerhacktes Opfer in einem blutigen Hitchcock-Szenario... Erst dann setzt sich die Erkenntnis durch, daß es sich bei diesem Angreifer nur um eine einzige, durchaus freundlich aussehende Sturmmöwe handelt, die offenbar zur Landung auf dem Kajütdach ansetzen will. Ich stehe wohl etwas ungünstig in ihrer Einflugschneise, so daß ihr Anflug mißlingt. Mich aufrappelnd, sehe ich sie durchstarten, in Warteschleife gehen und erneut zum Tiefflug ansetzen.

Na klar, unser Fischvorrat liegt hier so verlockend wie auf einem Marktkarren herum! Da hätten wir auf aufmerksame Futterneider gefaßt sein müssen. Den zweiten Landeversuch vereitle ich mit wildem Gefuchtel und der barschen Aufforderung: „Hau ab, du! Fang dir dein Frühstück selber!"

Was allerdings ein echter Sturmvogel ist, wettererprobt und unerschrocken, wird doch nicht vor so einem lachhaften, flugunfähigen Wesen kapitulieren. Unverzagt stürzt sich das Vieh wieder herab und – verdammt, ich glaub', ich spinne : Nicht der Heilbutt scheint das Objekt seiner Begierde zu sein, sondern der Rudergänger. Dieser Kamikazeflieger hat es allen Ernstes auf *mich* abgesehen! Hier muß ja wohl ein Irrtum vorliegen. Die Erwägung, daß mein Aroma bereits mit dem von totem Fisch zu verwechseln sei, weise ich weit von mir!

„Helga…"

„Ach, die tut dir doch nichts."

Doch Jonathan, oder wie man in Möwenkreisen heißt, fliegt wild entschlossen weitere Attacken, steht schließlich auf Armeslänge von mir entfernt in der Luft, paddelt mit den Füßen, als sei das Fahrwerk eingeklemmt – und landet doch noch auf dem Kajütdach, genau vor meiner Nase. Die Schwingen angeklappt, den Hals vorgestreckt, deckt mich das Vieh mit einer infernalischen Schimpfkanonade so lauthals ein, daß ich respektvoll zurückweiche. Von dieser waffenscheinpflichtigen Spitzhacke von Schnabel möchte ich keine Streicheleinheiten beziehen.

Helga neben mir studiert die geflügelte Nervensäge seelenruhig mit geradezu wissenschaftlichem Interesse, um zu folgendem schlüssigen Ergebnis zu kommen: „Die ist bekloppt oder krank. Geisteskrank eben."

Mit bekloppten Sturmmöwen völlig unerfahren, bemühe ich mich zaghaft um Beschwichtigung. „Ruhig, ruhig…" flöte ich. „Ganz brav, hörst du? Ich bin nicht der Eierdieb, für den du mich hältst." Jonathan gibt seiner Verachtung unverblümt Ausdruck: Ein gezielter, weißgrauer Strahl kleckert über die Solarzellen, was die Stromversorgung nach Arnes Attacke noch weiter einschränken dürfte. „Wenn sie auch nicht richtig im Kopf ist, der Darm funktioniert immerhin", grinst Helga.

Mir reicht's. „Nimm du das Ruder", sage ich, entschlossen, zur Vergeltung zu schreiten. Ich erleichtere den in letzten Zuckungen liegenden Heilbutt um Kopf und Flossen, um damit unserem Schreihals die vorlaute Gurgel zu stopfen.

Jonathan gefällt das. Genüßlich beginnt er, die sperrigen Abfälle im Kropf zu stapeln. Wir sehen zu, stumm und ergeben. Und während er begierig schluckt und würgt, entdecke ich auf einmal diese beiden Löcher in seinen Paddelfüßen. Eines im linken und eines im rechten Fuß. Kreisrund, wie sauber ausgestanzt. „Sieh dir das bloß an! Ob die schon im Aktenordner abgeheftet war, unter M wie Möwe?"

Helga packt natürlich sofort das Mitleid mit der geschundenen Kreatur: „Ach, du armer Vogel, was ist denn mit dir passiert?" Ganz automatisch streckt sie tröstend die Hand aus. Mir stockt das Blut.

Doch nein, Jonathan hackt nicht zu, er legt statt dessen das Köpf-chen schief und läßt sich mit Behagen den Hals kraulen! Uns ist ja schon einiges Getier begegnet, aber ein gelochter Seevogel, der zum Schmusen aufgelegt ist, war bestimmt noch nicht dabei. „Fehlt nur, daß er auf den Arm will", argwöhne ich aus sicherem Abstand.

Die letzte Strecke fährt der gefiederte Passagier mit, anschmieg-sam und friedfertig, denn zum Nachtisch spendiert Helga ihm noch etwas Dorschkopf.

Auf der Uferböschung der kleinen Bucht ist inzwischen die wohl-bekannte Catcherfigur im unvermeidlichen Norwegerpulli auszu-machen, die uns armeschwenkend auf den Ankerplatz einweist. Und neben John, der zweite Typ – dunkelhaarig, säbelbeinig in Gummistiefeln und mit zwei Sehschlitzen im flachen Gesicht –, das muß ja wohl Björn sein, den er in Godthåb erwähnte, sein Kumpel und Partner. Und dieser Björn – jetzt muß ich mir wirklich die Augen reiben – steht da und hält etwas auf den Arm wie ein Kuscheltier: eine zweite Möwe, die genauso aussieht wie unser zugeflogener Besucher! Erinnert an Hans im Glück, der sich ge-rade die Gans eingetauscht hat.

„Das scheint's nur in Grönland zu geben", sagt Helga.

Während wir den Anker ausbringen, klettern John und Björn in eines von drei bereitliegenden Dingis, rauschen zwecks Begrüßung heran und entern SHANGRI-LA – samt Möwe, die sich sofort brüder-lich zu unserer auf dem Kajütdach gesellt. Neugierig betrachten wir ihre Füße. Und richtig: Auch das zweite Exemplar weist als beson-deres Merkmal kreisrunde Löcher in den Schwimmhäuten auf.

Daß die beiden zahm sind wie ein Wellensittichpärchen, findet rasch eine Erklärung. „Das sind unsere Kinder", erläutert John mit Vaterstolz. „Die haben wir von ganz klein an aufgezogen. Sind anhänglich wie Haustiere."

Na schön, aber wieso Lochmuster in den Füßen? Da windet sich der Dompteur erst ein bißchen, scheint sich bei einem Kavaliersde-likt ertappt zu fühlen. „Ja nun... Weißt du, da machen die sich nichts draus... Wie willst du sie denn festhalten, wenn sie nicht spuren? Manchmal müssen wir sie eben festnageln."

„Festnageln?"

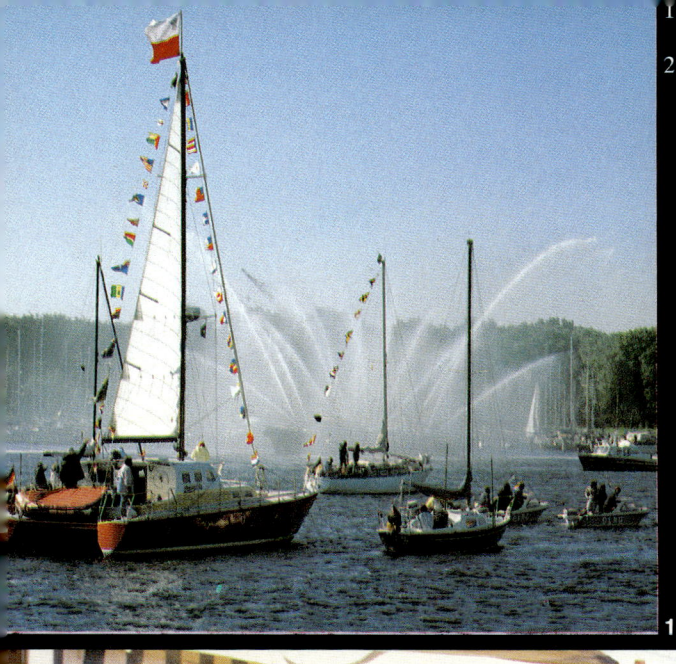

1 Großer Bahnhof nach zehn Jahren.

2 Helga Seebeck und Burghard Pieske bei der Ankunft in Travemünde.

1

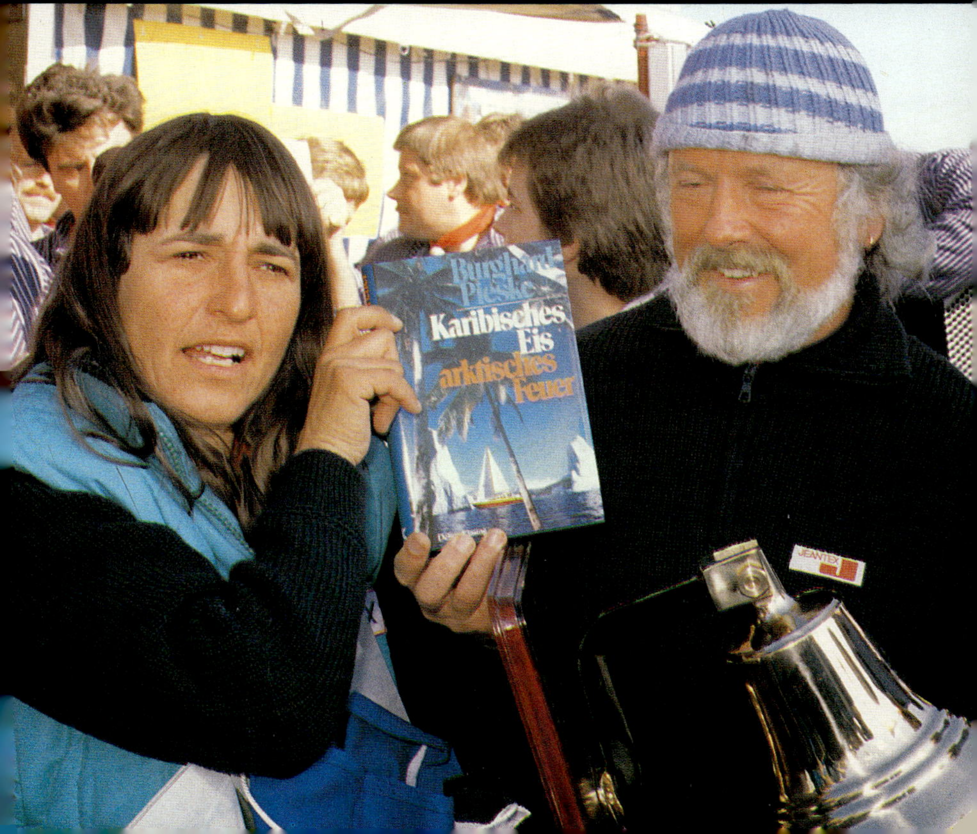
Burghard Pieske
Karibisches Eis arktisches Feuer
JEANTEX

4

5

3 SHANGRI-LA vor weißer
  Kulisse.
4 Ein Kronjuwel.
5 Nur der Kopf des Eisriesen
  ragt aus dem Wasser.

6

3

6 Auch an Ankerplätzen lau-
  ern eisige Gefahren.
7 Unser Lotsenfahrzeug im
  Einsatz.

7

8

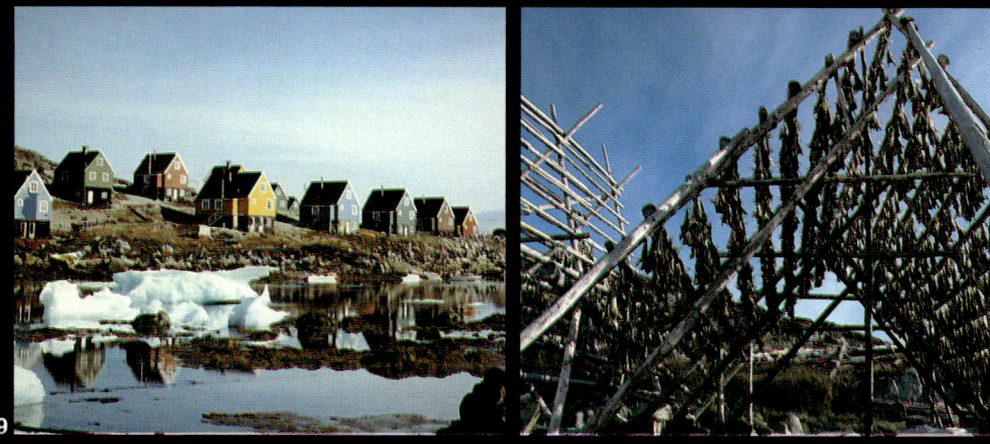

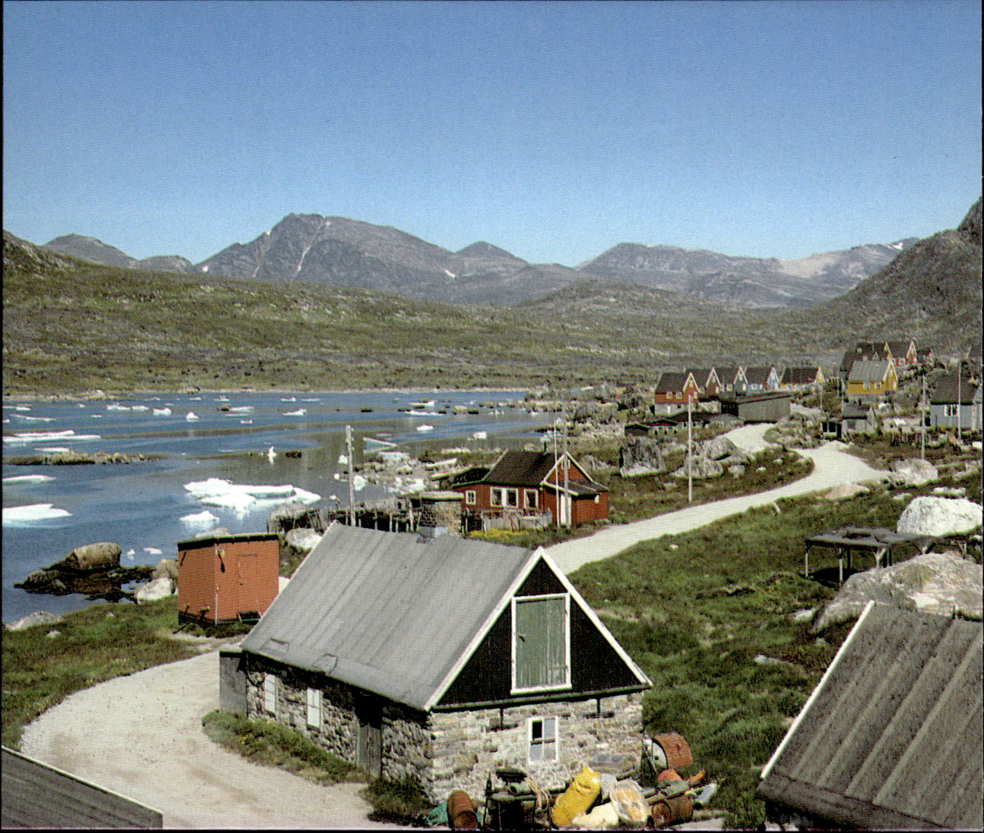

9

8 + 9 Grönländische Siedlungen.

10 So werden Fische getrocknet.

„Och", grient Björn, „ganz einfach, mit Hammer und Pappnagel. Tut ihnen nicht weh. Dann können sie den Schnabel nicht in alles reinstecken."

„Ihr nagelt sie mit den Füßen irgendwo an?" erbost sich Helga.

„Klar", sagt John. „Auf 'm Brett."

In einhelligem Entsetzen starren wir die gequälten Kreaturen an. „Tiefstes Mittelalter!" entfährt es Helga, aber die Folterknechte schauen ganz arglos drein. Und ehrlicherweise muß gesagt werden, daß auch die beiden Opfer trotz der ihnen zugefügten Barbarei eigentlich einen quietschfidelen Eindruck machen. Vielleicht tut's ja wirklich nicht weh?

Nun, auf der SHANGRI-LA wollen wir solche Sitten jedenfalls nicht einführen. Bevor hier einer noch zum Hammer greift und mir eine Möwe aufs Dach nagelt, scheuche ich das schnäbelnde Paar mit heftigem Armschwingen auf. „Haut ab, ihr zwei! Fliegt schon mal nach Hause!"

Da stieben sie erschrocken krächzend davon. Nochmals schießt ein weißlicher Strahl über die Solarzellen, diesmal quer abgefeuert, womit das Zielgebiet für etwaige Nachahmer mit einem deutlichen Landekreuz markiert ist.

„Scheiße", sagt John. „Manchmal sind sie wirklich unartig."

Nicht gewillt, so etwas auf meinem Eigenheim zu genehmigen, greife ich zur Pütz und kippe jede Menge Seewasser über Jonathans Hinterlassenschaft. Womit die illegal errichtete Bedürfnisanstalt für Seevögel als geschlossen zu betrachten ist. Dies also wäre unsere etwas „anrüchige" Aufnahme im Fischereicamp des John Smith, wo er, Björn und ihre beiden geflügelten Hilfskräfte den letzten Lachsen der Saison nachjagen.

Als Palmenpflücker im Fjord

Da hockst du nun – ganz allein. Allein mit dir, dem Wasser und der Dunkelheit. Klein und zusammengesunken, geschrumpft vor Kälte und Müdigkeit, beinahe verschwunden unter der schützenden Kapuze des fellgefütterten Parkas. Und frostige Ungemütlichkeit kriecht von unten durch den Boden des sachte schaukelnden Dingis, das mit dir inmitten der leeren, nachtschwarzen Fläche des

Fjords treibt, festgehängt am Ende eines mehrere hundert Meter langen Fischnetzes.

Lachsfang in Grönland. Habe ich mir das *so* vorgestellt? Seit vier Tagen mache ich das mit. Vier Tage und vier Nächte – und keine Chance, auch nur ein einziges Mal aus den Klamotten herauszukommen. Keine Frage, daß ich mittlerweile im eigenen Saft schmore. Aber jetzt sei nicht die Zeit, mir darüber auch nur schamhafte Gedanken zu machen, hat John gesagt. „Schön sein und nach was anderem duften als dir selber kannst du später; wir haben keine Minute zu verschwenden."

Wäre ja nicht gar so schlimm, wenn einem wirklich nur die persönliche Duftnote anhaften würde, was aber unter den gegebenen Umständen kaum möglich ist. „Fürchterlich. Toter Fisch ist nichts dagegen, sehr toter Fisch", hat Helga mit vernichtendem Naserümpfen bemerkt, als ich das letzte Mal in ihre Nähe kam. Ist auch schon wieder eine Weile her.

Seit unserer Ankunft im Camp bin ich voll eingespannt als Hilfslachsfischer, und nicht einmal das Minimum hygienischer Maßnahmen scheint bei diesem Job eingeplant zu sein.

Na, hier draußen stört das jedenfalls keinen.

Lachsfang im Akkord. Nie hätte ich gedacht, daß eine Betätigung, die ich bisher nur als beschaulichen, geliebten Zeitvertreib – zwecks Erbauung und Selbstversorgung – kannte, derart zur Strapaze verkommen kann. Für Romantik bleibt da wenig Raum. Dabei wäre diesem Dasein durchaus Erhebendes abzugewinnen, vorausgesetzt, man ist noch imstande, sich daran zu erfreuen.

Über mir wölbt sich, vom Schattenriß der Küstenberge gesäumt, das grandiose Sternenzelt einer Polarnacht, mit diesem unfaßbar intensiven Funkeln und Blinken, wie es nur die glasklare Luft des Nordens erzeugt: ein Feuer von abertausend großen und kleinen Diamanten. Zum Greifen nahe scheinen sie zu sein – alle Kronjuwelen des Himmels, verschwenderisch ausgeschüttet auf mattem Samt. Ganz und gar in mich aufsaugen möchte ich diese kosmische Prachtentfaltung, doch der Geist ist schwach, die Sinne sind einfach nicht mehr klar genug. Immer wieder falle ich in apathische Versunkenheit, läßt die Übermüdung mich den Kampf gegen den Schlaf verlieren. Irgendwann schrecke ich dann auf, wenn das Kinn auf die Brust gesunken ist und die eisige Luft an den Ohren zu beißen beginnt. Schnell wieder unter die wärmende Verpak-kung... Bis ich erneut vor Erschöpfung einnicke. Denn in dieser kurzen Spanne der Muße holt sich der traktierte Körper sein Recht.

Noch ungefähr zwei Stunden, dann wird es wieder Zeit sein, mich aus der Erstarrung zu lösen, die Bleischwere aus den schmer-zenden Gliedern zu schütteln, das Boot in Bewegung zu setzen und am Netz entlangzufahren, um es nach Beute abzusuchen. Und das bedeutet: die ganze fünfhundert Meter lange Korkenleine, an wel-cher das Netz hängt, durch die Hände gleiten zu lassen, einen schier endlosen halben Kilometer, und die „Ernte" der letzten Stunden einbringen.

Dieser ungewohnte Kraftaufwand hat mir schon in den ersten vierundzwanzig Stunden den Muskelkater meines Lebens be-schert. Auf einmal weiß ich, wo mein Kreuz ist, und jede Drehung von Armen und Schultern ist zur Tortur geworden. Am liebsten würde ich mich überhaupt nicht mehr rühren. Um so schlimmer, wenn man auch noch alle naslang diese verdammten zähen Pflan-zenbüschel aus dem zwei Meter tief reichenden Maschenwerk her-auszupfen muß! Immer wieder sind es wirr verknäuelte Bündel des dickstieligen, großblättrigen Kelp, die sich, von der Strömung los-gerissen, in den Netzen verfangen. „Die Palmwedel mußt du unbe-dingt rauspflücken", hat John gemahnt. Leicht gesagt. Das Grün-zeug macht mehr Arbeit als die Lachse.

Die Fische sind selbst im Dunkeln mühelos zu erkennen: Wie silbern schillernde Torpedos schießen sie im Netz umher. Man braucht sie nur zu greifen. Das Schlachten und Ausnehmen gelingt nun schon fast automatisch. Ganz pingelig gelte es dabei zu sein, bin ich instruiert worden, sonst gebe es Ärger bei der Abnahme. Wohlpräpariert zum Einfrieren soll der Fisch bei der Fabrik an-kommen. Kaum aus dem Wasser, müssen sofort sorgfältig die Innereien entfernt und die Blutrinne an der Wirbelsäule gründlich sauber gewaschen werden. (Wobei die Möwe Jonathan und ihr Kollege sich dann und wann als freudige Abfallverwerter betäti-gen.) Wenn die Ausbeute es lohnt und der Bootsboden silbrig glänzt – ab damit zum Ufer, wo in der Bucht am Zeltplatz die Kühlbox als Zwischenlager bereitsteht.

An Land bist du dann froh, dir die Beine vertreten zu können.
Und wenn man schon mal da ist, läßt sich auch schnell zwischendurch der Inhalt einer Konservenbüchse aufwärmen. (Daß im Topf
noch Bohnen und Ketchup vom Vorgänger kleben, darf nicht weiter
stören, denn Abspülen entfällt wegen Nebel.) Dann noch rasch die
Thermosflasche mit Kaffee aufgefüllt, irgend etwas an Proviant in
die Hamstertaschen des Parkas gestopft – und schon schiebt man
pflichtbewußt wieder das Dingi ins Wasser.

„Matratzenhorchen im Camp muß weitgehend ausfallen – das
gibt's nur im Notfall", war ich gleich beim Empfang ins Bild gesetzt
worden. Manchmal allerdings geht auf einmal gar nichts mehr. Der
„Notfall" tritt ein, und zum Glück kommt das bei John und Björn
genauso vor wie bei mir. Der Drang, sich aufs Ohr zu hauen, wird
dann übermächtig. Ich kippe einfach in die Waagrechte, so wie ich
bin, in voller Montur, und mein letzter neidvoller Gedanke gilt
Helga, die sich eine Bucht weiter in ihre daunenweiche Koje ku-
schelt. Zwei, drei Stunden traumloser Schlummer mit unbequem
verrenkten Gliedern müssen reichen, um wieder fit zu sein. Und
unruhig erwache ich mit der bangen Gewissensfrage: Hoffentlich
ist inzwischen nichts mit dem Netz passiert, mit „meinem" Netz.
Wenn es womöglich eingeholt werden müßte – eine zeitraubende
Prozedur –, das wäre mir peinlich vor John. Denn Zeit ist Geld, und
jetzt, am Ende der Fangsaison, ist sie ganz besonders kostbar.

Höchstens eine Woche noch, dann wird endgültig Schluß sein für dieses Jahr. „Was denkst du wohl, weshalb wir zur Zeit so verrücktspielen?" John klärt mich auf: Vor kurzem habe die Fischereigenossenschaft die diesjährige Fangperiode bereits für beendet erklärt – irrtümlich, wie sich herausstellte. Irgendein voreiliger Mathematiker mußte sich wohl verzählt oder den Computer falsch gefüttert haben; denn plötzlich hieß es, entgegen der vorangegangenen Meldung sei die amtlich vorgeschriebene Fangquote doch noch nicht erreicht. Also alles wieder in die Startlöcher! Es wurde grünes Licht für die Endrunde gegeben – mit offizieller Erlaubnis durfte noch Lachs angelandet werden.

In einigen Tagen wird die Genossenschaft über Radio das endgültige Aus verkünden. Und am Stichtag um Punkt sechs Uhr abends schließen die Sammelplätze der Fischfabriken – gnadenlos. Wer sich nicht beeilt, rechtzeitig eine der Annahmestellen zu erreichen, um sein Quantum abzuliefern, bleibt darauf sitzen. („Oder verhökert es schwarz an ein Hotelrestaurant", plaudert Björn ein Branchengeheimnis aus.)

Jedenfalls gilt es jetzt einzubringen, was die lachsreichen Fischgründe an Grönlands Küsten nur hergeben. Und das artet eben in Streß aus. Ein bereitwilliger Mitstreiter wie der SHANGRI-LA-Skipper kam da gerade recht. Helga meinte zwar, man könne alles übertreiben, aber wenn unser schottischer Carlsberg-Konsument ein derartiges Ausmaß an Rührigkeit (und Abstinenz!) an den Tag zu legen vermag, dann wird ein altgedienter Petrijünger wie ich wohl auch noch dazu imstande sein.

Ständig sind die Dingis unabhängig voneinander im Einsatz. Irgendwo da draußen sitzen John und Björn in ihren Booten, jeder für sich allein und in ähnlichem Dämmerzustand wie ich. Sie kennen das schon, haben sich daran gewöhnt, in solchen Ausnahmesituationen, auf der Sitzbank des Dingis kauernd, zumindest so etwas wie Entspannung zu finden. Aber über Wochen oder gar Monate würde das selbst der stärkste Catcher nicht durchhalten, hat John mich beruhigt.

Unter normalen Umständen werde schon eine gewisse Nachtruhe eingehalten. In der Frühe fahren sie dann die Netze zu den Einsatzplätzen hinaus, zu überdimensionalen Garnknäulen in den offenen Polyesterdingis aufgehäuft. Ein starker Außenborder ist nötig, um die schwere Fracht – keines der Lachsnetze mißt weniger als dreihundert Meter – zu befördern. Draußen vor Ort werden sie samt einer batteriegespeisten Blinkboje, die das Netzende markiert, über Bord geworfen. Langsam steuert man dann das Boot quer zur Strömung, wobei das Netz ausrauscht und von den Schwimmkorken an der Oberfläche gehalten wird. Dergestalt über die Fjordmündung gespannt, kann es vorerst sich selbst überlassen bleiben. Wichtig sei die strategisch günstigste Stelle, hat mich John belehrt. Es gibt keine Bucht, nicht die versteckteste Ecke an diesem Küstenabschnitt, die er nicht in all den Jahren wie seine Hosentasche kennengelernt hätte. John weiß, „wo der Lachs steht". Präzise hat er mir den Standort meines Netzes auf der Seekarte markiert: „Hier, genau da bringst du es aus, spannst es von hier nach dort, klar?"

Das hörte sich zuerst nach einem Spaziergang an. Aber schnell bin ich eines Besseren belehrt worden. Nicht nur, daß hier Body building angesagt ist und die im Wasser wimmelnden „Palmwedel" einen auf den Baum treiben können – die Einsatzbereitschaft des Fischers ist auch während des Wartens gefordert. Allein schon der erhebliche Tidenhub läßt die Netze sonst unkontrolliert vertreiben. Nie bleiben sie dort, wo man sie ausgebracht hat, und schon gar nicht ruhen sie als starre Barrieren im Wasser, sondern schwingen in weitgezogenen Schlangenlinien hin und her. Nicht selten driftet das ganze Ding zu weit hinaus und sammelt statt der Lachse dicke Eisbrocken ein. Björn schwört Stein und Bein, es sei kein Anglerlatein, daß schon ganze Netze von Eisbergen auf Nimmerwiedersehen mit auf die Reise genommen worden sind.

„Oder wenn der Wind plötzlich stark auffrischt, und das auch noch aus der falschen Richtung, dann kannst du mit etwas Pech dein Netz irgendwo auf die Uferfelsen drapiert wiederfinden", ärgert sich John. In dem Fall helfe nichts anderes, als den halben Kilometer schweren Geflechts einzusammeln und neu auszubringen: eine Knochenarbeit, die Stunden erfordert, verlorene Stunden.

Nein, ein Zuckerlecken ist diese Methode des Broterwerbs nicht. Davon zeugt allein schon der Zustand des Camps, dessen Nutzung kein halbzivilisierter Mensch ernsthaft als „Bewohnen" bezeichnen würde. Schon was im Freien den Lagerplatz kennzeichnet – ein wie in Eile planlos verstreutes Sammelsurium an Fischerei- und Bootszubehör –, läßt hier kein fröhliches Zeltlager vermuten. Und was der erste Blick unter die orangerote Ölplane des niedrigen Einmannzeltes preisgab, trieb Helga das blanke Entsetzen in die Augen. „Männerwirtschaft!" stöhnte sie nur. Mir kamen dabei jene Fotos von Inuitbehausungen der Jahrhundertwende in den Sinn, die wir in Nuuk noch vor kurzem mit gelindem Schaudern betrachtet hatten. Wirklich frappierend, wie sich die Bilder ähneln: das gleiche fortgeschrittene Stadium greulicher Verwahrlosung, ein chaotisches Arsenal verschmutzten, ramponierten, am Erdboden verteilten Hausrats. Umrahmt von leeren oder vollen Konservenbüchsen und Anhäufungen sonstigen Proviants, dient eine gammelige Luftmatratze als Liegestatt für die Allgemeinheit. Denn eine genügt, es müssen ja nicht alle gleichzeitig pennen. Die Küchenecke markiert ein wackeliger Petroleumbrenner, den ein verbeulter, von tausend Essensresten stumpfgebrannter Kochtopf krönt. Es ist wirklich nichts für empfindliche Naturen, das Zweitdomizil von John und Björn. Und ich wußte gleich, daß die gute Fee der Shangri-la den Impuls nicht würde unterdrücken können, diese am Ufer eines idyllischen Fjordes eigentlich unpassende Müllhalde zu einem geordneten Campingplatz umzugestalten. Und daß dieser Versuch kläglich scheitern mußte, vereitelt durch die unheilbare Ignoranz zweier verwilderter Lachsfischer. Denn solange noch die Matratze wiederzufinden ist zwischen all den Gemischtwaren, ficht es unsere beiden Frohnaturen doch nicht an, wie es hier aussieht. Wen stört denn das? Wohnen kann man ja zu Hause in Nuuk, nachher, wenn der Winter kommt. Alles zu seiner Zeit; hier ist man schließlich, um zu arbeiten.

Immerhin läßt sich erahnen, weshalb viele Kollegen von der Zunft der Lachsfischer es vorziehen, ihren Aktionsradius auf die nähere Umgebung von Nuuk zu beschränken. Es ist zweifellos nicht zu verachten, wenn man sich zum Feierabend am heimischen Herd räkeln kann. Monatelang in spartanischen Biwaks zu vegetieren, darauf verzichten die meisten gern, wenn es sich umgehen läßt. „Verweichlicht" kann John das nur finden und „schön blöd".

Er und Björn wissen schon, warum sie klaglos den Sommer als Dauercamper verbringen: „Wo alle fischen, ist nicht mehr genug zu holen."

John Smith gehört daher von Anfang an zu denen, die sich am weitesten von der Stadt entfernen – und die größten Erträge anlanden. „Alles hat seinen Preis", meint er achselzuckend. „Aber am Zahltag weißt du, daß der Einsatz sich gelohnt hat."

Abschied von den Lachsfischern

Am Freitag, eine rastlose Woche ist vergangen, stoße ich in der Frühe beim Zelt auf Big John, der, den Becher Kaffee vor dem Gesicht, gespannten Ohres am Transistorradio hängt.

„Da! Ich hab's mir gedacht! Los, fahr Björn Bescheid sagen! Morgen ist Ende!" Die Quote sei nun erfüllt, wird soeben durchgegeben, Samstag um 18 Uhr sei unwiderruflich Annahmeschluß für alle, die noch Lachs abzuliefern haben. Und nun kommt John in Fahrt wie noch nie. Umgehend bricht bei ihm die Steigerungsform von Hektik aus, was sich zunächst in ziemlich sinnlosem, fahrigem Herumhantieren äußert. Das steckt an. Ich brumme mit dem Dingi hinaus zu Björn, der an seinem Netz beschäftigt ist.

„Einpacken!" brülle ich schon von weitem. „Feierabend!"

Die beiden Möwen, die ihm gerade Gesellschaft leisten und eifersüchtig die Lachsgedärme unter sich aufteilen, kreischen mir streitsüchtig entgegen, und Björn nimmt die Pfeife aus dem Mund, was bei ihm etwas heißen will.

„Okay. Dann hilf mir gleich."

Es dauert noch fast den ganzen Tag, die letzten Lachse zusammenzuraffen und zu schlachten und die gewaltigen Netze einzuholen – zum letzten Mal für dieses Jahr. Wir rollen sie in den Booten auf und fahren sie ins Camp, nicht ganz ohne ein feierliches Gefühl in der Brust.

Am Spätnachmittag taxiert John zufrieden die restliche Ausbeute, die, fertig zum Abtransport, in das große Boot geladen worden ist. „Gut gemacht, Leute. Das hat sich noch mal gelohnt. Also dann, bis übermorgen – ungefähr." Spricht's, hebt lässig die Hand zum Gruß und düst geräuschvoll aus der Bucht. Die Möwen wollen unbedingt mit, aber Björn hat sie sich fest unter die Arme ge-klemmt, eine links, eine rechts.

„Tja", seufzt er und wendet sich dem Lager zu, „der Rest ist für uns. Dann wollen wir mal..."

Der „Rest" ist die Dreckarbeit. Denn das Camp muß abgebaut werden, was voraussetzt, daß erst mal Berge von Müll abzutragen sind, damit das Wiederverwendbare freigelegt und verpackt wer-den kann. Wir wühlen zu dritt, und trotz Helgas systematischer, vielfach erprobter Arbeitsstrategie brauchen wir zwei volle Tage. Dann aber sieht der Platz tatsächlich so aus, daß man ihn für den Winter ohne Scham der Natur überlassen kann. Nur noch das Zelt steht.

Am zweiten Abend – längst hat sich die Nacht über die Bucht gesenkt, und wir drei sitzen auf der blitzsauber geräumten Uferbö-schung an einem wärmenden Feuer – ist von der Fjordmündung ein Motorengeräusch zu vernehmen, das wie mit Düsentempo nä-herkommt. „Das ist John", sagt Björn, „außer ihm würde keiner hier im Dunkeln mit solchem Affenzahn herumkurven."

Schon blitzt draußen über dem Wasser eine weiße Schaumwelle auf. Das Speedboot rauscht heran, als solle die Fahrt gleich über Land weitergehen. Im letzten Moment bremst John nach Halbstar-kenmanier ab. Björn und ich helfen, das Boot auf die Böschung zu ziehen, während John mit wunderlichem Schwung an Land springt.

„Ausladen, Freunde! Jetzt kommt die Be-lo-ho-nung!"

„Oje", murmelt Helga, „das hätte ich mir denken können..."

Die Fracht, die John mit zurückgebracht hat, besteht aus Bier-kisten, die offensichtlich bereits angebrochen und nach Kräften dezimiert worden sind. Kaum mit den Füßen an Land, enthüllt der Zurückgekehrte einige Probleme mit der Statik und dem auf-rechten Gang.

„Bei dem Brausebrand", wundert sich Helga, „muß das Boot den Weg alleine gefunden haben."

Gottvertrauen oder Übung? Anzunehmen jedenfalls, daß jeder Normalsterbliche an der erstbesten Ecke auf die Klippen geknallt wäre. Big John dagegen scheint zu diesen begnadeten Säufern zu gehören, die im Rausch eine schlafwandlerische Sicherheit gewinnen. Für seine Begriffe ist er sowieso nur leicht angeheitert. Und deshalb – weil der Kanal längst noch nicht voll ist –, muß in den angebrochenen Abend noch gebührend hineingefeiert werden. Schließlich gibt es wirklich etwas Erfreuliches zu begießen: Umgerechnet ein paar tausend Mark sind aufzuteilen – der Lohn der Schinderei! Wir zwei Fischereigehilfen staunen nicht schlecht. Diese unerwartet noble Honorierung entschädigt uns reichlich für manch durchquälte Nacht. Das muß sogar Helga zugeben, die die letzte Zeit eher unfreiwillig als Single verbracht hat.

Die kräftige Finanzspritze ist Anlaß genug, uns endlich wieder auf unser eigentliches Vorhaben zu besinnen. Wir wollen ja nicht unseren Lebensabend als Lachsfischer beschließen. Für John und Björn allerdings gehören wir jetzt besiegeltermaßen zum Team, und ihre Bestürzung ist echt, als wir diese nächtliche Bierrunde zur Abschiedsfeier erklären und für den nächsten Morgen unseren Aufbruch ankündigen. „Ko-kommt ja überha-haupt nicht in Frage! Ihr geht mit zurück nach N-nuuk, und wir machen uns 'ne richtig f-feine Zeit!"

Helga schmuggelt mir verstohlen einen vielsagenden Blick zu. Kein Zweifel, wie 'ne richtig feine Zeit nach Johns Vorstellung aussehen soll. Unser Freund und Bruder in Petrus wird ab sofort nur noch als Tranwal anzutreffen sein, wahrscheinlich den ganzen Winter über. Nichts für ungut, aber da ist es für uns verlockender, SHANGRI-LAS Anker zu lichten und unseren Weg fortzusetzen. Alle gutmütigen Versuche, uns umzustimmen, schlagen fehl.

Und so hilft uns am nächsten Vormittag ein verkaterter John mit seinem zum Lotsenboot umfunktionierten Dingi, SHANGRI-LA aus der kleinen Bucht herauszuleiten, die ihr als sicheres Quartier diente. Nur mit seiner kundigen Hilfe sind wir neulich auch hineingelangt. Denn es handelt sich um ein winziges Rund zwischen steil aufragenden Felsen, so eng, daß es uns alleine niemals eingefallen wäre, das Schiff in diese Nische zu zwängen, die noch dazu von einem Halbkreis bedenklicher Unterwasserhindernisse gesäumt ist. Rundum ragen Steine aus dem Wasser. Und doch hat John gerade diesen Winkel wohlweislich als Ankerplatz präpariert, mit lauter in den Fels betonierten Eisenpfählen, zu denen Leinen ausgebracht werden können. Vertäut nach allen Himmelsrichtungen, ruhte SHANGRI-LA wie eine Spinne im Netz in der Mitte, und nirgendwo hätte ein Boot ruhiger und sicherer liegen können. Denn ganz gleich, aus welcher Richtung Wind und Strömung kommen, Johns Geheimbucht bleibt davon auf wundersame Weise völlig unberührt und absolut geschützt.

Es gibt Anlaß für viele Dankeschön und guten Wünsche auf beiden Seiten. Und dabei rollen dem schottischen Rauhbein ein paar Tränen der Rührung in den Stoppelbart. Björn nimmt zur Feier des Augenblicks die Pfeife aus dem Mund, grinst hilflos und reicht uns eine schwielige Pranke. Lediglich die Möwen verzichten auf ihr übliches Gekreisch und glänzen durch Abwesenheit. Und dann strebt SHANGRI-LA aus der Bucht und der Fjordmündung zu. Die zwei am Ufer winken noch, als sie kaum mehr zu erkennen sind. Nur der orangerote Punkt des Zeltes, auffallend wie eine Leuchtreklame im Graubraun des Berghangs, ist noch lange zu sehen. Sie werden es noch heute abbrechen und zusammen mit ihrer übrigen Habe für den langen, dunklen Grönlandwinter nach Hause bringen.

Malerischer „Quarkpott"

„Q-A-Q-O-R-T-O-Q..." höre ich Helga im Salon buchstabieren. „O Mann", kommt es dann murmelnd hinterher, „das ist auch wieder so ein Wort. Qaqortoq..."

Die „South Greenland Tourist News", eine Broschüre, die neuerdings immer griffbereit auf unserem Eßtisch liegt, scheint manchmal eine etwas anstrengende Lektüre zu sein. Das in Godthåb ergatterte Heft, Jahrgang 1986 und somit eigentlich alles andere als neu, muß auf dieser unvorbereiteten Route als Baedeker herhalten – nebst einiger mit nordischer Schönheit bebilderter Reiseprospekte.

Draußen neben dem offenstehenden Eingangsschott genieße ich als Rudergänger vom Dienst diese polare Schönheit im Original in vollen Zügen. Versonnen drehe ich am Ruder, versunken in den Anblick der graubraunen Küstenberge, deren zerfurchte Felswelt, in strahlendes Morgenlicht getaucht, still an uns vorübergleitet wie ein verwunschenes Reich aus uralten Sagen, stumm und von del-

phischer Würde, als gelte es, die Geheimnisse seiner Unvergäng-
lichkeit zu wahren. Und flüchtig denke ich, wie konnten nur Menschen in dieser erhabenen Landschaft eine derart widerborstige
Sprache ersinnen?

Ich stoße die Tür ein Stück weiter auf. „Wie war das?"

„Gesprochen wird es ‚krakrotok'. Es bedeutet ‚das Weiß' oder
‚die Weiße'."

„Hört sich eher wie 'ne Halskrankheit an. Wieso weiß?"

„Das wissen die auch nicht. Ursprung des Namens ungewiß,
steht hier."

Also, beim besten Willen, eines ist völlig gewiß: Eskimoisch, das
Idiom der Inuit, diese verdächtig außerirdische Sprache, die keiner
anderen auf der Welt auch nur ähnelt, wird mir immer ein Buch mit
sieben Siegeln bleiben. Ka-tarrh... Ka-ka... o... oder wie? Nee,
ich versuche es lieber gar nicht erst. Wie gut, daß der Hafen, der als
nächste Station auf unserem Weg liegt, auch noch einen zweiten,
dänischen Namen hat: Julianehåb. Vorne Juliane und hinten
„hoob", das kann ich meiner Zunge zumuten, dabei geht nichts
schief. Und dann weiß auch jeder Eingeweihte, daß „Quarkpott"
gemeint ist, die viertgrößte Stadt der Insel und die bevölkerungsreichste südlich von Nuuk. John Smith und mancher andere hält sie
schlechthin für die schönste des Landes; denn ihre alte Bausub-
stanz aus der Gründerzeit soll besonders pfleglich erhalten geblieben sein.

Schon 1775 errichtete der Kaufmann Anders Olsen diese Nie-
derlassung auf einer Halbinsel an der Mündung des Igaliko-Fjords
und ehrte mit der Namensgebung die damalige Königin Juliane
Marie von Dänemark. Am Anfang nichts weiter als ein Handelspo-
sten für die Pelztierjägerei, bildet Julianehåb heute, von dreitausend Menschen bewohnt, die Handels- und Verwaltungsmetropole
Südgrönlands. Seine zentrale Lage und ein gut zugänglicher Hafen
prädestinierten den Ort zum natürlichen Umschlagplatz für die
Schiffahrt, während jetzt auch ein Helikopterstützpunkt die Verbindungen auf dem Luftwege gewährleistet. So mauserte sich die
Stadt zur Versorgungsbasis für die im Labyrinth der Fjorde verstreuten Siedlungen des gesamten südlichen Distrikts.

Was wird sie uns neugierigen Globetrottern zu bieten haben, die

„Schöne des Südens"? Helga zitiert aus den Tourist News: Ein malerischer Altstadtkern sei zu bewundern und auf dessen Markt-platz der einzige Springbrunnen Grönlands, und am Hafen könne die „Greenland Tannery" besichtigt werden, die einzige Großger-berei der Insel. Nahezu alle im Land gewonnenen Felle und Häute würden dort verarbeitet. Besucher seien immer willkommen, denn an die Gerberei angeschlossen sei eine Fabrikationsstätte, in wel-cher „geübte Näherinnen in Handarbeit praktische Produkte aus Robben- und Lammfell herstellen – zu angemessenen Preisen".

Dem Himmel stumm dafür dankend, daß die SHANGRI-LA-Bord-frau keine Sammelleidenschaft für Pelzmäntel hegt, wende ich mich wieder der Navigation zu. Erfreulicherweise stellt die Orien-tierung keine besonderen Anforderungen, trotz der zahllosen Schären, mit denen diese Gewässer gespickt sind, denn verkehrs-technisch sind sie erschlossen. Ein lückenloses Befeuerungs- und Markierungssystem lotst selbst den ortsfremden Seefahrer sicher durch den Irrgarten dieser wie zu tausend Bröckchen zersprengten Küste, deren verzweigte Buchten und Fjorde sie zu Inseln, Halbin-seln und mächtige, ins Meer greifende Vorgebirge zerfasern. Zu verfehlen ist nichts, man könnte meinen, sich in Dänemark zu befinden – wären da nicht die Eisbrocken, die hier und da wie ungleichmäßig geformte Eiweißklöße auf der spätsommerlich blauen Wasserfläche treiben. Heute zeigt sich Grönland wirklich wie im Bilderbuch. Klar und scharf umrissen sticht an diesem hellen Vormittag das Relief des Bergpanoramas in einen gläsernen Himmel. Zum Greifen nahe rücken die Gipfel heran – und sie scheinen frisch geduscht zu haben: Vor Nässe glänzen die grauen und braunen Kuppen und Zacken wie mit Klarlack überzogen.

Um die Mittagszeit schwenken wir in den Julianehåbsfjord ein. Bald tauchen über der Wasserlinie Hafenanlagen auf, und schon von weitem leuchten die obligatorisch bunt gestrichenen Holzbau-ten. Von einem dichten Komplex am Hafen verteilen sie sich als kleinere und größere Farbkleckse weit auf die Umgegend. Anders als in Nuuk, das sich nur in der Ebene ausdehnt, betupfen die Häuschen von Julianehåb als frischfröhliche Sprenkel auch noch die Berghänge, die die Ufersenke flankieren. Das Bild ist sympto-matisch für alle Siedlungen in der Arktis: Überall, wo Spielzeugschachteln in optimistischem Rot oder Blau vor den irdenen Farben des kargen Landes auszumachen sind, dort hat die Zivilisation Einzug gehalten, dort sind Menschen anzutreffen. Allerdings deutet beim ersten Anblick dieser Stadt nichts darauf hin, daß sie speziell für uns mit Attraktionen aufwarten wird, die kein Prospekt ankündigt.

Die erste präsentiert sich unseren ungläubigen Gesichtern, als wir etwas unschlüssig einen Seitenarm des aus mehreren Buchten bestehenden Hafens ansteuern. An der Pier, malerisch vor der Kulisse farbenfroher Buden, liegt – pechschwarz und anmutig – eine Segelyacht.

Wie magnetisiert heften sich unsere Augen an die unerwartete Erscheinung. Und doch – sie ist ganz real und zum Anfassen: eine blitzsaubere Gaffelketsch vom Typ Colin Archer. Helga schüttelt verblüfft den Kopf und dreht sich dann aufgekratzt lachend zu mir um. „Siehst du die Flagge?"

Vom Heck flattert Schwarz-Rot-Gold! Der Schriftzug darunter aber übt eine geradezu elektrisierende Wirkung auf uns aus. Lisa steht da, und die Lisa ist aus – Hamburg!

Ich muß gestehen: Kein Blick gilt mehr Julianehåb, der betagten Schönheit, in diesem Moment versagen wir ihr auch das Minimum an höflicher Aufmerksamkeit. Längsseits gegangen und an der Lisa festgemacht, ist eins. Aus Hamburg? Wer mag das sein? Womöglich welche, die man kennt? Wedel-Schulauer Yachtclub etwa? Wie oft hat es schon solche überraschenden Begegnungen mit Landsleuten an den unglaublichsten und entlegensten Ecken aller Meeresküsten gegeben. Und immer wieder waren sie Lichtpunkte in Weltumseglers heimwehgetrübtem Dasein.

Niemand scheint unser Anlegemanöver zu bemerken. Leider bleiben auch wiederholtes Anklopfen und lautstarkes „Hallo" ohne Reaktion. Schade, auf der Lisa ist gerade keiner zu Hause. „Na ja, allzu weit können sie hier ja nicht sein", meint Helga. „Wollen auch wir uns erst mal die Beine vertreten? Wenn die zurückkommen, sehen sie ja, daß sie Gesellschaft gekriegt haben."

Uns bleibt nichts anderes übrig. Doch ehe wir uns zum Gehen wenden, kann ich nicht umhin, die Lisa mit wachsender Begeisterung anzustaunen. Ich weiß nicht, wer der Eigner dieses schmukken Schiffes ist, aber meine Sympathie hat er schon. Da kann ich nur anerkennend durch die Zähne pfeifen, und auch Helga entfährt es bewundernd: „Du, die haben ihre Behausung aber in Schuß!" Kein Fleckchen verunziert die LISA, sie ist bis ins Detail so makellos und mit Akribie gepflegt, daß jedes Seefahrerherz gleich höher schlagen muß. Alles ist im Bestzustand, tipptopp sind die Leinen aufgeschossen und überall mit traditionellen Zierknoten versehen. Fancy work – so etwas gibt es heute fast nicht mehr; die alten Bootsleute hegten und pflegten solche Dinge mit Liebe und Sorgfalt, aber welcher Normalverbraucher unter den Seglern kennt sich heutzutage noch damit aus? Ich werde immer neugieriger auf die Mannschaft der LISA. Und wie vertraut mir die Ketsch vorkommt! Genau den gleichen Typ, ebenfalls gaffelgetakelt, habe ich vor Jahren selbst schon einmal gesegelt. Sie hieß zwar nicht LISA damals, aber...

„Verlieb dich nicht", weckt mich Helga aus meinen Träumen. „Du wirst doch unserer guten alten SHANGRI-LA nicht untreu werden. Komm, schauen wir uns ein bißchen in der Gegend um."

Ein Seewolf mit stillem Kielwasser

Kurt heißt er. Und ist die ganze Besatzung.

Als wir von einem ersten Beschnuppern des Hafenareals zum Liegeplatz zurückschlendern, betrachtet er von seinem Deck aus gerade abwartend die SHANGRI-LA.

„Ah... Ihr seid das von dem Kat?"

Ja, wir sind das! Mit einem herzhaften Händedruck werden wir auf der Ketsch willkommen geheißen. Der Einhandsegler, ein wettergestählter Fünfziger mit gutmütigen Zügen und bescheidenem Auftreten, hält sich nicht mit Faxen auf. „Finde ich immer schön, welche aus der Heimat zu treffen. Ich bin auch noch nicht lange da, gestern abend eingelaufen. Denn man immer hinein in Kurts gute Stube!" Und schon tauchen wir zu dritt unter Deck, von wo im Niedergang einlullend warme Luft emporquillt. Eine gute Stube, das ist sie wahrhaftig, die Kajüte der LISA: Arktisfahrers mollige Kuschelecke. So untadelig wie von außen zeigt sich Kurts Musterschiff auch im Inneren. Mitten im praktisch durchdachten und pingelig aufgeräumten Salon bullert ein dänischer Dieselofen stimmungsvoll vor sich hin und verbreitet lauschige Atmosphäre; blitzblank gewienert sind die Messinglampen, und trotz der Enge ist es nicht stickig unter Deck, nur herrlich warm. Die LISA muß hervorragend isoliert sein. Kurt hat das perfekte Arktis-Schiff! Der Aufforderung, es uns doch bequem zu machen, kommen wir nur zu gerne nach. (Sieht es doch bei uns immer noch so aus, als hätte sich beim Unzug der Möbelwagen verspätet.) Von angenehmen Innentemperaturen nicht verwöhnt, pellen wir uns sofort dampfend aus den Pullis. Wenn wir auf der SHANGRI-LA etwas vermissen, seit wir uns in Polarkreisnähe bewegen, so ist es eine Heizquelle.

„Phantastisch!" schwärmt Helga. „Hier kann man's aushalten. Das Schiff ist wohl nicht zum erstenmal im hohen Norden?"

„Nö", bestätigt Kurt mit original norddeutschem Zungenschlag, „hier zieht's mich immer wieder hin."

Bei näherer Betrachtung merken wir, daß sich der Skipper in nicht ganz so guter Verfassung befindet wie sein schwimmender Untersatz. Kurt wirkt deutlich mitgenommener als die LISA. Diese rotgeränderten Kaninchenaugen hatten wir selber schon oft genug. So sieht man aus, wenn ein anstrengender Törn den Schlaf geraubt hat.

„Stimmt", nickt Kurt müde. „Von Südengland herüber, auf direktem Weg, das hat doch geschlaucht. War 'n bißchen ruppig unterwegs."

Daß „ein bißchen ruppig" als eine verharmlosende Untertreibung zu werten ist, läßt sich Kurt nur nach und nach entlocken. Um der Wahrheit die Ehre zu geben: Einen schweren Sturm hatte die LISA abzuwettern, der einen Einhandsegler in ernsthafte Kalamitäten hätte bringen können. Doch dieser hier gehört einer Kategorie an, die unter Seglern selten geworden ist. Im Gegensatz zu den weit verbreiteten Schwadroneuren, bei denen sich im Nachhinein am Steg die Windstärken zum Orkan summieren oder die Etmale wundersam verdoppeln, bleibt Kurt mit beiden Beinen auf den Planken und verlegt sich lieber aufs Understatement. Aufschneiderei ist diesem gradlinigen, zurückhaltenden Hamburger völlig fremd. „Tja, hat recht lange gedauert herüber, eigentlich zu lange, siebenundzwanzig Tage", umreißt er nur spröde seine strapaziöse Reise. „Ich mußte lange am Wind segeln, und höher als siebzig Grad kann man mit ihr nicht rangehen, sie hat ihre Grenzen, die Lisa, ist aber brauchbar."

Letzteres kann ich im stillen nur bestätigen, denn ich erinnere mich noch gut an die Eigenschaften der Colin-Archer-Boote.

„Na, und eben diese Schlechtwetterfront – war nicht so gemütlich", gibt Kurt schließlich kleinlaut zu. Die Küste Grönlands vor Augen, sei er doch dermaßen erschöpft gewesen, daß er sich zu etwas hinreißen ließ, was einem soliden Segler wie ihm sonst nicht einfallen würde: Er habe die Lisa an einer großen Eisscholle festmachen müssen, die im ruhigen Wasser in Lee trieb, und sich ganz einfach ausgeruht. „Ehrlich, ich konnte nicht mehr." Kurt zuckt wie zur Entschuldigung die Achseln. Aus dieser Story wäre leicht eine Heldentat zu basteln, überlege ich, mit der sich an jeder Yachtclubtheke Furore machen ließe. Doch dieser Skipper hat noch keinen Yachtclub von innen gesehen.

Nein, mit Segelvereinen habe er nichts im Sinn. Diese Vereinsmeierei, wozu solle die gut sein? In der Tat kann man sich Kurt schlecht vorstellen, wie er bei Schampus mit seinen Segelabenteuern renommiert. Ich glaube, ihm kommt gar nicht in den Sinn, daß er so einiges erlebt hat, was andere beeindrucken könnte. Er sei ja „nur ein Freizeitsegler" mit einem selbstgebauten Boot.

„Wo soll's denn noch hingehen?" will Helga wissen.

Leider, bedauert Kurt, bleibe ihm nicht mehr viel Zeit, sich in den Schären Grönlands aufzuhalten, da die Anreise schon so lange gedauert hat. „Aber das macht nichts. Mir kam's auf den Segeltörn an, Landausflüge sind mir nicht so wichtig."

Die Route über den Nordatlantik hat ihn gereizt. Und jetzt – ein paar Tage wird er noch Land schnuppern, in Sydprøven Station machen, und dann geht es schon bald wieder zurück, weil so ein Urlaub schließlich nicht ewig dauert.

Was er denn beruflich so mache an Land, frage ich.

„An Land?" fragt Kurt irritiert. An Land mache er so gut wie gar nichts. Denn der Skipper der Lisa verdient sich sein Brot als Bootsmann auf dem Forschungsschiff Meteor.

Hatte ich nicht so eine Ahnung? Helga und ich grinsen diesen unersättlichen Seefahrer unwillkürlich an. Ja, gibt Kurt zu, vom Wasser könne er einfach nicht genug kriegen. So also sehen die Ferien eines Berufsseemannes aus!

Schade, daß Kurt schon morgen, nach gründlichem Ausschlafen, Julianehåb wieder verlassen und die Küste nach Sydprøven hinuntergehen will. In spätestens einer Woche wird die LISA Kap Farvel gerundet haben und Richtung Heimat unterwegs sein. Eigentlich bedauerlich, daß sich nicht die Gelegenheit bietet, diese Bekanntschaft zu vertiefen. Aber Kurt ist halt in Eile. „Bevor der Job wieder losgeht, muß ich die LISA noch nach Kiel bringen", sagt er. „Da hat sie ihren Stammplatz in einer Marina. Hoffentlich dauert's zurück nicht wieder so lange, sonst komme ich noch zu spät..."

Als die schwarze Nacht durch die Bullaugen schaut, kippen wir den letzten Klaren auf eine glückliche Heimkehr der LISA, und dann verschwinden wir zwei, damit Kurt endlich in die Koje kommt.

In der Frühe des nächsten Tages bleibt nur noch ein kurzer Klönschnack, denn der Skipper nebenan ist bereits reisefertig, als wir die Nasen in die kühle Morgenluft von Julianehåb stecken.

„Wer weiß", ruft er beim Ablegen, „vielleicht sehen wir uns mal in Hamburg! Ihr kennt ja meinen Arbeitsplatz. Wenn sie mal wieder die Elbe raufkommt, die METEOR, dann wißt ihr, wo ich zu finden bin!" Und dann zieht die LISA hinaus in den Julianehåbsfjord, schwarz und so unauffällig, wie sie gekommen ist. Da segelt einer davon, denke ich noch, der ein stilles Kielwasser hinterläßt.

Vermutlich wird nie einer Jury, die Preise für seglerische Leistungen zu vergeben hat, etwas von der LISA und ihrem Skipper zu Ohren kommen. Es sind nicht die Segler wie Kurt, die mit Auszeichnungen überhäuft werden, obwohl sie die sicher mehrfach verdient hätten. Pokale und Trophäen werden andere einheimsen. Doch dem Bootsmann von der METEOR, der ein Seemann ist mit Haut und Haaren, dürfte das ganz und gar gleichgültig sein. Seine Belohnung ist das Erleben der See; warum sollte er also von sich reden machen?

Sie sind rar geworden, diese einsamen Seewölfe, denen zu begegnen eine Wohltat ist.

Zweite Begegnung der denkwürdigen Art

Die Greenland Tannery und ihre bewährten Pelznäherinnen werden uns verzeihen. Wir haben beschlossen, auf sie zu verzichten. Die gepriesene Altstadt aber von Qaqr-... Julianehåb wollen wir uns nicht entgehen lassen.

Nachdem von der LISA nichts mehr zu sehen ist und Winken wirklich keinen Sinn mehr hat, genehmigen wir uns ein zeitlich gerafftes Frühstück und schwingen uns auf zum Bummel. In der Tat, sie ist sehenswert, die „Schöne des Südens", schlicht, schnörkellos wie alle Städte der Arktis, aber von dieser eigenen, eindringlichen Klarheit, so farbig-frisch, wie die Hügel des Hinterlandes karg und öde sind. Den Vorschußlorbeeren des Touristenblättchens wird sie voll gerecht. Mit wachsendem Gefallen schlendern wir durch die Siedlung des Anders Olsen, jenes Handelsherrn aus dem norwegischen Senjen, der nicht schlecht staunen würde, könnte er sehen, was nach zweihundert Jahren aus seiner kleinen, nur wenige Gebäude umfassenden Faktorei geworden ist. Vielleicht würde er sich aber noch viel mehr darüber wundern, daß Bauwerke aus den Anfängen der Stadt über so lange Zeit der Natur getrotzt haben und noch immer genutzt werden können.

Wir weiden uns an der Gepflegtheit und den aufmunternden Farben des wie aus der Spielzeugschachtel geschüttelten Urviertels der Stadt, das sich um den alten Marktplatz gruppiert. Als historisches Renommierstück kann ein langgestrecktes, schwarz geteertes Blockhaus gelten, Jahrgang 1797 – und somit das älteste Relikt aus einer bewegten Vergangenheit, die von zähem Pioniergeist geprägt gewesen sein muß.

„The Manager's Residence" war, wie die Bezeichnung verrät, dem Verwalter der einstigen Kolonie als Wohnsitz erstellt worden. Daß der Inhaber dieses Amtes ein schlichtes Holzbohlenhaus von eher bäuerlichem Charakter bewohnte, mag dem Betrachter des zwanzigsten Jahrhunderts verwunderlich erscheinen. Doch es muß zu seiner Zeit wie ein solides Bollwerk der Zivilisation inmitten der Wildnis gestanden haben, und immerhin wird sein Entwurf dem königlichen Hofarchitekten A. J. Kirkerup zugeschrieben.

Tadellos in Schuß, mit blütenweiß gestrichenen Sprossenfensterrähmchen, beherbergt das ehrwürdige Blockhaus heute unter seinem wettergebeizten Schindeldach den an jedem grönländischen Ort vertretenen KNI, den „Kallallit Niuerfiat". Für europäische Zungen: Grönlands Handel. Im Zuge der Selbstverwaltung übernahm diese Institution von der vormaligen Königlich-Grönländischen Handelsgesellschaft (KGH) Aufgaben wie Bankverkehr, Post, Schiffahrtsdienst, Fahrkartenausgabe und dergleichen mehr – was bedeutet, daß kein Tourist am KNI vorbeikommt.

Erwähnenswert ist auch der Werdegang des feuerwehrrot getünchten Häuschens in Reichweite der Residenz: Errichtet 1863, war es einzig dafür gedacht, der alljährlichen Zusammenkunft der Koloniedirektoren als Tagungsort zu dienen. Der kleine Holzbau kann sich somit rühmen, das früheste Gebäude Grönlands zu sein, das für eine politische Versammlung geschaffen wurde. Anders als das Haus fand das dazugehörige Grundstück – zumindest während der Sommermonate – permanente Verwendung: Man nutzte es als Gemüsegarten zur Versorgung der benachbarten Residenz. Was immer hier Boden und Klima Eßbares gedeihen ließen, heute zeugt nur noch ein Gartenzaun von diesem Versuch der Landbestellung unter arktischen Bedingungen.

Die Zeitläufe bescherten dem roten Meeting House ein wechselhaftes Schicksal und ersparten ihm keine Degradierung. Um die Jahrhundertwende als Schule verwendet, mußte es sich gefallen lassen, ab 1911, nachdem das Koloniedirektorium aufgelöst war, als Bäckerei und später als Werkstatt mißbraucht zu werden. Erst 1977 gelangte das geschichtsträchtige Häuschen in die Obhut der Stadtverwaltung.

Von besonderer Eigenart sind auch die stabilen Steinhäuser, die keineswegs, wie man annehmen könnte, als Wohnstätten gedacht waren. Es sind die typischen Standardbauten der KGH, die sie im 18. und 19. Jahrhundert für kommerzielle Zwecke errichtete. Die Brauerei und die alte Schmiede – letztere heute das Stadtmuseum – sind die schönsten Beispiele: makellos, blendend weiß oder pastellfarben getüncht die Mauern, knallrot die Fensterrahmen, Giebel und Dächer aus naturbelassenen Holzschindeln.

Irgendwie stimmt sie heiter, diese taufrische und so gar nicht antiquiert wirkende Keimzelle von Julianehåb, erst recht an einem

Tag, an dem sich das Himmelsblau so passend zu den frohsinnigen Pinselkünsten der grönländischen Anstreicher gesellt. Den Marktbrunnen, den einzigen des Landes, sehen wir uns natürlich an. Der stammt allerdings erst aus den dreißiger Jahren unseres Jahrhunderts, kann sich an historischem Wert also nicht messen mit den Fassaden, die ringsherum auf ihn herabschauen. Seine Besonderheit aber besteht nicht allein darin, daß er ein Unikat ist – an ihm hat man die Namen aller Persönlichkeiten verewigt, sie sich um die Erschließung der großen Eisinsel verdient gemacht und in ihre Geschichte eingeschrieben haben.

Vom Markt führt uns der Weg über eine kleine Brücke, die das Flüßchen überspannt, welches Julianehåb in einen westlichen und einen östlichen Bezirk teilt. Weiß und filigran posiert das Brückengeländer, heimelig wie ein friesischer Gartenzaun. Und jenseits erhebt sich, kompakt und tomatenrot, mit hohen Bogenfenstern die Saviour's Church, die Heilandskirche. Nur das winzige Türmchen mit dem kleinen weißen Kreuz, als Dachreiter auf dem grünen First, weist das Gebäude zweifelsfrei als Gotteshaus aus. Souverän wie es dasteht, deutet nichts mehr auf seine äußerst bewegte Entstehungsgeschichte hin, die unter einem denkbar ungünstigen Stern stand: Zunächst mußten in einer jahrelangen Sammelaktion auf dem durch die Napoleonischen Kriege gebeutelten Kontinent die Mittel für das sakrale Projekt zusammengekratzt werden. Erst im Jahr 1828 reicht das Geld, das die Dänische Missionsgesellschaft aufgebracht hatte. Endlich konnte man die Bauteile – in Norwegen vorgefertigt – von Kopenhagen in Richtung Grönland auf die Reise schicken, ein Transport, der unglücklicherweise bei Ferderikshåb als Havarie endete. Doch gottlob gelang es, das geweihte Bauholz den eisigen Fluten zu entreißen und es später ratenweise an seinen Bestimmungsort Julianehåb weiterzuverfrachten – was aus unerfindlichen Gründen allerdings Jahre in Anspruch nahm. So kam es, daß erst 1832, vier Jahre nach der Verschiffung, die erste Kirche von Julianehåb ihrem Zweck übergeben wurde.

Noch so manches Gebäude ließe sich aufzählen, jedes mit seiner eigenen Biographie. Und bemerkenswert ist auch, daß das moderne Julianehåb, mit Hunderten bunter Holzbauten, seiner archi-

85

tektonischen Tradition weitgehend treu geblieben ist – anders als das eher gesichtslose Godthåb.

Langsam, nach vielen neugierigen Abstechern in diese und jene Straße, die letztlich – natürlich – alle am Stadtrand in den Hügeln versickern, schlendern wir Richtung Hafen zurück. Und auf diesem Weg kommt es zur zweiten denkwürdigen Begegnung von Julianehåb...

Irgendwo an einer Straßenecke drückt sich nämlich, wie zufällig, dieser Typ im blauen Anorak herum. Steht da, Hände in den Taschen, und starrt uns an, so eigenartig drängend.

„Komisch", bemerkt Helga, „der ist mir gestern schon aufgefallen, an der Pier. Da stand er genauso und guckte, und heute morgen auch. Kriegt der noch 'n paar Mark von uns?"

Ich bin mir da keiner Schuld bewußt. Dafür scheint der andere sich seiner Sache auf einmal ganz gewiß zu sein und steuert quer über die Fahrbahn zielsicher auf uns zu. „Hallo!" fängt er an. „Ihr kennt mich wohl nicht zufällig?"

So etwas ist natürlich immer peinlich. Ehrlich gesagt...

Doch da grinst der Unbekannte nachsichtig. Nun ja, meint er in fließendem Englisch, das sei vielleicht auch ein bißchen viel verlangt. Aber es stimmte doch wohl, daß wir mit eben jenem roten Katamaran vor zwei Jahren die Gewässer der Bahamas unsicher gemacht hätten? Bei Nassau habe er uns gesehen, ganz bestimmt, und auch sonst irgendwo.

Völlig perplex graben wir in unserer Vergangenheit. Vor zwei Jahren? Natürlich, ganz genau. Das war jene Zeit, als wir monatelang inselhüpfend durch die Bahamas kreuzten. „Eben", nickt unser Gegenüber zufrieden. „Und ich war der mit dem roten Kutter, mit der TEJSTEN."

Zu dumm, daß sich aus der Erinnerung kein roter Kutter zutage fördern läßt, aber es wird schon stimmen. Wie viele Boote wimmelten da überall in den Häfen herum – unmöglich, jedes zu sehen und zu registrieren. Nun, die TEJSTEN jedenfalls liege mittlerweile wieder zu Hause im Heimathafen – in Julianehåb nämlich, und er, Erik, sei von der Traumreise durch subtropische Gefilde wieder in sein kühles, grönländisches Alltagsleben abgestürzt.

„Ich dachte, ich spinne, als ich da gestern euren Kat wiedererkenne!" Erik, zweifellos Däne und etwa unser Jahrgang, kann's kaum fassen. Er entführt uns an die nächste Theke, wo beim unvermeidlichen dänischen Gerstensaft die Erinnerungen an selige Tropenkurse vertieft werden, auf denen SHANGRI-LA und TEJSTEN, wenn auch ohne Wissen voneinander, im vorletzten Jahr gesegelt sind. Wieder einmal lassen wir sie Revue passieren: unsere sonnigen Zeiten auf den Berry Islands und den Florida Keys, an deren heißen Sandstränden wir damals vom hohen Norden zu träumen begannen.

Wie sich herausstellt, wählte auch der Skipper der TEJSTEN den Intracoastal Waterway für seine Tour nordwärts, das berühmte „Blaue Band" der amerikanischen Ostküste, jenes einmalige, fast zweitausend Meilen lange System ineinandergreifender Flüsse und Kanäle, das sich vom südlichsten Floridazipfel bis fast an die kanadische Grenze erstreckt, immer parallel zur Atlantikküste. Und noch mehr Gemeinsamkeiten finden sich: Ebenso wie wir machte die TEJSTEN in New York Station und auf der Neufundlandinsel. Von St. John's schließlich sei er nonstop heimgesegelt, erzählt Erik und fügt seufzend hinzu: „Es war aber auch höchste Zeit, nach genau einem Jahr... Daß es der teuerste Urlaub meines Lebens wird, habe ich ja vorher gewußt, aber nicht *wie* teuer..."

Erik, auf dem dänischen Festland geboren, aber schon „ewig" in Grönland ansässig und hier Inhaber einer Installationsfirma, war gründlich und mit Bedacht daran gegangen, sein Fernweh zu stillen. Alles sei so gut vorbereitet gewesen, daß er (wie er glaubte) für ein Jahr sämtliche beruflichen Verpflichtungen vergessen konnte. Seinen Betrieb, mit vierzig Angestellten einer der größten in Julianehåb, habe er vertrauensvoll einem Geschäftsführer überlassen, der völlig freie Hand hatte, und eben das war wohl der Fehler. Denn der Partner habe prompt gemacht, was er wollte, und das war leider das Verkehrte. Was man sich auch einfallen lassen kann, um ein Unternehmen herunterzuwirtschaften – der gute Mann habe keine kaufmännische Eselei ausgelassen. So brachte er den Laden bis knapp an den Rand des Ruins. „Ein Wunder, daß nicht alles baden gegangen ist."

Einmal, sagt Erik, sei seine Frau zu ihm ins sonnige Inselparadies, wo er sorglos seinen Traum vom einfachen Leben träumte, gekommen um Bericht zu erstatten, da schon telefonische Alarmrufe nichts gefruchtet hatten. Aber abgenabelt vom Rest der Welt, eingelullt in südländisches Phlegma, sei ihm die Dramatik der Situation nicht so recht aufgegangen. „Hat mich auch nicht richtig interessiert damals. Ich dachte: Sie will nur, daß ich nach Hause komme... Ich hatte mich einfach losgelöst von allem, das war ja der Sinn der Sache. Na, um so härter war das Erwachen. Wie hoch die Verluste waren, ist mir erst bei meiner Rückkehr klar geworden. Mann, von dem Geld, das ich eingebüßt habe, hätte ich mit der ganzen Sippe diverse Jahresurlaube in Acapulco verbringen können!"

Das war offenbar ein mißglücktes Experiment. Und dennoch fangen zwei Augen verräterisch an zu glänzen, wenn von den Erlebnissen und Erfahrungen jener zwölf Monate die Rede ist. „Trotz allem", räumt Erik entrückt ein, „kann ich nur sagen: Es war *das* Jahr meines Lebens!" Für seine Frau zweifellos auch, nur mit umgekehrten Vorzeichen. Das wird deutlich, als wir zwei Tage später bei Erik zu Hause eingeladen sind. Nicht ohne Argwohn und Besorgnis in den Augen verfolgt die hart geprüfte Ehefrau, wie ihr Angetrauter und wir ins Schwärmen geraten: vom Segeln, vom Rifftauchen, von Abenden an weißen Puderstränden... Ihre Befürchtung liegt geradezu greifbar in der Luft: „Das wird doch hoffentlich nicht wieder ansteckend sein?"

„Nein", erklärt Erik zur Beruhigung seiner besseren Hälfte mit Bestimmtheit, „so etwas kann ich mir nie wieder erlauben. Es sei denn, ich würde gleich den ganzen Laden hier verkaufen. Aber der absolute Aussteiger auf Gedeih und Verderb wie ihr, das bin ich eben doch nicht. Einerseits beneide ich euch ja, andererseits könnte und möchte ich das nicht."

Er beneidet uns also. Aber ich denke im stillen, wer weiß, ob nicht Erik vieles noch intensiver erlebt und genossen hat als wir, eben in dem Bewußtsein, daß nach zwölf Monaten alles vorbei sein würde. Für uns dagegen ist diese Lebensform längst alltäglich geworden – und wie jeder Alltag manchmal stumpfsinnig, manchmal anstrengend, mal ereignislos, mal voller Probleme...

Und dabei fällt mir ein, daß wir hier nicht mehr allzu lange herumsitzen sollten. „Du hast schon recht", sage ich, „man muß das gut überlegen. Es ist kein Dauerurlaub, was wir machen, sondern eine ständige Auseinandersetzung – mit dir selbst, mit der Technik, mit der See. Die Möglichkeiten sind nicht immer so unbegrenzt, wie sie zu sein scheinen. Und immer hast du Sorge um das Schiff. Ein mobiles Zuhause kann manchmal viel problematischer sein als eins, das fest auf einem Grundstück steht." Und mit Hoffen und ein wenig Bangen denke ich, morgen geht's Richtung Nanortalik.

„Kennt ihr vielleicht einen gewissen Nico Hansen da unten?"
Nein, kennen sie nicht.
„Drückt uns mal die Daumen", sagt Helga. „Uns wird erst wohler sein, wenn Shangri-la bei ihm gut und sicher untergebracht ist."
Wir stoßen noch mal an, und dann wird es langsam Zeit, sich für die liebenswerte Aufnahme zu bedanken, denn auf unsere Gastgeber wartet morgen ein ganz normaler Arbeitstag. Erik läßt es sich nicht nehmen, uns zum Hafen zu kutschieren, wo er noch einmal sinnend, mit langen, sehnsuchtsschweren Blicken die Shangri-la betrachtet, mit Blicken, die vom unvergleichlichen Türkis der Karibischen See und vom köstlichen Schatten säuselnder Palmwipfel träumen... Richtig losreißen muß er sich. Und zuletzt dreht er sich auf der Pier plötzlich noch mal um mit einer Frage, die wir zunächst für einen Witz halten: „Habt ihr eigentlich Badezeug dabei?"
Badezeug? Was soll denn das – in Grönland?
„Jaja", grinst Erik. „Fällt mir gerade ein: Ihr kommt ja morgen an Uunartoq vorbei, einer kleinen Insel, ungefähr dreißig Meilen von hier. Dort legt mal einen Stopp ein, wenn ihr Lust habt, richtig schön warm zu baden – unter freiem Himmel."
Wir müssen wohl etwas argwöhnisch aus der Wäsche gucken. Doch, doch, bekräftigt Erik lachend, Uunartoq habe die berühmtesten heißen Quellen hier im südlichen Distrikt. „Etwa 36 Grad warm – herrlich! Soll gut gegen Rheuma sein. Und es ist leicht zu finden, ihr steuert von hier aus direkt auf eine schöne Bucht zu. Da, wo es dampft, seid ihr richtig!"
Damit steigt Erik ins Auto, winkt, und wir begeben uns zur letzten Nachtruhe in Julianehåb.
Was und wen hätten wir alles versäumt, wären wir schon von Godthåb aus abgeflogen!

Thermalbad zwischen Eisbergen

Der Morgen ist kühl und leuchtet mit der eigentümlichen, konturenscharfen Klarheit und frischen Farbigkeit des Nordens. Angeknipst von den ersten schrägen Sonnenstrahlen, glühen die Fronten der bunten Schachtelhäuschen kontrastreich vor den noch tiefen Schlagschatten der Hügel und einem satten Himmelsblau, das einen schönen Tag verspricht. Ein Morgen, der alle Lebensgeister weckt!

Früh aus den Federn, sind wir gleich beim Öffnen der Geschäfte im nächsten Supermarkt, um uns noch mit allerhand Köstlichkeiten einzudecken, die der KNI in einer Metropole wie Julianehåb zu bieten hat – in der Mutmaßung, daß die Einkaufsmöglichkeiten in den kleineren Nestern des Südens nicht so üppig sein werden. Hier jedenfalls kann sich die Versorgungslage mit den Städtchen des dänischen Festlandes messen.

Beladen mit Tüten und Taschen kommen wir zurück. Bald ziehen anregende Kaffeeschwaden durch die Kajüte, und auch der Duft von ofenfrischem Brot und herrlich krossen, dänischen Brötchen hebt ungemein die Stimmung. Der Frühstückstisch ist heute ein Gedicht: goldgelbe Butter, Wurst, würziger Käse, kühle Milch – alles so herzhaft wie der beginnende Tag draußen vor den Kajütfenstern.

Eine halbe Stunde später laufen wir aus. Zügig, von einer Nordwestbrise geschoben, geht es voran. Helga hat auf der Karte Uunartoq markiert, eines der vielen vor der Küste hingestreuten Pünktchen. Dort müssen wir natürlich noch vorbei.

Schon am frühen Nachmittag ist das kleine Eiland erreicht, und unser Anker rasselt in die von Erik bezeichnete Bucht am Nordwestsaum von Uunartoq. Wir sind völlig allein. Der Wind verstummt in dem kleinen stillen Halbrund, das vor der Strömung gut geschützt ist. Das Erstaunlichste aber: Es handelt sich um eine Sandbucht! Kein glitschig-steiniges, abweisend felsiges Ufer, wie wir es sonst von dieser Schärenwelt gewohnt sind, sondern ein richtiger, einladender Sandstrand. Verblüfft mustern wir die ungewohnte Kulisse. Und hier also gehen die Grönländer baden?

Da es rasch abkühlt an diesem Nachmittag, fehlt uns zum Striptease im Freien eigentlich der rechte Schneid. „Heute nicht mehr“, meint Helga bibbernd. „Ich bin jetzt mehr für eine schöne heiße Tasse Tee. Bleiben wir hier über Nacht, einen ruhigeren Platz finden wir sowieso nicht.“

Am nächsten Vormittag, als die Spätsommersonne in der angenehmsten Position steht, stopfen wir noch etwas skeptisch Handtücher und sonstige Badeutensilien in einen Beutel und ziehen schließlich erwartungsvoll das Dingi auf den Strand. Wirklich und wahrhaftig: Die Füße greifen behaglich in weichen Sand – Sand, so fein wie aus der Eieruhr! Wo der bloß herkommt? Die Strandfläche geht in wellige Dünenkämme über – eigentlich fehlen nur noch ein paar dekorative Palmen, dann könnte man sich diesen Ort leicht in den Südpazifik denken. (Dort wären allerdings die Eisberge ziemlich originell, die vor dieser Bucht vorbeiziehen.)

Wir stapfen, tief einsinkend, auf gewundenen Wegen durch pudrige Senken, bis sich vor uns unvermittelt eine weite Grasfläche öffnet, über der in einiger Entfernung seltsame Dunstschwaden schweben. „Wo es dampft“, hat Erik gesagt. Das also ist Südgrönlands Warmbadeanstalt: inmitten einer grünen Wiese zwei Tümpel von jeweils fünf Metern Durchmesser – sozusagen als Familienbadewanne geeignet. Wabernder Dunst trübt die Luft über dem Wasser. Es blubbert.

Störender Textilien bar und vorsichtig hineinsteigend, stellen wir fest, daß die winzigen Teiche nirgendwo viel mehr als knietief sind. Plötzlich ist der Windhauch, der über die Tümpel weht, eiskalt. Also rasch hinlegen, will man nicht am oberen Ende erstarren, während die Füße langsam garen. Nein, auch hier könnte kein Grönländer schwimmen lernen, es reicht nur zum Plantschen. Aber wie wohlig es ist! Nicht zu heiß – gerade richtig. Wir tauchen genüßlich ein, mit lauter geächzten „Ahs“ und „Hms“. Einfach toll! Da liegst du also hingestreckt in dampfend warmem Badewasser – und das angesichts segelnder Eisberge. Über grünes Gras hinweg geht der Blick auf die Meerenge und die majestätischen Küstengebirge. Ein völlig neuer Lustgewinn. Bis auf... Na ja, die Ohren sind ziemlich kalt. Aber man kann nicht alles haben.

Und so darf man sich wohl auch nicht daran stören, daß andere Badegäste unbekümmert ihren Zivilisationsmüll rund um die

Planschbecken zurückgelassen haben. Die beiden Badewannen müssen in diesem Sommer gut besucht gewesen sein. Davon zeugen zerknüllte Papiertüten, Zigarettenkippen, vergessene Badehosen, ausgediente Latschen sowie die abgenagten Knochen vom Picknick. Die Wiese ist übersät mit der kuriosesten Hinterlassenschaft. Noch von keinem Umweltbewußtsein gehemmt, haben sich die Grönländer hier ungeniert des „großen Mülleimers" bedient. „Vielleicht", erwägt Helga dampfend neben mir, „sollte man hier Container aufstellen und ein Häuschen mit Herz in der Tür."

Ach, vielleicht lieber doch nicht. Denn dann folgt sicher bald auch eine Frittenbude, und schließlich kostet es Eintritt.

Frisch gebadet, alle Muskeln thermo-therapeutisch gelockert, aufgemöbelt vom Planschvergnügen in Uunartoq, segeln wir die letzten neunundzwanzig Meilen bis Nanortalik. Das heißt – so richtig Segeln ist das ja eigentlich nicht, was wir hier betreiben. Manches ist möglich in den südwestlichen Schären Grönlands – Lachse pflücken aus Unterwasserpalmen, Thermalbäder nehmen zwischen Eisbergen –, aber ganz einfach segeln, jedenfalls im sportlichen Sinne, wie wir es immer geliebt und nach Kräften praktiziert haben, das geht so ziemlich überall besser als hier. Ein Schiff einzig dem Wind und der Strömung anzuvertrauen, gerät in diesem Küstengürtel zur Geduldsprobe, ja zum Experiment mit nicht ungefährlichen Überraschungen. Spätestens beim zweiten Versuch sind wir schlauer geworden...

Weiter draußen, von wo aus die Küste nur ein blasser Streifen, ein ferner Umriß über der Kimm ist, mag die Welt noch ganz in nautischer Ordnung sein. Wie vom Wetterbericht beinahe täglich versichert, weht der Wind dort folgsam mit beständiger Nordweststströmung und füllt dem südwärts Reisenden zweckdienlich die Segel. Wer jedoch unter Vollzeug, mit ausgebaumten Vorsegeln in den ersten Fjord hineinrauscht, für den verwandelt sich nach einer Weile hoch am Wind Sportseglers vermeintliches Traumrevier rapide zum Alptraum. Am besten, man bezieht die offizielle Windprognose nur auf die offene See, denn unter Land stimmt auf einmal überhaupt nichts mehr.

Unvermittelt attackieren den Segler rasende, fauchende Böen direkt von vorn, drehen auf Süd, Südost, nicht selten auf Ost, zerren an Segeln und Wanten, werfen das Schiff zurück, zwingen zu zahllosen, zermürbenden Kreuzschlägen. Und das widrige Brausen scheint geradewegs dem Herzen der Eisschüssel zu entströmen: Es ist von schneidender Kälte. Die Erklärung für dieses immer wiederkehrende Phänomen leuchtet durchaus ein: Von den hohen Bergen, die die schlauchartigen, verzweigten Wasserarme umschließen, prallen die Luftströme ab wie im Pingpong-Verfahren, wechseln so mehrfach die Richtung, und über den Ausläufern des Inlandeises, den großen Gletscherzungen an den Fjordenden, sinkt ihre Temperatur auf Kühlschrankwerte. Eine besonders tückische Variante sind die jähen Fallwinde, Böen, die schlagartig und ohne Vorwarnung aus großer Höhe die Bergfronten herabdonnern und ein kleines Segelschiff in ernste Gefahr bringen können.

Mit dieser seltsamen Naturerscheinung haben wir schon früher unliebsame Bekanntschaft gemacht. „Williwaws" war der kuriose Name für die unberechenbaren Fallböen in den verschlungenen Kanälen Patagoniens, jener Landschaft Südamerikas, die mit der Grönlands viele Ähnlichkeiten aufweist. Und wie sind wir der Plage der verdammten „Willis" damals begegnet? Wir verbrauchten in kürzester Zeit unseren ganzen Dieselvorrat, denn nur die Maschinenkraft gewährleistete ausreichende Sicherheit. Auch diesmal bleibt uns keine andere Wahl. Wir können froh sein über die 100 PS in Shangri-las Bauch. Ständig auf der Hut vor plötzlichen Windstößen, haben wir seit Godthåb kaum noch Vollzeug gesetzt, außer in sicherem Abstand zum Land. Motorsegeln nach Manier der US-Freizeitkapitäne ist jetzt die einzig sinnvolle Fortbewegungsart. Und sie hat immerhin einen angenehmen Nebeneffekt: Solange nämlich die Maschinen tuckern, strahlen sie etwas Wärme ab. Wenigstens tagsüber zieht so ein Hauch leicht temperierter Luft aus den Rümpfen bis hinauf in den Salon. Na gut, die Pullover bleiben trotzdem unentbehrlich, und es muffelt halt dauernd ein bißchen wie im Heizölkeller, aber das findet sogar Helga besser als Frieren.

Abends heißt es dann, bevor der milde Hauch sich rasch verflüchtigt und unsere Behausung wieder zum Gefrierfach wird, möglichst unverzüglich samt Wärmflasche in die Kojen!

SHANGRI-LA überwintert in Nanortalik

Zuerst ist es die größere Nachbarinsel Sermersooq, die unsere Aufmerksamkeit auf sich zieht, mit dem gezackten Bergmassiv des Kitdlavat, das eindrucksvoll über einen weißen Wattewolkenstreifen schaut. Und dann, endlich, schiebt sich backbords Nanortalik ins Bild, ausgebreitet auf der flachen, gefingerten Landzunge der gleichnamigen Insel mit bergigem Hinterland – jener Ort, der alle übrigen Weiler der äußersten Südspitze Grönlands in seine Gemeinde einbezieht.

Nanortalik – dieses Wort ist uns schon im Traum vorgekommen. Wen wird es wundern, daß es gemischte Gefühle sind, mit denen wir diesen Namen nun greifbare Gestalt annehmen sehen. Mit Nanortalik also werden wir uns arrangieren müssen, wie auch immer. Hier muß SHANGRI-LA allein zurückbleiben – für Monate. Den ganzen langen, dunklen Polarwinter hindurch soll dies hier ihr „Heimatdorf" sein: eine bis jetzt noch nichtssagende Ansammlung menschlicher Behausungen in der Einsamkeit arktischer Landschaft, die über der gleißenden Wasserfläche langsam nähergleitet.

Die Szenerie ist austauschbar mit der jedes anderen Städtchens, das wir in diesem Land bisher kennenlernten. Und doch – die Siedlung sagt uns eigentlich schnell zu. Vielleicht weil wir einfach wild entschlossen sind, sie zu mögen? Vielleicht auch, weil man aufgrund der Gleichartigkeit allmählich überall Vertrautem begegnet und bald jeden Ort irgendwie schon zu kennen glaubt. So ist es auch leicht, sich gleich zurechtzufinden. Nanortalik ist überschaubar, schon vom Wasser aus: Hier, abgeschirmt durch eine schmale, gekrümmte Nehrung, der winzige Koloniehafen, jene Antiquität, die allen alten Stützpunkten als Vermächtnis der KGH geblieben ist; unverkennbar die kleine Gruppierung baulicher Relikte aus

dem neunzehnten Jahrhundert, etwas abseits davon eine stattliche Kirche. Dort der moderne, größere Teil: die gewohnten angemalten Holzkistenhäuser, verstreut auf baum- und strauchlosem Gelände zwischen vielen Felsbrocken und einer dürftigen Grasnarbe. Eine Straße um das Ganze herum, einige wenige kreuz und quer, und im Zentrum des Hafens die unvermeidliche Fischfabrik, mit einer stabilen Pier davor. Gleich neben der Fabrik ist eine Slipanlage zu erkennen; einige Fischerboote liegen auf dem Trockenen. Nur bei der Pier herrscht Leben und Bewegung, als wir SHANGRI-LAS Nase dem Land zudrehen. Ein paar Kutter löschen ihre Fänge. Beim Näherkommen fällt allerdings auf, daß von manchen Schiffen weniger Fischkisten als Robben oder Robbenfelle auf die Pier verfrachtet werden. Da scheint sogleich Bestätigung zu finden, was der „Tourist News" über Nanortalik zu entnehmen war: daß hier die traditionelle Robbenjagd wie seit alters her noch immer die entscheidende Lebensgrundlage bildet. Noch heute zieht ein Großteil der Einwohner Nanortaliks jedes Jahr im Mai/Juni hinaus zu den uralten Robbengründen, in deren Nähe die Jäger während der Fangzeit in Hütten oder Zelten leben, bis sie am Ende der Saison in ihre Häuser nach Nanortalik zurückkehren.

Das Treiben bei der Fabrikanlage verspricht die besten Chancen für eine erste Kontaktaufnahme. Wieder einmal verfolgen verhalten verwunderte Mienen unter Pudelmützen unser Anlegemanöver. Von der Pier und den Schiffen gleiten verstohlene Seitenblicke vom Trampolin bis zum Heck der SHANGRI-LA. So selbstverständlich und vertraut uns ihre Doppelrumpfkonstruktion auch ist – bei den Leuten hier erregt sie ähnliche Aufmerksamkeit wie etwa ein siamesisches Zwillingspaar. „Was kommt denn da?" steht in den Gesichtern zu lesen. Doch die Grönländer wissen ihre Neugier zu bezähmen. Hierzulande fällt nicht jeder mit der Tür ins Haus, wie etwa neulich John Smith. Der Schotte mit dem kosmopolitischen Touch war da eher untypisch. Meist muß hoch im Norden der Fremde sehen, wie er Anschluß findet. Und damit fange ich, um keine Zeit zu verlieren, gleich an.

Ob jemand einen gewissen Nico Hansen kenne, rufe ich in die Runde, hoffend, daß die Inuitfischer mit meinem Englisch etwas anzufangen wissen, und füge, ebenso weltfremd wie die Frage, hinzu: „Der soll hier ein Baugeschäft haben oder so."

Nico? Ein allgemeines, höchst bedächtiges Nicken ist die Antwort. Mann, wer wird denn Nico nicht kennen? Und wenn die allseitig sich aufhellende Mimik so gedeutet werden darf, dann scheint der Gesuchte nicht unbeliebt zu sein in Nanortalik. Irgendwer muß die Meldung schneller verbreitet haben, als das Gehabe der Befragten vermuten ließ. SHANGRI-LA ist kaum vertäut, da steht einer auf der Pier: lang und hager wie ein Fahnenmast, europäisch-schmale, gegerbte Gesichtszüge unter dunkelblondem Schopf, die Arme vorsorglich vor der Brust verschränkt – und von eben jener einsilbigen Zurückhaltung, die man in diesen Breitengraden nicht etwa als Unfreundlichkeit mißdeuten sollte. Sie halten nun einmal nichts von der euphorischen, küßchenverteilenden Überschwenglichkeit etwa Lateinamerikas. Rauhschalig sind sie, die Menschen des Nordens, so kantig und still wie die Landschaft, die sie geprägt hat. Zuerst mal schauen sie dich an: gründlich, abwägend, analytisch. Mal sehen, was für einer du überhaupt bist... Kein Grund, nervös zu werden, wenn du dich optisch in deine Bestandteile zerlegt fühlst; das muß man hier ertragen können.

Er begutachtet uns also ohne Eile, dieser Nico Hansen, tritt an den Rand des Anlegers, studiert ebenso eingehend das Schiff, um irgendwann bündig festzustellen: „SHANGRI-LA... Hm. Ihr seid das."

Noch ganz auf Englisch oder gestenreiches Radebrechen pro-

96

grammiert, stutzen wir unwillkürlich. Nicht nur weil der Lange unerwartet einen vollständigen Satz ertönen läßt, sondern weil dieser in akzentfreiem Deutsch erklingt. Ach ja, was hat John Smith gesagt? Nico ist ein Landsmann von euch! Wir lauschen wohl noch sekundenlang verwundert dem Gehörten nach, denn da tritt in Nico Hansens wasserhelle Augen so eine Prise Schalk, die ihn für grönländische Verhältnisse schon fast zum Temperamentsbolzen macht. Ein begütigender Händedruck besiegelt unseren Empfang.

„Hallo. Ich war mal in Flensburg zu Hause. Ist schon länger her", sagt der große Blonde, und das muß als Aufklärung fürs erste genügen. „Wie ihr seht, ist der Slip noch nicht frei. Kann aber nicht mehr lange dauern. Am besten, ihr kommt erst mal rüber zu mir." Es folgt ein unscheinbarer Wink mit dem Zeigefinger: Dort drüben, auf der dem Festland zugewandten Seite, stehen Haus und Werkstatt von Nico Hansen. „Wenn ihr wollt, könnt ihr gleich verholen. Ich fahr' hinüber und erwarte euch."

Womit alles geklärt zu sein scheint und unser Verbleib keiner weiteren Erörterung bedarf.

Ein Deutscher in Grönland

Eine halbe Stunde später sind Shangri-las Leinen am Steg festgemacht, der zu Nicos Anwesen gehört. Weit abseits vom eigentlichen Dorf, liegen wir hier in geradezu paradiesischer Abgeschiedenheit. Einen feinen Platz hat sich der Hausherr ausgesucht: still und malerisch am Fuß des Berghangs. Kein Hauch rührt sich hier, wie ein Stilleben liegen die Schären, nur das Wasser plätschert sanft gegen die Ufersteine. Man könnte meinen, daß kaum jemals eine fremde Seele den Frieden dieses Winkels stört – außer einmal im Leben ein paar lästige Weltumsegler.

„Sehr schön ist es hier!" bewundert Helga den Ort der Beschaulichkeit.

„Hm, stimmt schon", brummt Nico, der uns vom Anleger zum Haus geleitet. „Bis auf das da." Er deutet hinüber zur anderen Seite der Bucht, wo oben auf der Klippe in etwa vierzig Metern Höhe ein rotes Häuschen wie ein Adlerhorst thront. „Das gab es noch nicht, als wir damals hierherzogen."

Was soll daran störend sein? „Seid erst mal ein paar Tage hier, dann werdet ihr es schon merken", meint Nico. Allzu bald werde das rote Häuschen sein Geheimnis lüften. Es sei nämlich nichts anderes als eine arglistige Tarnung. Im Boden dieser äußerlich so unverdächtigen Hütte gebe es eine Öffnung, durch welche eine Blechrutsche über die Felsen hinunterragt. Pünktlich an einem bestimmten Wochentag fahre dort oben die „Goldene Minna" vor – und der gesammelte Inhalt sämtlicher „Honeybuckets" von Nanortalik werde über besagte Rutsche aus der Höhe hinunter ins Meer befördert. Was zur Folge hat, daß regelmäßig am Entsorgungstag die ganze Bucht total verködelt sei. Und es dauere dann leider seine Zeit, bis Wind und Strömung die Ladung aus der Bucht hinaus ins offene Meer gespült haben. „Mit etwas Pech", sagt Nico, „landet auch mal der ganze Wochenertrag hier an den Ufersteinen..."

Tja. Nichts ist eben perfekt. Auch das scheinbar vollkommene Paradies hat seine Schönheitsfehler. Gleich schauen wir die romantische Bucht mit ganz anderen Augen an. Da wenden wir uns doch lieber weniger anrüchigen Dingen zu und gehen zur Tagesordnung über...

Nicht lange, und wir hocken in dem gediegenen Wohnhaus um einen blankgescheuerten Küchentisch, auf den der Gastgeber eine Kanne gemütlich dampfenden Kaffees stellt. Nein, er ist gar nicht so zugeknöpft, dieser endlos lange, sehnige Mensch, dem man ansieht, daß er zäh und ausdauernd arbeiten kann. Nur ist er eben einer der Stillen, die nichts für überflüssiges Geschwätz übrig haben, dafür aber das, was sie sagen, verläßlicherweise auch meinen. Nico Hansen: ein Deutscher in Grönland und, ich glaube, unsere erste Bekanntschaft am Polarkreis, bei der die Begrüßung alkoholfrei ausfällt. Helga kann sich nicht verkneifen, diese Einzigartigkeit gebührend hervorzuheben. Denn das Thema Alkoholismus samt seiner trostlosen Folgen zieht sich wie ein roter Faden entlang unseren „Wikingerroute". Ja, räumt Nico ein, wenn ihm überhaupt etwas an Grönland stinke, dann nur das eine: daß in diesem Land das Wort Schnaps so groß geschrieben wird. Er selber sei nicht gerade als Abstinenzler hierher gekommen, aber: „So viele unbrauchbare Spritleichen um dich herum, das bekehrt einen von ganz alleine." Wie wahr. Wohin der unmäßige Dauergenuß des

Feuerwassers führt, läßt sich in wenigen Ländern so überzeugend studieren wie in Grönland – außer vielleicht in Labrador, wo dieses soziale Problem, einhergehend mit gravierender Arbeitslosigkeit hauptsächlich unter den Indianern, den Staat vor ähnliche Aufgaben stellt wie hier.

„Und da du nur eins kannst: entweder jede Woche besoffen sein oder einem Job nachgehen", sei für ihn eben nur das zweite in Frage gekommen. Grönlands Freizeitbeschäftigung Nummer eins wollte sich Nico jedenfalls nicht zu eigen machen – und hat es wahrscheinlich nicht zuletzt deswegen zum erfolgreichen Geschäftsmann gebracht. Denn wer nüchtern ist, kann auch Termine einhalten, was nach angestammtem Usus hier wohl eher die Ausnahme als die Regel ist.

So gesehen ist also doch kein echter Grönländer aus ihm geworden?

„Aber als Däne gehe ich glatt durch!" schmunzelt Nico.

Kunststück: geboren im schleswig-holsteinischen Flensburg, einer Grenzstadt, in der sich Skandinavisches und Deutsches seit je mischten, war der Knabe Nico mit einer halb dänischen, halb deutschen Verwandtschaft gesegnet und von klein an zweisprachig aufgewachsen. So geht ihm das Dänische fließend von der Zunge, und kaum eine Seele in Nanortalik ahnt, daß Nico Hansens Paß ihm die bundesdeutsche Staatsbürgerschaft bescheinigt. Zwanzig Jahre ist es her, daß er in einem dänischen Lokalblatt das Inserat las, das seinen Lebensweg in eine ungeahnte Richtung lenken sollte: Zimmerleute für Saisonarbeit in Grönland gesucht – und zwar, wie das in solchen Pionierländern noch heute ist, bei über- durchschnittlicher Bezahlung. Gut das Doppelte des üblichen Lohns wurde willigen Handwerkern geboten, die bereit waren, die Lebensbedingungen der Polarzone auf sich zu nehmen.

Nico fand das Land der Berge und Gletscher „eigentlich gleich zum Wohlfühlen", wozu der finanzielle Anreiz ebenso beigetragen haben mag wie die Reize eines charmanten Inuitmädchens, das nun schon seit geraumer Zeit Frau Hansen ist. Was lag da näher als zu bleiben? Zu bleiben – und möglichst bald auf eigene Rechnung zu arbeiten. Denn das erkannte Jung-Nico, clever und aufgeweckt, bald: daß ein Land, in dem an allen Ecken und Enden gebaut wurde, ein weites Betätigungsfeld darstellte für qualifizierte Leute mit Unternehmungsgeist und Eigeninitiative. Allerdings war All- roundtalent gefragt und am chancenreichsten, wer sich gleich in mehreren Berufen leidlich auskannte. Folglich war der gelernte Zimmermann Nico bald im Umgang mit Zement ebenso geübt wie als Klempner oder was sonst gerade verlangt wurde. Ein Einsatz, der Früchte tragen sollte: Heute kann sich Nico Hansen als Bauun- ternehmer bezeichnen, und zwar als einen der gefragtesten südlich von Julianehåb.

Ein Mann der Tat, für den es wenig Hindernisse zu geben scheint. Und so wird auch um unser Ansinnen, Asyl zu finden für einen 12-Meter-Katamaran, nicht viel Wind gemacht. Nach der zweiten Tasse Kaffee gehen wir hinunter zum Steg, und Nico inspiziert das Schiff, wobei er sofort unsere bereits fortgeschrittene Verpackungsoperation begrüßt. „Prima, ihr wart ja schon fleißig. Räumt aber auch das Mobiliar raus, alles, was sich nur ausbauen läßt."

Helga verzieht schmerzlich das Gesicht. Soll also wirklich unser gehegtes Heim nur als gähnende leere Kunststoffschachtel zurück- bleiben? Das sei auf jeden Fall das Vernünftigste, befindet Nico in Übereinstimmung mit allen anderen Ratgebern, die wir schon hatten. „Zwar haben wir hier in Nanortalik ein recht ehrliches Völkchen, Diebstahl ist bei uns wirklich nicht üblich, aber wenn die Wochenendvandalen ausschwärmen, dann ist nichts sicher. Zumindest muß man damit rechnen, daß so ein abgestelltes Boot zum Draufherumturnen reizt. Und dann würde von eurer Einrichtung wahrscheinlich nicht viel Brauchbares übrigbleiben."

Ob denn die fröhlichen Zecher von Nanortalik sogar hier, in dieser entlegenen Ecke, ihr Unwesen trieben, fragt Helga, so weit weg von der nächsten Kneipe?

„Nee, kaum", sagt Nico. „Aber hier bei mir soll das Schiff ja auch nicht bleiben." Er habe da einen viel besseren Plan. Eine Idee, die uns im ersten Moment etwas frappiert, aber bei eingehender Erwägung mehr und mehr überzeugt. „Wenn sie leer ist", erläutert Nico, „bocken wir sie auf – und zwar mitten im Dorf, im Zentrum, sozusagen im Rampenlicht der Öffentlichkeit. Das halte ich für ratsamer als irgendeinen versteckten Winkel, in dem sich gut Unfug treiben läßt. Unter den Augen der Allgemeinheit wird sich nicht so leicht einer dran vergreifen."

Eigentlich von bestechender Logik, diese Überlegung, man muß nur drauf kommen. Hauptsache, die Rechnung geht auch auf.

„Aber klar", sagt Nico. „Genauso machen wir das. Und dann, wenn sie trocken liegt, geben wir sie noch einen Tag zur Besichtigung frei, ganz offiziell, über Radio. Ungefähr so: ‚Die Bevölkerung von Nanortalik ist eingeladen, das deutsche Doppelrumpfschiff zu besichtigen.' Dann können sie nämlich alle ihre Neugier unter Aufsicht befriedigen, und ganz Nanortalik weiß, daß das Boot völlig leer ist."

Wir gucken uns mit etwas mulmigem Grinsen an. O je. Ich sehe schon Hunderte Inuits gespannt Schlange stehen vor einer Attraktion, die gar keine ist. Kann das nicht Ärger und Unmut geben? „Ach wo", meint Nico, „wir nehmen ja keinen Eintritt. Außerdem – ein Schiff ist immer interessant."

Dagegen ist nichts zu sagen. Dann bleibt nur noch die Frage, wohin mit dem ganzen Innenleben der Shangri-la? Aber auch das betrachtet Nico Hansen bereits als geklärt. Er kramt einen Schlüssel aus der Hosentasche. „Hier, nehmt den an euch. Er ist für den Schuppen da drüben. Unten drin habe ich meine Werkstatt, und darüber auf dem Dachboden ist Platz genug für eure Sachen. Keine Sorge übrigens, der Boden ist völlig trocken; ich lagere dort mein Holz." Allerdings müßten wir uns allein helfen; er selber habe nämlich in den nächsten Tagen auf einer entlegenen Baustelle zu tun. Spricht's, zeigt uns noch, wo Leiter und Transportkarre zu finden sind, und verschwindet für den Rest der Woche. Damit bleiben wir uns selbst überlassen, und unserer Arbeitswut sind keine Grenzen gesetzt.

Wir krempeln unverzüglich die Ärmel auf und beginnen mit der Demontage unserer Wohnstätte. Tagelang, von der Frühe bis zum späten Abend, wird geräumt, sortiert, geschraubt, ausgebaut. Niemand stört unsere Aktivität. Nur dann und wann fühlen wir uns beäugt von dem einen oder anderen Inuit, der mit seinem Boot einsam die Bucht kreuzt, längsseits kommt und eine Weile befremdet das Treiben bei Nico Hansen verfolgt.

Die Schubkarre ist zwischen Steg und Schuppen im ständigen Einsatz. Kaum zu glauben, was alles an Krimskrams aus den entlegensten Ritzen einer Yacht zutage kommt, die immerhin seit neun Jahren auf den Weltmeeren unterwegs war. Längst vergessene Souvenirs von exotischen Küsten tauchen aus der Versenkung auf. Was auch immer uns aus irgendeinem Grund bewahrenswert schien, ist noch vorhanden: die Bambuspfeile von den Eingeborenen am Fly River in Papua-Neuguinea ebenso wie die Muschelketten, mit denen wir auf Tahiti verabschiedet wurden. Wie lange liegen diese Erlebnisse schon zurück? Aber keine der Reliquien einer Weltumsegelung darf verlorengehen! Alles, aber auch alles landet wohlsortiert in Kartons, wenn nötig sorgsam ausgepolstert, wird auf die Karre verladen, zum Schuppen gerollt und über die Leiter – Vorsicht, Zunge geradehalten! – nach oben unters Dach gehievt. Selbstverständlich nicht ohne vorherige genaue Beschriftung der Behältnisse. Wieder einmal kommt Helgas schon seit Jahren beim Bestücken unserer Vorratskammer erprobtes Stausystem zu Ehren. Auch das größte Chaos durch ihre Disziplin und Ordnungsliebe zu bewältigen, das beherrscht sie so perfekt wie das Lösen navigatorischer Aufgaben, die Bordfrau der SHANGRI-LA. Alle Kisten werden gleich so angeordnet, daß später bei unserer Rückkehr als erstes die Dinge greifbar sind, die auch zuerst benö-

102

tigt werden. Geschirr, Töpfe, kurz alle Geräte des täglichen Bedarfs
werden im Frühjahr mit dem ersten Handgriff wiederzufinden
sein.

Zuletzt muß die Einrichtung dran glauben. Tisch und Sitzecke,
Schapps, Regale, Bodenbretter, Lampen finden sich nach und nach
auf der Schubkarre wieder. Nachdem sogar die Teakholzverscha-
lung unserem Tatendrang zum Opfer gefallen ist, gibt es nichts
mehr zu schrauben. Nur noch entblößte Wände aus Polyesterlami-
nat starren uns an, aus denen hier und da ein paar abgekniffene
Kabelenden hängen. Trostlos. So abschreckend hat es noch auf
keinem Schiff ausgesehen. Aber genau das wird ja bezweckt: Niemand soll sich eingeladen fühlen!

Nach unserer Berechnung sind es an die zwei Tonnen Ausrüstungsgegenstände, die sich zuletzt im Obergeschoß von Nico Hansens Werkstatt türmen. Helga kriegt direkt ein schlechtes Gewissen: „Ich weiß nicht, ob der Fußboden das überhaupt mitmacht?"
Womöglich, meint sie, könnte die Statik kapitulieren vor unseren
Ankerketten und sonstigem zentnerschweren Zeug. Was, wenn
unter der ungewohnten Last Nicos Schuppen zur Ruine wird?
Doch der Eigentümer, nach fünf Tagen wieder auf der Bildfläche,

hat keinerlei Bedenken. Ein Schuppen, den er gebaut hat, der hält das aus! Er muß es ja wissen, dieser Mensch mit seiner unerschütterlichen Gelassenheit und Zuversicht. Damit wär's dann soweit. SHANGRI-LA, nunmehr so etwas wie ein hohles Ei, ein Segelschiff ohne Segel und jedwedes Zubehör, kann überführt werden zu ihrem Winterschlafplatz. Einmal noch werfen wir die Maschinen an und dampfen aus der Bucht. SHANGRI-LA tritt ihre allerletzte Fahrt dieses Jahres an: rund Nanortalik, wieder zurück zur anderen Seite der Insel, wo im Hafen neben der Fischfabrik nun die Slipanlage unserer harrt.

Hoch und trocken auf dem Dorfplatz

Ebenso einfach wie genial ist die Vorrichtung, mit der sie in Nanortalik ihre Boote aufs Trockene hieven. Über eine schiefe Ebene verläuft ein Gleisstrang von dem betonierten Platz neben der Fischfabrik hinunter ins Wasser der Hafenbucht. Auf den Schienen steht der Slipwagen, eine stabile Plattform, die auf Eisenbahnräder montiert ist. Das Praktische: neben den Metallrädern, die um die Schienen greifen, sitzen außen und innen zusätzlich dicke Gummireifen, die es dem Gefährt ermöglichen, seinen Schienenweg zu verlassen, so daß der Wagen samt Fracht gleich an jeden beliebigen Ort weitergerollt werden kann. Zurückgebracht, rastet das Vehikel einfach wieder in die Schienen ein, und alles hat seine Ordnung.

Für SHANGRI-LA, sagt Nico, habe er die Hebeplattform ein wenig umgerüstet und ihre seitlichen Stützen entfernt, die sonst dazu dienen, die kleinen Fischdampfer senkrecht zu halten. So ein mit ganzer Breite aufliegendes „Doubleboat" habe das ja nicht nötig, und in diesem Fall wären die Verstrebungen bloß hinderlich. Wohlüberlegt. Nur soll sich bald herausstellen, daß es damit allein noch nicht getan ist...

Wir haben Sonntag und die Stunde, zu der honorige Leute in der Kirchenbank anzutreffen sind, als endlich der erhebende Moment naht. SHANGRI-LA teilt zielbewußt das Hafenwasser, während Nico, seinen Lkw zum Anschieben des Slipwagens schon in Startposition, uns von der Uferböschung her einweist. Und dann folgt er, der Schreck in der Morgenstunde. Helga mit ihrem geeichten Augen-

104

maß sieht es sofort und schlägt Alarm: „O nein! Das Ding ist ja viel zu schmal!"

In der Tat, die Plattform ist eindeutig nicht breit genug, um unseren maritimen Bungalow aufzunehmen, sondern ein ganzes Stück schmaler als SHANGRI-LA... Uns sinkt das Herz. Sollen wir etwa an der letzten Hürde scheitern wegen nicht grönlandgenormter Maße der SHANGRI-LA? Wir signalisieren stopp und zetern hinüber: „Geht nicht! Paßt nicht!" Danach muß das unpassende Schiff fürs erste an der Pier festgemacht werden, und neben dem Slipwagen findet eine Lagebesprechung statt.

„Hm", macht Nico. „Hätt' ich nicht gedacht. So breit kam sie mir gar nicht vor. Der Wagen hat vier Meter zwanzig, für die Kutter reicht das."

Fabelhaft. Nur mißt SHANGRI-LA fünf Meter von Backbord nach Steuerbord. Was nun? Schon verraten unsere Gesichter den neuerlichen Frust, doch Nico, dieser Gemütsmensch, winkt beruhigend ab. „Nicht gleich verzweifeln. Das Kind schaukeln wir schon." Da uns die eine Lösungsmöglichkeit, das Schiff mittels Motorsäge schlanker zu gestalten, vermutlich nicht gefallen würde, bliebe noch der zweite Weg: den Slipwagen auf das erforderliche Format zu vergrößern. Nichts einfacher als das. Man benötigt lediglich eine ausreichende Menge starker Vierkanthölzer von 5,50 Meter Länge, die quer über den Wagen, auf den Seitenwänden aufliegend, zu placieren sind. Auf dieser Unterlage könne der Katamaran dann problemlos aus seinem Element befördert werden. Klar? Klar. Nico und ich kutschieren noch einmal zurück, suchen aus seinem Holzbestand die geeigneten Exemplare aus, verfrachten sie auf den Lkw und sind mit dem Holztransport gegen Mittag zurück bei Helga am Hafen.

Bis schließlich die mit Bohlenauflage versehene Plattform zu Wasser gleitet und SHANGRI-LA darauf vertäut werden kann, wird es dann doch früher Nachmittag. Aber der Rest ist ein Klacks – mal abgesehen davon, daß Nicos Balken unter der Last des Kats nachgeben und sich durchbiegen, als wären sie aus Hartgummi. Einige bange Augenblicke sieht es ganz so aus, als wolle unsere Notkonstruktion zu Bruch gehen, noch bevor sie ihren Zweck erfüllt hat. Helga und ich halten unwillkürlich die Luft an, als der Slipwagen, von der Kraft des Lkw gezogen, aus dem Wasser auftaucht. Gegen den Lärm des Motors morsen wir mit heftiger Pantomime „Gefahr im Verzug", aber Nico ist seiner Sache mal wieder ganz sicher, peilt blinzelnd kurz und prüfend aus dem Seitenfenster seiner Fahrerkabine, wiegt den Kopf abschätzend einmal hin und einmal her, entscheidet: „Das hält." Und gibt Gas.

Es hält. Spätestens seit dieser Stunde ist unser Vertrauen in Nico Hansens Talente schier unerschütterlich.

Sie schwebt – rollt aufs Trockene, und das ist der denkwürdige Moment, in dem SHANGRI-LA ein Geheimnis enthüllt, das uns schon seit Monaten Anlaß zum Rätselraten gegeben hat – und das auch die unerwarteten Gewichtsprobleme erklärt: Im hohen Bogen schießt ein Wasserstrahl aus dem vorderen Bereich des Steuerbordkiels! Sie ist leck, unser gutes altes Mädchen ist nicht mehr ganz dicht! Einer der anlaminierten Kiele muß nach und nach, ohne daß wir uns dessen bewußt wurden, vollgelaufen sein – was bedeutet, daß wir mit einem unerwünschten Ballast von 400 Litern Seewasser herumgefahren sind. Darum also... Kam es uns nicht schon lange so vor, als läge sie ständig mit leichter Schlagseite im Wasser? Irgendwann hatten wir sogar schon unsere Vorräte anders auf beide Rümpfe verteilt, weil wir meinten, sie ungleichmäßig belastet zu haben. Aber auch das brachte nichts. Jetzt ist klar, warum. Mit einiger Betroffenheit gucken wir zu, bis der letzte Tropfen herausplätschert. Wie in aller Welt ist das passiert?

„Versteh' ich nicht", sagt Helga. „Ich dachte, wir wären ohne Lädierung durchs Eis gekommen."

Sind wir auch, da bin ich ganz sicher. Eine Kollision mit einem der gefürchteten Growler, diesen abgesprengten Eisbergfragmenten, hätten wir bemerken müssen. Auch hätte eine solche Havarie einen anderen Schaden verursacht, wahrscheinlich direkt von vorne, an der Anströmkante. In diesem dubiosen Fall aber ist das Laminat des Kiels senkrecht von unten – wie mit einer spitzen Stange – durchstoßen. Ein feindseliges Attentat? Mir schwant viel Schlimmeres. Ich fürchte, für dieses Mißgeschick ist der Skipper höchst persönlich verantwortlich. Ja, so kann es gehen mit Fehlern, die man irgendwann gemacht hat: meist holen sie dich wieder ein. Auf einmal weiß ich es ganz genau. „Mädchen, ist dir klar, wie lange wir schon mit einem gelöcherten Schiff unterwegs sind? Mindestens ein halbes Jahr."

Plötzlich bin ich im Geiste weit, weit weg. Wie ein Film läuft jene Begebenheit vor mir ab, von der SHANGRI-LAS verschrammte und durchschlagene Außenhaut eine fast vergessene Geschichte erzählt. Eigentlich sah es damals gar nicht so aus, als ob der Vorfall Folgen gehabt hätte. Und doch – nirgendwo sonst kann der Tatort gewesen sein als in Key Largo, dem azurblauen Ferienparadies der US-Touristen und Tauch-Enthusiasten, das wir auf einem unserer letzten Törns durch die Florida Keys besuchten. Eine Szenerie, so subtropisch seicht, wie Nanortalik arktisch spröde ist...

In zartem Hellgrün schimmert das Schelfgebiet, das Key Largo umgibt. So flach ist das Wasser, daß man als Zugang zur Insel extra eine künstliche Fahrrinne hat ausbaggern müssen, einen schmalen, mit roten und grünen Pricken markierten Kanal. Und in eben diesem Nadelöhr geraten wir in eine etwas mißliche Lage. Es ist der Morgen, an dem wir ankerauf gehen, um zum nächsten Key zu hüpfen. Auslaufend schippern wir durch die gekennzeichnete Passage, die gut eine Seemeile lang ist, als hinter uns ein eiliges Fahrzeug aufrückt: das große Tauchboot von Key Largo, ein geräumiges Motorschiff, das etwa 50 bis 60 Personen Platz bietet und die Unterwasserfreaks täglich zu den Tauchgründen hinaus befördert. Ein Boot, das den Verhältnissen dort angepaßt ist: extrem flach gebaut, aber dummerweise so breit, daß es die Fahrrinne fast für sich allein beansprucht.

Ich Idiot, warum habe ich mich eigentlich von den Affen nervös machen lassen? Üblicherweise hätte das Boot – vollbesetzt oder nicht – hübsch hinter uns bleiben müssen, bis zum Ende des Prikkenweges. Statt dessen verleihen die ihrer Wichtigkeit durch anhaltendes Tuten Ausdruck, machen sich dick, und ich – selber besessener Tauchjünger – habe auch noch jede Menge Verständnis dafür, daß die Burschen keine Zeit vertrödeln wollen. Also bemühe ich mich einsichtig, Platz zu machen, indem ich SHANGRI-LA zur Seite ziehe – so weit, daß sich der eine Schwimmer bereits außerhalb der markierten Linie und somit über der Schelfkante befindet.

Ich sehe noch Helga und die amerikanischen Freunde, die gerade mit an Bord waren, steuerbords an die Reling stürzen und

Alarm schlagen: „Vorsicht! Stopp! Aufhören! Wir sitzen gleich auf Grund!" Man könne schon fast von Deck aus Muscheln sammeln. Nur ruhig Blut, denke ich, bei unserem minimalen Tiefgang geht das ohne weiteres, noch besteht keine Gefahr. Und ich halte SHANGRI-LA in dieser Position: den rechten Rumpf über dem Rand der ausgebaggerten Rinne, den anderen im tiefen Wasser. Die Tauchkameraden können nun zum Überholen ansetzen – und alles wäre in Ordnung gegangen, hätte nicht dieser Snob am Steuer genau auf unserer Höhe demonstrativ seine Maschinen voll aufgedreht, um per Kavaliersstart wirkungsvoll davonzudröhnen. Seine plötzliche Bugwelle trifft SHANGRI-LA breitseits, wuchtet sie hoch, erst den einen Schwimmer, dann den zweiten, und dann knallt sie auf. Uns walkt das Hirn an der Schädeldecke, das ganze Schiff vibriert bis in die Mastspitze. Denn in eben diesem Moment wird das Wasser unter dem Steuerbordkiel wirklich knapp. Es knirscht. Steine, Muscheln, Korallenbrocken – irgend etwas nimmt geräuschvoll Kontakt mit dem Schiffsboden auf...

Als ich noch am selben Tag tauche, um das Unterwasserschiff nach Schäden zu untersuchen, finde ich allerdings nichts als ein paar frische Schrammen im Laminat. Ich weiß nicht wieso, doch das Loch bleibt mir verborgen. Hätte sich SHANGRI-LA bald danach zur Seite geneigt, so wäre das natürlich Anlaß für eine weitere, eingehendere Inspektion gewesen. Doch zunächst geschieht gar nichts Auffälliges. Erst mit der Zeit, ganz langsam muß sich der angestochene Kiel gefüllt haben. So kommt es, daß wir die gesamte Arktisroute bis hierher mit einem leckgeschlagenen Schiff zurückgelegt haben!

„Das ist eine Überraschung, wie?" vermutet Nico Hansen und holt mich in die grönländische Gegenwart zurück. „Da werdet ihr im Frühjahr etwas zu basteln haben. So, ich fahr' sie jetzt hinüber, dorthin, wo die Stromleitung verläuft, okay?"

Auf den Gummireifen zieht er den Wagen von den Schienen und zur anderen Seite der Hauptstraße, wo er ein Stück freies Gelände als Standort für Nanortaliks neues Wahrzeichen ausgesucht hat.

Falls in einem Arktiskaff die Rede davon sein kann, daß der Verkehr strömt, dann strömt er hier: an der einzigen Straße, die von den meisten Einwohnern zwecks Einkauf, Behördengang oder Arbeitsweg beinahe täglich frequentiert wird. Was man so das „öffentliche Leben" der Gemeinde nennen mag – genau hier spielt es sich ab. Und hier nun bildet unbestreitbar unser ausgeweidetes und trockengesetztes Schiff den Mittelpunkt der Ortschaft. Tatsächlich wie ihr eigenes Ehrenmal thront sie am Ende dieses Tages da – weithin sichtbar und mit ihrem optimistischen Orangerot absolut im Einvernehmen mit dem Kolorit der ortsüblichen Architektur.

„Fein!" Nico freut sich richtig nach vollbrachter Tat. „Julianehåb hat seinen Springbrunnen, und wir – wir haben jetzt SHANGRI-LA!" Bleibt nur zu hoffen, daß diesem Seefahrtsmonument auch ein gewisser Respekt entgegengebracht wird.

Unsere Grönlandtage sind gezählt, der Countdown läuft. Nach vielen Für- und Widerdebatten und einer Kosten-Nutzen-Rechnung steht das Winterprogramm fest. Zunächst werden wir zum Umsteigen nach New York nach Keflavik/Island fliegen, denn wir wollen dem Lockruf des Dollars folgen, der aus dem letzten Brief von Joe und Sabine herausschallte: „Kommt rüber, schnell, es lohnt sich!" Richtig, wir müssen Geld verdienen, denn von irgendwas muß SHANGRI-LAS Schornstein rauchen. Der Norden ist zwar schön, aber auch ganz schön teuer. Und deshalb wird Joes Angebot angenommen: Es geht zum Joghurt-Job auf die Milchstraße der Yo-Farm.

Tag der offenen Tür

„Die Bevölkerung von Nanortalik ist herzlich eingeladen, das Doppelrumpfboot SHANGRI-LA *aus der Bundesrepublik Deutschland zu besichtigen. Die Yacht bereist seit neun Jahren die Weltmeere. Besuchszeit: heute von 10 bis 16 Uhr."*

Das ist nun also der Schlußakkord. Unser allerletzter Tag in Grönland soll ein „öffentlicher" sein.

Tage des Abschieds gab es schon so viele. Wie oft mußten wir etwas hinter uns lassen – meist Häfen, in denen wir Freundschaft und so etwas wie Nestwärme gefunden hatten. Doch diesmal ist alles anders, sind unsere Gefühle ein wenig beklommener. Denn

zurück bleibt hier nicht nur ein neugewonnener Freund, zurück bleibt unser Schiff, das uns seit Jahren ein Zuhause ist. Zurück bleibt SHANGRI-LA – preisgegeben den Aggressionen in einem eher despektierlichen Milieu und dem unbarmherzigen Polarwinter, dessen eisige Stürme in endlosen, dunklen Nächten an ihr rütteln und sie unter Bergen von Schnee begraben werden.

Doch es wäre sinnlos, sich jetzt mit solchen Betrachtungen zu beunruhigen. Der Flug ist gebucht, das Reisegepäck fertig und griffbereit. Schon schwirren uns nur noch Abflug-, Anschluß- und Umsteigedaten durch den Kopf und die Sorge, nur ja nichts Wichtiges zu vergessen. Unseren „offiziellen" Auftritt heute hält Nico allerdings noch für unbedingt erforderlich; und zweifellos ist die Idee ebenso originell wie nützlich.

In Ermangelung jedweden Pressewesens informiert ein Aushang am Schwarzen Brett der Gemeindeverwaltung über das Ereignis, gerahmt von Aufgeboten, Traueranzeigen und sonstigen Mitteilungen allgemeinen Interesses. Nico Hansen hat die Einladung außerdem über die örtliche Radiostation verbreiten lassen.

Um es gleich vorwegzunehmen: Der Ansturm der Massen beschränkt sich auf etwa fünf Jugendliche, sieben Fischer und ein humoriges Kaffeekränzchen von Inuitmuttis, den Nachwuchs im lauffähigen Alter an der Hand, das sich verlegen kichernd und zaghaft zu einer kleinen Schlange aufreiht, um das fremdartige „Doubleboat" zu entern. Achtsamkeit ist allerdings geboten, denn immerhin ist die Sehenswürdigkeit nur über eine vier Meter lange Hühnerleiter zu erklimmen. Vorsichtshalber werden die Kleinsten vorweggeschubst; behende und ohne Scheu glotzen sie als erste offenen Mundes in unsere gähnende Höhle, gefolgt von den wenigen Mutigen. Erwartungsgemäß weicht die freudige Spannung bei einem nach dem anderen abrupt ungläubiger Ernüchterung. Und was die kehligen Laute hinter vorgehaltener Hand bedeuten, läßt sich unschwer erraten: „*Dafür* die riskante Kletterpartie? Um in ein tristes, düsteres, unbehagliches Nichts zu blicken?"

Ich bin froh, daß jede Konversation sich in Anbetracht der Sprachbarriere von selbst erübrigt. Verbindlich kann ich nur sagen, daß mir hier und da ein Anflug von Mitleid nicht entgeht. Wenn überhaupt irgend etwas einen positiven Eindruck hinterläßt, so scheint es das überraschend große Platzangebot zu sein; ohne Inhalt wirken vier Wände ja immer größer, als sie sind. Aber sonst steht in den Gesichtern zu lesen: „Schaurig, schaurig, so ein Weltumseglerleben zwischen nackten, übermalten Polyesterwänden ohne jede schmückende Verkleidung. Weder Schranktüren haben sie noch einen Fußboden – nur klaffende Löcher, wo andere Leute vernünftigerweise Schubladen hineintun würden. Auch nicht das Minimum an Gerätschaft des täglichen Bedarfs ist zu entdecken – nicht mal ein Polster zum Draufsitzen. Nein, wer hätte das gedacht?"

Unter den befremdeten Blicken, die uns streifen, tun wir uns fast selber leid. Aber der Zweck der Übung ist bestimmt erreicht: Man hält uns für arme Schweine. „Wetten?" murmelt Helga. „Wenn der Pfarrer nächsten Sonntag eine Kollekte zugunsten der SHANGRI-LA veranstalten würde, kämen gewiß allerhand mildtätige Gaben zusammen." Demonstrativ – es gibt ja nichts zu verbergen – haben wir sogar die großen Decksluken weit aufgeklappt. (Jeder verschlossene Riegel, meint Nico, läßt etwas dahinter vermuten.) Und die eine oder andere Inuitdame, vielleicht in der Erwartung, doch noch für die Mühe belohnt zu werden, wagt eine Rutschpartie auf Knien, um die Haare ins Ankerschapp baumeln zu lassen. Dessen einziger Inhalt besteht jedoch aus einer modrigen Pfütze und dem muffigen Gestank nach verfaulten Algen und Hafenschlick, den die stets mit Mudd behaftete Ankerkette dort zurückgelassen hat. Die neugierigen Nasen werden sofort wieder herausgezogen. Ein Blick noch hinauf zum Mast und übers Deck – und ein letztes zweifelndes Beäugen der Besitzer, die dieses Debakel ihr eigen nennen, dann klettern die Besucher eiliger wieder die Leiter hinunter, als sie heraufgekommen waren. Der Tag unserer offenen Tür dauert somit ungefähr von zehn bis Viertel nach elf. Und schon am Nachmittag bringt Nico das Stadtgespräch aus dem Supermarkt mit: „Schlecht muß es denen gehen, diesen Deutschen. Wie die da hausen auf dem komischen Boot – dagegen lebt jeder Robbenfänger in seinem Jagdzelt wie ein Kolonialherr!"

Alle potentiellen Interessenten sollten also jetzt informiert sein, daß es sich bei diesem Objekt nicht lohnt, auch nur den Schraubenzieher anzusetzen.

Flug übers Eis

Und dann, schneller als gedacht, wie das so zu gehen pflegt, ist schon der Abschied da. Das Bewußtsein hinkt noch etwas hinterher, aber auf einmal ist Nanortalik für uns erledigt und Vergangenheit. Knatternd und mit einem hohen Sington hebt er ab, der mächtige Passagierhubschrauber in den knalligen rot-weißen Farben von GRØNLANDSFLY. Langsam steigt er in den wolkenlosen, pastellblauen Nachmittagshimmel. Unten auf dem Betonfeld wird Nico Hansen immer kleiner, winkend und mit flatternden Hosen im Wirbelwind der Rotorblätter.

Von den zwanzig Sitzplätzen der Maschine sind nur wenige mit Fluggästen besetzt. Außer uns ist da lediglich eine europäische Viererseilschaft, eben zurück von einer Klettertour in Grönlands Felswänden. Dennoch wirkt die Kabine ziemlich voll. Außer dem umfangreichen Zubehör der Bergkameraden – einem Kompaniearsenal an Kochgeschirr, Rucksäcken, Eispickeln und Zeltstangen – stapeln sich noch Postsäcke und sonstige Frachtgüter unter und neben den freigebliebenen Sitzen. Der Hubschrauber, das universelle Verkehrsmittel dieses straßenlosen Landes, fliegt niemals unausgelastet.

Wir recken die Hälse, um einen allerletzten Blick auf Nanortalik zu werfen. Mach's gut, Nico. Auf Wiedersehen, SHANGRI-LA. Hoffentlich finden wir euch beide wohlbehalten wieder vor, wenn im Frühjahr das Eis die Fjorde freigibt, so daß wir zurückkehren können, um uns neu auszurüsten für die Fortsetzung der Wikingerroute. Rund Kap Farvel wollen wir dann weitersegeln über den Nordatlantik, mit Stationen in Island und auf den einsamen Färöer-Inseln. Von dort wird es schließlich hinübergehen zur skandinavischen Küste, und nächstes Jahr um diese Zeit bringen wir SHANGRI-LA heim nach Travemünde.

Als wolle es uns das Wiederkommen schmackhaft machen, verabschiedet uns Grönland mit seiner Schokoladenseite. Wir schweben über Eisbergen, die still und beschaulich wie eine leuchtend weiße Seglerflotte auf dem tiefgrünen Wasser der Fjorde träumen, und nehmen unvergeßliche letzte Eindrücke mit. Als der Hubschrauber nach Norden abdreht, Richtung Narsarsuaq, da können wir sie aus der Luft ein Stück zurückverfolgen: unsere in den vergangenen Tagen zurückgelegte Wegstrecke. Deutlich ist Unartoq auszumachen, unsere Bade-Insel; winzig dampfen die kreisrunden Wasserlöcher im Grün der Wiese. Aus unserer Flughöhe betrachtet, entfaltet sich das ganze gewaltige Panorama aus Schären, wassergefüllten Schluchten, steilen Felsmassiven, gleißenden Eisflanken: ein einsames Land mit der unbewegten, strengen, elegischen Würde der nordischen Sagenwelt. Nur der Schatten des Helikopters, von der schon tief im Westen stehenden Sonne auf die vielgestaltige Küstenlandschaft geworfen, scheint das einzig Bewegliche in diesem monumentalen Stilleben zu sein. Mit meinem Blick verfolge ich den kleinen Quirl, wie er mühelos über graubraune Berghänge huscht, hinüberspringt auf hellgrüne Matten, an einer rötlich schimmernden Granitwand entlanggleitet, einen wild zerklüfteten Gletscherbruch überwindet, ein schrundiges, schmutzig grau-grünes Eislabyrinth aus scharfkantigen Graten und Schauder erregenden Spalten. Dann öffnet sich unter uns wieder die Weite einer großen Bucht, mit den bunten Spielzeugklötzchen einer verlorenen Ortschaft am Ufer. Schaut man zum östlichen Horizont, wo die tiefen Einschnitte der Wasserarme an himmelwärts drohenden, finsteren Felsmauern ihr Ende finden, dann ist hoch über der Gratlinie des Gebirges ein unwirklicher, seltsam mystischer, perlweißer Schimmer zu erahnen: die Kappe des Inlandeises.

Nach einer letzten kühnen Kurve um eine Bergnase setzen wir neben der Landebahn von Narsarsuaq auf.

Unser erster „Umsteigebahnhof" gehört zu jenen Siedlungen des Landes, die ihre Existenz nicht bis in die Kolonialzeit zurückverfolgen können. Südgrönlands Drehkreuz im internationalen Flugverkehr ist jung und erst während des Zweiten Weltkrieges von den Amerikanern als Luftstützpunkt errichtet worden. „Blue West One" – so die ursprüngliche Benennung – soll 1941 als dringliches militärisches Projekt fast über Nacht aus dem Boden gestampft worden sein. Alle Kampfflugzeuge der USA und Kanadas landeten hier zwischen auf ihrem Weg zu den Kriegsschauplätzen Europas. Durch die Stationierung von nahezu 5000 Menschen war die Basis damals plötzlich der bevölkerungsreichste Ort Grönlands. Doch das ist längst vorbei. Ende der fünfziger Jahre, nachdem der Komplex während des Koreakrieges noch einmal zu zweifelhaften Ehren gekommen war, wurde „Blue West One" durch die fortschreitende technologische Entwicklung überflüssig und von den Besatzern verlassen. Geblieben ist dem Ort mit dem Inuit-Namen Narsarsuaq – „die große Ebene" –, seine Bedeutung als ziviler Luftbahnhof. Von hier fliegen die Jets hinüber nach Kopenhagen, ins Mutterland Dänemark.

Eine Weile müssen wir noch in einer Wartehalle sitzen, die so ist wie alle ihresgleichen. Die Zeit totschlagend bis zum Weiterflug, kommen wir uns irgendwie heimatlos und verloren vor und so, als säßen wir gar nicht leibhaftig hier. Immer noch sind wir auf der SHANGRI-LA, die nun ausgeschlachtet wie ein ausrangiertes Auto und für jedermann zugänglich an einer grönländischen Dorfstraße steht. Haben wir auch wirklich nichts vergessen in dem Bemühen, sie für den Polarwinter zu präparieren? „Nur keine Wassernester im Schiff zurücklassen!" hatte Nico noch gemahnt. „Arktisklar heißt vor allem trocken." Zwar seien die Winter hier nicht so streng wie weiter nördlich, ein wenig profitiere die Südwestregion noch

114

vom Golfstrom, aber: „Zwanzig Grad minus muß sie abkönnen."
Was bedeutet: alle Tanks gründlich entleeren, das Motorwasser
ablassen, den Rest Nässe aus dem Ankerschapp pumpen, jede Spur
einer Pfütze aufwischen, damit der Frost keine Sprengkräfte ent-
falten kann. Wiederholt geistert mir die Liste der von Nico empfoh-
lenen Maßnahmen durch den Kopf. Nein, ich glaube, es ist alles in
Ordnung.

„Wir sind ja nicht ganz aus der Welt", seufzt Helga, als wir schon
im Düsenklipper die Gurte anlegen. „Wir können jederzeit bei
Nico anrufen. Er wird schon ein Auge auf Sie haben." Auch wahr.
Nico Hansen ist garantiert der beste Aufpasser, den wir für unser
Sorgenkind finden konnten.

Der Flieger beschleunigt, erklimmt im Steilflug seine Reisehöhe,
und sogleich ist fast vergessen, was uns eben noch Kopfzerbrechen
bereitete. Denn da liegt es unter uns, ausgebreitet wie ein weißes
Tischtuch von unfaßbarer Ausdehnung – eines der grandiosen
Naturwunder der Erde: das bis gut dreitausend Meter dicke Inlandeis Grönlands. Es bedeckt diese größte Insel der Welt fast zur
Gänze und läßt nur einen schmalen Saum als menschlichen Lebensraum frei. Tausend Kilometer von Ost nach West, zweiein-
halbtausend Kilometer in Nord-Süd-Richtung: eine riesige, er-

starrte, gefrorene Wüste, auf der jetzt die Abendsonne ein magisches Farbenspiel zaubert. Glutrosa verglimmen im Eis die letzten Strahlen, weichen in diffuser Ferne dem Blau der aufziehenden Nacht. Es ist nur das südliche Ende der Eiskappe, das wir sehen, und doch eindrucksvoll genug. Schließlich bleibt die Ostküste verschwimmend hinter uns zurück, und der Atlantik entzieht sich unserem Blick bald in völliger Dunkelheit. Es wird Zeit, ein wenig die Augen zu schließen und die Gedanken nach vorn zu richten...

Auf der Milchstraße in New York

Es dauert, bis man an der Reihe ist. Im Schneckentempo robbt sich die Menschenschlange voran, rechts und links flankiert von weiteren Schlangen, in denen gedrängelt, geschwitzt, geschoben, gestöhnt, gewartet wird. Endlich dürfen wir die Ausweise zücken. Mir dröhnt der Kopf von der Flugreise, dem beengenden Volksgewühl, den stickigen Gerüchen, den näselnden Lautsprecherstimmen. Schon jetzt wünsche ich, dort geblieben zu sein, wo ich gerade herkomme.

„Touristen?" fragt der Paßkontrolleur am John-F.-Kennedy-Airport.

Aber klar. Dann rummst der Stempel in unsere Pässe. *„Have a nice stay."* Und der Nächste, bitte. Die einreisewillige Wartegemeinschaft rückt auf, und wir versuchen, eingekeilt in die bereits abgefertigte, sich nur zäh auflösenden Herde, über Schultern, Hüte und Frisuren hinweg irgendein bekanntes Gesicht ausfindig zu machen. Am Ende der Halle fuchteln vier lange Arme und darunter sechs kürzere: Die meinen uns! Sie sind im geschlossenen Familienverband angerückt, um ihre „Grönländer" in Empfang zu nehmen: Joe und Sabine samt ihrer Dreierbande Nils, Britta und Karen, unsere fünf „New Yorker", ursprünglich aus Lübeck wie wir, aber inzwischen weitgereiste Kosmopoliten und vor Jahren mit ihrer Yacht Makulu II am Großen Barriere-Riff in unser Leben gesegelt. Der Dansky-Nachwuchs, ein flachsblondes Trio, das schon jetzt auf eine selten abenteuerliche Kindheit zurückblicken kann, füllt die Ankunftshalle mit einem Indianergeheul, daß man meinen möchte, ihr Stamm samt Amerika sei soeben neu entdeckt worden. Und dann liegen wir uns kreuz und quer in den Armen, die „unentwegten Weltumsegler" und die Ehemaligen, die hier am East River vor Anker gegangen sind.

Ja, da wären wir also. Sind wir das wirklich? Vorläufig stehen wir herum, ohne der Verwirrung und der Flut von Empfindungen und Eindrücken Herr zu werden. Sabine pufft uns rechts und links in die Seiten. „He! Aufwachen, ihr zwei! Ihr seht ja aus, als ob ihr in Gedanken noch auf 'ner Eisscholle sitzt!"

Wo auch sonst? Ich glaube, einen extremeren Szenenwechsel haben wir uns in den Jahren unseres Weltenbummlerdaseins nie zugemutet: aus der stoischen Abgeschiedenheit einer Arktissiedlung, mit beschaulich segelnden Eisbergen auf dem Fjord, hineinkatapultiert ins laute Chaos einer amerikanischen Großstadt – *der* Großstadt schlechthin –, aus der archaischen Welt der Fischer und Robbenjäger, der dörflichen Übersichtlichkeit des Inuitkaffs Nanortalik in den Hexenkessel New York, von der weiten, stillen, würdevollen Landschaft Grönlands hinein in den *„Big Apple"*, das schrille Monstrum, das eine gigantische Gebärmaschine zu sein

scheint. Menschen quellen wie Ameisen aus Häusern und Straßen, aus Bussen und aus der Subway, hetzen, als ginge es ums Leben, und tun es mit Lärm und mit Gestank; eine Brandung menschlicher Leiber, chaotisch, überkochend, vibrierend – und doch von einer unbestreitbaren Systematik, die sich aber erst mit der Zeit offenbart, wenn man selber ein Teil dieses Systems geworden ist.

Von solcher Assimilation fühlen wir uns an diesem Tag allerdings noch Lichtjahre entfernt. Wir kommen uns vor wie die Landpomeranzen, die zum erstenmal eine urbane Welt betreten: kopfscheu, verstört, schockiert. Dabei waren wir schon einmal in New York, doch das muß wohl in einem früheren Leben gewesen sein. Jetzt ist alles fremd, trotz der vertrauten Gesichter der Freunde und des Familienanschlusses, den wir genießen.

Zum Eingewöhnen, eröffnet Joe uns beim abendlichen Begrüßungsessen im Hause Dansky, sei zunächst mal reines Vergnügen vorgesehen: die touristischen Bonbons New Yorks hintereinander weg, damit wir erst einmal wieder vertraut werden mit der Umgebung, in der wir uns in den kommenden Monaten bewegen sollen. An den Ernst des Lebens könne man nächste Woche denken.

Sie meinen es gut, aber meinetwegen muß das nicht sein. Wir hätten doch alles schon mal gesehen, wehrt Helga schwach ab. Das sei lange her, befinden Joe und Sabine, und wer ankäme, müsse der Stadt sozusagen aufs neue seine Reverenz erweisen, darum käme man nicht herum.

Ein verfrühter Wintereinbruch sorgt über Nacht dafür, daß Joes ausgeklügelte Besichtigungstour zu einem Schnelldurchlauf gerät: Im Zeitraffer zittern wir bei eisigen Graupelschauern die Freiheitsstatue hoch, hasten bibbernd durch die zugigen Straßenschluchten Manhattans und haken zwischen Montag und Mittwoch ab, wozu andere Leute sich Jahre Zeit nehmen. Das Fazit dieser drei Tage ist, daß es in Grönland eigentlich gar nicht so kalt war.

Wenn ich ehrlich bin: Ich habe schon in der ersten Woche genug. Nicht nur, weil das feuchte Schmuddelwetter viel ekliger ist als klirrender arktischer Frost, sondern hauptsächlich, weil irgendwie alles zuviel auf einmal ist. New York will verkraftet werden. Und selbst am Ende des halben Jahres, das wir hier verbringen sollen, wird die Stadt für uns noch immer dasselbe sein wie am Anfang dieser Zeit: ein Ort, an dem der Adrenalinspiegel strapaziert wird wie nirgendwo sonst; an dem Himmel und Hölle, Angenehmes und Abstoßendes, Beflügelndes und Lähmendes, Begeisterung und Entsetzen auf beunruhigende Weise dicht beieinander liegen; die Stadt, deren Gegensätze unbegreiflich bleiben. Sie ist grausam, gemein, zerstörerisch, lebensfroh, charmant, bezaubernd... Welches Attribut träfe wohl nicht auf sie zu? Was immer man über diese spektakulärste Metropole der Welt sagen kann, es ließe sich mit gleicher Berechtigung von allem das Gegenteil anführen. Es scheint keinen Kontrast zu geben, den sie nicht aushält. New York provoziert die unterschiedlichsten Emotionen, aber sicher niemals Gleichgültigkeit. Es nur zu lieben, geht wahrscheinlich ebensowenig wie es ausschließlich zu hassen – aber sehr wohl geht beides auf einmal. Schon viele haben versucht, dieser Faszination auf die Spur zu kommen, ihr einen Namen zu geben, und mir wird nicht gelingen, was anderen nur unzureichend gelang. Am ehesten sucht und findet man das Wesen New Yorks in dieser exaltierten Widersprüchlichkeit, mit der es sich jedem verallgemeinernden Urteil entzieht.

Wie hält man es aus, in diesem Moloch von Stadt mit Kind und Kegel auf Dauer sein Domizil aufzuschlagen, seine Sprößlinge zu hüten – vor allem solche Kinder, die in grenzenloser Freiheit, Kokosnüsse sammelnd, auf Südseeatollen heranwuchsen und ihre erfüllten Kinderträume in Schiffskojen träumten, in den Schlaf gewiegt vom sanften Gleichmaß des Pazifiks? Nun, meinen die Eltern, die drei seien genau in jenem Alter gewesen, in welchem Kinder ein Muster an Anpassungsfähigkeit sind, und schließlich mußten sie auch einmal so etwas wie eine Schule von innen sehen. Und da man sich für die USA entschieden hatte – welche Stadt sonst wäre in Frage gekommen? Wenn schon Amerika, dann New York. Eine größere Herausforderung, sagt Joe, könne es für einen Unternehmer nicht geben, als sich gerade hier zu behaupten. Und letzteres scheint ihm – wieder einmal – gelungen zu sein. Der gelernte Molkereifachmann mit Hang zum Internationalen versorgte nacheinander schon Südafrika sowie Australien mit Milchprodukten à la Dansky, betrachtete beide Stationen jedoch nur als Generalprobe für den ganz großen Wurf: Amerika. Als das Unternehmen in Sydney einen Umfang erreicht hatte, der ihm nicht mehr behagte, hielt Joe den richtigen Moment für gekommen: Der Laden wurde verkauft und der fünfte Kontinent verlassen. (Und zwar, unkonventionell wie alles, was die Danskys machen, per Segelboot, so daß sich an einem gemeinsamen Ankerplatz unsere Wege kreuzen konnten.)

An den USA werde er sich die Zähne ausbeißen, hatten einige Schwarzseher gewarnt, speziell in New York käme er mit seiner Joghurtrührerei hundert Jahre zu spät, dort gingen die Uhren anders als im australischen Busch. Was Joe lakonisch damit kommentierte, seine Uhr werde sich schon auf New Yorker Zeit einstellen lassen. Als sie ein Häuschen in Mount Vernon im Norden der Stadt als geeignete Wohnstätte fanden, wurde das zwischenzeitlich zum Krafttanken genossene Weltumsegeln an den Nagel gehängt. Der Dansky-Clan krempelte die Ärmel hoch und fiel in die USA ein, wobei es selbstredend von Vorteil war, daß nicht erst die sprichwörtliche Tellerwäscherkarriere durchlaufen werden mußte, sondern ein solides Startkapital den Einstieg erleichterte.

Man spürt es aus jedem Satz von Joe Dansky: New York, das ist für ihn beinahe ein Synonym für „Yo-Farm", sein neugegründetes Unternehmen, die aufstrebende Joghurtfabrik, seinen wahrgewordenen amerikanischen Traum. Ein Traum, der zeitweilig an einen Alptraum grenzte. Langweilig jedenfalls, räumen beide ein, sei es bis jetzt nie zugegangen, und wir sollten bloß nicht meinen, nur das Segeln an unbekannten Küsten sei abenteuerlich und mit Überraschungen verbunden. Etwas Spannenderes hätten sie nie erlebt, als hier eine Firma aus dem Boden zu stampfen. „Du kriegst nicht nur jede Menge Knüppel zwischen die Beine, sondern auch noch auf den Kopf", sagt Joe nicht ohne den Stolz des Überlebenden. Aber Widerstände seien für ihn schon immer mehr Ansporn als Anlaß zur Resignation gewesen.

Man schaut ihn an und glaubt es aufs Wort. Joe und Sabine – da sitzen sie und strotzen nur so vor Energie: der lebende Beweis dafür, in welchem Maße Menschen mit den Aufgaben wachsen, die sie sich stellen.

Zwei Wochen später, und wir haben uns unbemerkt anstecken lassen von der Begeisterungsfähigkeit unserer alten Freunde. Bis zu den Ohren sind wir unversehens mit allen Aspekten der Joghurt-produktion befaßt, sowie mit der Verbreitung derselben unter den potentiellen Konsumenten New Yorks. Aber zu diesem Zweck sind wir ja auch hergekommen. Es träfe sich wunderbar, daß wir in diesem Winter nichts anderes vorhätten, findet Joe, denn das noch junge Pflänzchen Yo-Farm benötige immer mehr Leute, die es in diesem Dschungel hegen und pflegen.

Und das gestaltet sich so: Helga sieht man fortan nur noch schemenhaft durch die Produktionshalle wieseln, Arbeitstrupps einteilen und die große Abfüllmaschine bedienen, als habe sie nie etwas anderes gemacht. Mich verschlägt es in den Außendienst, zuerst in Joes anleitender Begleitung, später muß ich alleine aufs Glatteis, Molkereien abklappern, um die Cents für Plastikbecher feilschen, Maschinen und Ersatzteile organisieren. „Burghard", sagt Joe, „du machst das schon."

Nach wenigen Wochen sind wir derart involviert, daß der Betrieb am Rande New Yorks zu der Achse geworden ist, um welche sich unser ganzes Denken dreht. Im Nu ist ein Tag verflogen, eine Woche, ein Monat, und irgendwann fällt uns auf, wie schnell sich der Schwerpunkt im Leben doch verlagern kann: SHANGRI-LA, Grönland – das alles ist schon in weite Ferne gerückt. Kaum daß der Job uns noch Zeit läßt für die Erinnerung an das, was doch gar nicht so lange zurückliegt. Wer hätte gedacht, daß sich unser Leben mal um Joghurt drehen würde? Und das Erstaunliche ist: Die Arbeit macht Riesenspaß. Zwar sind wir eingespannt in all die Abhängigkeiten der Berufszwänge, fühlen uns aber doch in einer stimulierenden Weise gefordert wie schon seit Jahren nicht mehr. Yo-Farm ist ein Aufputschmittel, unter dem wir zur Höchstform auflaufen. Und wir lernen wieder, nach getaner Arbeit den Segen des Feierabends zu schätzen. Der findet meist zu Hause statt, da wir ja am nächsten Morgen früh raus müssen. Die gemütliche Erdge-schoßwohnung des Hauses in Mount Vernon ist unser Heim ge-worden. Tatsächlich, unser Leben in New York hat sich eingespielt.

Eigentlich ist es beinahe folgerichtig, daß Joe eines Tages in der familiären Feierabendrunde die Frage stellt, die schon unausge-sprochen im Raum schwebte und die uns zu einer persönlichen Standortbestimmung herausfordern wird: Da Yo-Farm, wie jedermann sehen könne, unweigerlich expandiere, halte er es für sinnvoll, ein Subunternehmen ins Leben zu rufen. „Yo-Farm-Distributors", habe er sich gedacht, solle den Direktverkauf der Produkte an den Einzelhandel übernehmen. „Und das wäre doch eine tolle Sache für euch. Ihr könntet den Laden völlig in eigener Regie aufziehen. Daß es sich lohnt, ist gar keine Frage, das Risiko gleich null. Ihr glaubt gar nicht, wie schnell das auf vollen Touren läuft! Und wenn – na ja, wenn's euch mal nicht mehr paßt, dann macht ihr es einfach wie wir: gesundstoßen und zum richtigen Zeitpunkt verkaufen."

Damit sind wir bei einem Thema, das an Bord der SHANGRI-LA schon mehr als einmal durchgekaut, erwogen und verworfen wurde: das Schiff für zwei, drei Jahre anzubinden, um sich finanziell zu sanieren – und danach unter leichteren Bedingungen neu zu starten. In der Theorie klingt das alles wunderschön, aber wie sieht so was in der Praxis aus? Auch dafür sind Joe und Sabine ein einprägsames Beispiel.

„Joe", sagt Helga, „schau dich selber an: Der Sprung in die Selbständigkeit und wieder heraus ist doch nicht in ein paar Jahren geschafft. Ihr steckt drin bis zum Kragen, und das wäre für mich, für uns" – ein prüfender Blick trifft mich – „keine Alternative. Versteh mich nicht falsch, es macht uns Freude hier, und es hilft uns, aber es kann für uns nur ein Abstecher in ein anderes Leben sein, nicht mehr."

Was sonst noch dagegenspricht, sagt sie nicht, aber ich weiß es: Dem *American way of life* mangelt es für unseren Geschmack ein wenig an Tiefgang. Da ist nicht nur die furchtbare Eintönigkeit der Vorstädte, das Künstliche, Retortenhafte der Umgebung, sondern auch eine gewisse Oberflächlichkeit der menschlichen Beziehungen. Allzu oft tritt hinter der Fassade von Umgänglichkeit bald ein enttäuschendes Maß an Unverbindlichkeit, Gleichgültigkeit, ja Überheblichkeit zutage. Ich weiß nicht, ob es die konkrete Auseinandersetzung mit der Vision des Hierbleibens ist, aber von diesem Tag an sehen wir es ganz klar: daß hier nicht das Klima ist, in dem unsere Weltenbummlerseelen auf Dauer gedeihen könnten. Unser wirkliches Leben findet unter Segeln statt, in einer Freiheit, die nicht zu verkaufen ist.

Die Danskys haben den Sprung zurück an Land – in dieses Land – geschafft, weil sie ihn ganz und gar wollten. Wir wollen ihn ganz und gar nicht. Und um darüber Klarheit zu gewinnen, war dieser „Probelauf" sicherlich gut. Andererseits haben wir auch eine neue Sicherheit gewonnen dank der Erkenntnis, daß uns die Rückkehr in eine bürgerliche Existenz selbst nach so vielen Jahren noch immer möglich wäre – wenn wir wollten.

Die Anfangseuphorie für Yo-Farm beginnt sich aufzuzehren – wofür der sicherste Indikator ist, daß unsere Freizeitgespräche, anfänglich nur auf die Firma bezogen, immer häufiger um Shangri-la kreisen. Und immer öfter klingelt bei Nico Hansen in Nanortalik das Telefon: „Ist auch wirklich alles in Ordnung? Paß nur gut auf unser altes Mädchen auf!"

Kein Zweifel, so was nennt man Heimweh. Ganz langsam und schleichend ergreift es Besitz von unseren Gedanken, unseren Träumen, unseren Wünschen: Heimweh nach friedvollen Buchten, geblähten Segeln und Wasser, Wasser bis zum Horizont.

Endlich, endlich quält sich New York aus dem Wintermantel. Die Leute legen die Köpfe in den Nacken, um sich die Frühlingssonne auf die Nase scheinen zu lassen. Die Zeit der Zugvögel ist gekommen.

Joe und Sabine, selbst einst Ozeanwanderer und den Ruf der Freiheit noch sehr wohl im Ohr, quittieren unsere Aufbruchsstimmung mit manchem tiefem Seufzer. „Wie gut ich euch verstehen kann", sagt Sabine und beobachtet unser Packen, als wolle sie schon mal maßnehmen. „Wer weiß, in ein, zwei Jahren vielleicht..." Sie spricht den Satz nicht zu Ende, wohl wissend, daß nichts so problematisch ist wie der Aufbruch.

Ein letztes Mal fahren wir durch die Schluchten von Manhattan, die nun nicht mehr ganz so kalt und fremd sind. Und am John-F.-Kennedy-Airport winken wiederum zehn Arme, vier lange und sechs kürzere. Abschied ist Abschied, doch es gab schon traurigere. Denn unser ganzes Sinnen ist nach vorn gerichtet, dorthin, wo Shangri-la wartet. Denn dort sind wir zu Hause.

Die Zugvögel kehren zurück

Immer noch ist in den Nächten still der Frost am Werk, das Bild des Dorfes zu verzaubern. Einen zarten, kristallweißen Schimmer Rauhreif legt er heimlich auf die verstreuten bunten Holzhäuser Nanortaliks. Wenn im erwachenden Morgen hier und da kleine Rauchsäulen über die Spitzdächer quellen und sich unter dem Blick der gravitätisch entrückten Berge in der Tiefe des Polarhimmels auflösen, dann haftet diesem schütteren Ort sogar ein Hauch von Wintermärchen an. Selbst am Tage vermag sich der hartgefrorene Boden nicht zu erwärmen, denn der Maisonne Grönlands fehlt es noch an Kraft. Ließen daheim in Schleswig-Holstein milde Frühlingslüfte längst das erste Grün sprießen – was hier ergrünen könnte, zeigt sich noch in leidenschaftsloser Kahlheit. In Ermangelung von Bäumen und Sträuchern wird sich das Erwachen der Vegetation ohnehin auf Gräser und anspruchslose Gewächse beschränken, die dann allerdings – von der Eile des Polarsommers getrieben – eine geradezu fieberhafte Aktivität entwickeln und fehlende Hochwüchsigkeit über wogendem Blütenflor vergessen lassen. Doch noch ist der Startschuß nicht gefallen. Lausig kalt zieht es durch den Fjord, was den angestammten Bewohnern, wie die Pflanzen winterhart bis in die Gene, nicht weiter aufzufallen scheint. Nächtliche Werte unter dem Gefrierpunkt noch im Mai nehmen sie gleichmütig, mit dem wesenseigenen Lächeln der Inuit hin. Das sei doch nichts Besonderes, heißt es.

„Ihr kommt ziemlich früh", findet denn auch Nico Hansen, als er hilft, unser zahlloses Gepäck aus dem Hubschrauber zu räumen. Er habe erst in ein paar Wochen mit uns gerechnet und sei recht überrascht gewesen, als telegrafisch unsere Nachricht eintraf, wir würden uns jetzt in Marsch setzen. Doch die Wiedersehensfreude nach immerhin acht Monaten ist so ehrlich und unverhüllt, daß freundschaftliche Wärme gleich den scharfen Wind entwaffnet, der uns beim Aussteigen durch die Kleider fährt. Nico, vom Temperament her erfahrungsgemäß eher so herb wie der Landstrich, strahlt an diesem denkwürdigen Tag, was das Zeug hält: Seine Zugvögel kehren zurück und bringen neues Leben und Bewegung in das sich eben träge aus dem Winterschlaf räkelnde Nest! „Das

war's dann wohl", folgert er mit offensichtlichem Vergnügen und meint den Grönlandwinter. Er jedenfalls betrachte nunmehr, allem Widerstand der Natur zum Trotz, die „Sommersaison" als offiziell eröffnet. Und wir stellen wieder einmal fest, daß auch die unwirtlichste Gegend an Liebreiz gewinnt durch die Leute, die darin leben. Zurückzukehren, wenn man erwartet wird, mit Freuden erwartet, das gibt doch nahezu jedem Platz, selbst einem wie Nanortalik, einen heimischen Anstrich.

Und da steht sie also, immer noch. Wie gespannt haben wir ihrem Anblick entgegengefiebert! Da steht sie, wie wir sie verlassen haben, an der Dorfstraße breit hingepflanzt, weithin sichtbar wie ein Monument und so wohlbehalten, als hätten viele Monate unter freiem Himmel bei unbehaglichsten Bedingungen ihr nicht das Geringste ausgemacht. Wir starren zu ihr hinauf, als sähen wir sie zum ersten Mal: SHANGRI-LA. Ich hätte sie umarmen mögen.

In der ersten Nacht auf unserem glücklich wieder in Besitz genommenen Schiff, bis zur Nase in die Schlafsäcke getaucht, wären wir wahrscheinlich in tödliche Erstarrung gefallen, gäbe es nicht wunderbarerweise jetzt eine rettende Wärmequelle an Bord. Ohne den in aller Eile installierten Elektroheizkörper hätte man auch gleich rauhreifbedeckt im Freien nächtigen können, was keinen großen Unterschied gemacht hätte. Was wären wir ohne Nico, der das kostbare Stück aus irgendeinem anscheinend gut sortierten Fundus herbeigeschafft hat – und der schon damals im Herbst, offenbar in weiser Voraussicht, diesen Parkplatz mit Stromanschluß für uns wählte. Eine Welt voller Nicos, und „Shangri-la", das Tal der Brüderlichkeit und Menschlichkeit, wäre keine Utopie. Was für ein Glück, gerade in der Fremde auf sie zu stoßen, diese wunderbaren Zeitgenossen, deren Hilfsbereitschaft sich nicht in bloßen Absichtserklärungen erschöpft, die statt dessen ohne Wirbel, still und unaufdringlich, einfach zur Stelle sind, wenn man sie braucht. SHANGRI-LA in Nanortalik, das soll der Beginn einer beständigen Freundschaft zwischen Nico und uns sein. Grönland und Nico, diese Namen werden in unseren Köpfen beinahe zu Synonymen.

Am Morgen nach unserem Einzug biegt der vertraute Lastwagen, der tags zuvor schon den Helikopter erwartet hatte, wieder von der Straße auf unseren Campingplatz ein, hält neben SHANGRI-LAS Hühnerleiter, und Nico will wissen, was er jetzt für uns tun kann. Gute Frage, zu tun gibt es allerdings jede Menge. So viel, daß es mal wieder einer methodischen Schlachtordnung bedarf, damit wir uns nicht heillos verzetteln. Anfänglich herrscht die komplette Konfusion, denn eigentlich müßte alles auf einmal getan werden. Am ersten Tag jedenfalls, inmitten der schaurigen Ungemütlichkeit und kümmerlichen Verwahrlosung der nackten, düsteren Kabinen und des unausgepackt darin herumstehenden Reisegepäcks, sieht es ganz nach einer Lebensaufgabe aus, diesen desolaten, abgetakelten und zudem noch leckgeschlagenen Hohlkörper von einem Boot wieder in einen hochseetüchtigen Fahrtenkatamaran zu verwandeln.

Zum Glück sind dank unserer prophylaktischen Maßnahmen vom vorigen Jahr die Spuren frevlerischen Mißbrauchs kaum der Rede wert. Daß ungebetener Besuch bei uns gastiert hat, verrät eine Ansammlung leerer Bierdosen, die, versehentlich mit dem Fuß angestoßen, scheppernd in die Ecken rollen. Unsere „Zimmerfluchten" müssen wohl Schauplatz einer rauschenden Stehparty vermutlich jugendlicher Teilnehmer gewesen sein, in deren Verlauf vielleicht auch der Schalthebel vom Motor abbrach. Doch weitere Grüße hat man uns nicht hinterlassen. Ich frage mich insgeheim, ob es nicht doch etwas übertrieben war, das Schiff zwecks Abschreckung nahezu in seine Bestandteile aufzulösen. Das Wiederinstandsetzungsprogramm wird auf jeden Fall keine Langeweile bei uns aufkommen lassen.

Womit also beginnen? Die Reparatur des Steuerbordkiels, soviel gebietet höhere Gewalt, kann erst als letztes in Angriff genommen werden, wenn mit etwas Glück ein lauer Frühling auch in Nanortalik Einzug hält. Denn zum Laminieren mit Polyesterharz sind frostige Temperaturen denkbar ungeeignet. Macht nichts, das läßt sich noch vertagen, vorläufig bleibt SHANGRI-LA ja auf dem Trockenen. Vorrangig ist jetzt, daß der ganze Hausrat zurück an seinen Platz kommt, damit es sich in diesem Gehäuse wieder wohnen läßt. Also erst mal die Bodenbretter verlegen und die Wandtäfelungen anbringen. Dann folgen Lampen, Sitzbank, Tisch, Regale, Schubladen – und das Bild sieht schon ganz anders aus. Wichtigstes Hilfsmittel, mit dem uns Nico Hansen einen Gefallen tun kann, ist fürs erste folglich der Lkw, mit dem wir in sinnvoller Reihenfolge Mobiliar und Innendekoration vom anderen Ende des Dorfes herüberschaffen. Dort staubt alles brav, wie wir es damals gestapelt hatten, in Nicos Schuppen vor sich hin und wartet nur darauf, wieder seiner natürlichen Bestimmung zugeführt zu werden.

Und schon geht's aus den Startlöchern: Leiter rauf, Leiter runter, aufladen, quer durchs Dorf rumpeln, abladen, Leiter rauf... Und an Bord spult sich die ganze Prozedur vom Herbst wie ein rückwärts laufender Film ab: Es wird gezirkelt, genagelt, geschraubt, geschwitzt und geflucht. („Verdammt, das hat doch mal gepaßt!")

Auf diese Weise geht die ganze erste Woche drauf. Ein Segen, daß man am Ende solcher Tage den Dreck und die Mühsal unter einem herrlich heißen Brausestrahl wegspülen kann. Denn gleich neben unserem Standplatz liegt Nanortaliks Gemeindehaus, und die dazugehörige Mehrzwecksporthalle verfügt über akzeptable sanitäre Einrichtungen. Wo sonst vielleicht Volleyball trainiert wird, sich die Bildungswilligen zum Volkshochschulkurs einfinden oder die Omis zum Seniorentreff, da gehen wir zum Duschen.

Nico ist eine unentbehrliche Stütze. Täglich kreuzt er, sobald seine Zeit es zuläßt, ohne große Vorankündigung auf, packt geschickt mit zu, schleppt jedes nur denkbare Werkzeug heran und sprüht auf die ihm eigene schaumgebremste Art vor Begeisterung. Nach langsamer, aber gründlicher nordischer Manier aufgetaut, weiß der lange Wahlgrönländer nun uns zugeflogene Seevögel besser als bei unserem Kennenlernen einzuordnen. Manchen langen Winterabend habe er sich mit der Lektüre unserer zwei Bücher verkürzt, die dem Leser die vergangenen zehn Jahre unseres Lebens vor Augen führen. Auf diese gleichsam ungegenständliche Weise sind wir seit dem vorigen Jahr, ungeachtet unserer Abwesenheit, schon gute Bekannte für ihn geworden.

Häufig gibt es nun abendliche Einladungen in das gemütliche Holzhaus an der „Ködelbucht" – zum Klönen, Essen, Fernsehen, kurz: zum Entspannen. „Laßt euch bloß nicht erst schriftlich auffordern, kommt einfach, wann immer ihr wollt. Wir erwarten euch." Mit diesen Worten zerstreut Nico unsere Bedenken, allzu häufiges Erscheinen unsererseits könnte seine Gastfreundschaft überstrapazieren. Abends seien sie sowieso immer zu Hause, wo auch sonst, und froh über Gesellschaft. Ich weiß nicht, ob wir einen ausgezehrten Eindruck erwecken, jedenfalls wird im Hause Hansen bei Tisch aufgefahren, was die Küche Grönlands hergibt, und sie gibt unerwartete Köstlichkeiten her. Vor allem natürlich Fisch und hierbei an erster Stelle den herrlichen einheimischen Lachs in allen Variationen. Nicos angetraute Hälfte beherrscht jede Version der Zubereitung wirklich virtuos. Daß die Konversation mit der Köchin nur über den als Dolmetscher fungierenden Ehemann läuft, tut der Harmonie des Beisammenseins keinen Abbruch. Selbst jenes optisch nicht definierbare Gericht, das sich bei Nachfrage als Walfleisch entpuppt (von mir zunächst etwas skeptisch berochen, was mir von Helga eine sanfte körperliche Rüge unter dem Tisch einträgt), ist zugegebenermaßen eine Delikatesse. Einzig gegen die verschiedenen Arten von Robbenfleisch rebellieren unsere Geschmacksknospen. Das Fleisch mit dem muffig-süßlichen Aroma, vom Speiseplan der Grönländer seit Urzeiten nicht wegzudenken, ist für uns doch ein reichlich abwegiger Gaumenkitzel. Allein schon wegen des hohen Fettgehalts schaffen wir beide davon nur Höflichkeitsportionen, wofür die Köchin allerdings lä-

11

13

11 Drei Lachsfischer mit
   Kuscheltier.
12 Treibnetze werden aus-
   gebracht.
13 Die immer fröhlichen Grön-
   landkinder.

14

16

14 An geschützten Ankerbuch-
   ten hat Grönland keinen
   Mangel.
15 Im Thermalbad von
   Unartoq.
16 Beim Forellenangeln.
17 Helga findet einen Kühl-
   schrank.

15

18

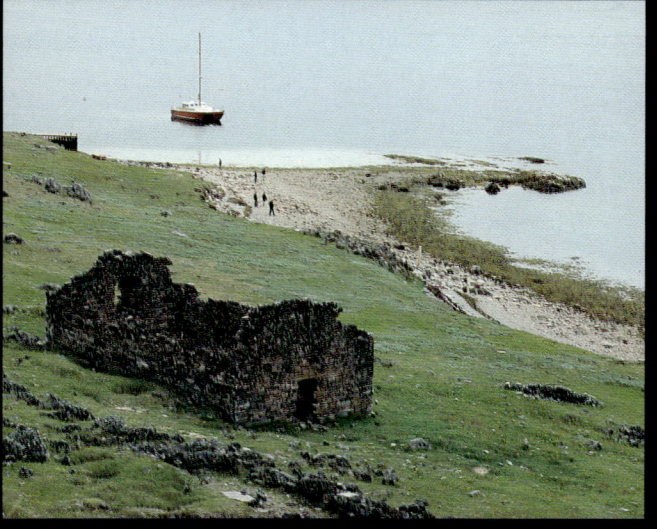

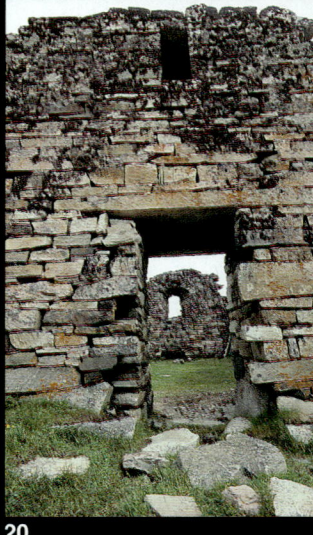

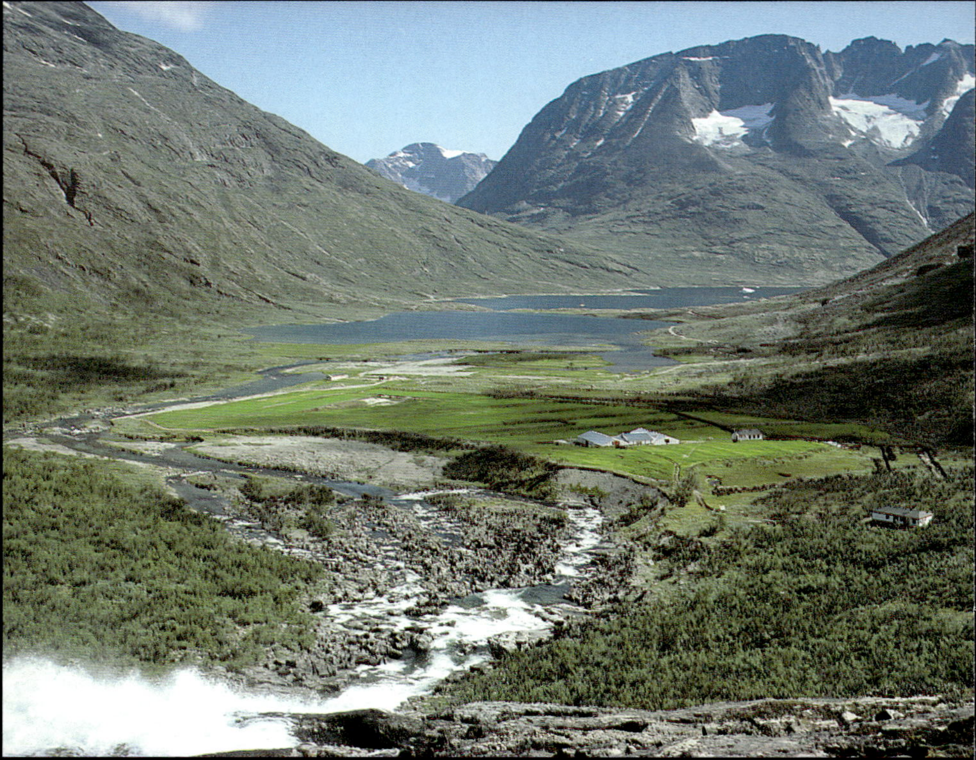

19

20

18 Typischer Grönlandfjord.
19 Kirchenruine von Gardar.
20 In dieser Kirche wurden Wikinger getraut.

chelnd Verständnis zeigt. Auch ihr Nico brauchte anscheinend seine Zeit, um sich damit anzufreunden.

Es sind ausgedehnte, rundum wohlige Abende, angefüllt mit dem neuesten Dorfklatsch und mit viel Interessantem über das Leben eines zugewanderten Flensburgers in diesem einzigartigen Land.

Es wird deutlich, daß der Immigrant vom europäischen Festland bei aller Verbundenheit mit seiner Wahlheimat wohl doch das eine oder andere vermißt in der Gemeinschaft mit Fischern und Robbenfängern. Aus ihnen muß er nämlich, anscheinend mit einigen Schwierigkeiten, seine Arbeitskräfte rekrutieren. „Manchmal", gesteht der friedfertige Nico, „manchmal kannst du die Wut kriegen. Dann möchte ich den einen hernehmen und ihn dem nächsten um die Ohren hauen..." Aber man müsse eben immer die Mentalität dieser Menschen berücksichtigen, die ihre Vergangenheit abgestreift, aber keine rechte Zukunftsperspektive gefunden haben. Mit der Zivilisation habe es ja eine verteufelt ambivalente Bewandtnis. Diesem Land zumindest habe sie nicht nur Motorschlitten und Videorecorder gebracht, sondern noch etwas, das es vorher nicht gab: ein Proletariat. Darüber kann Nico sich stundenlang auslassen. „Man muß sich das mal vor Augen halten: Jahrhundertelang war das hier ein Naturvolk mit einer eigenen Kultur. Kaum leben sie in Städten, die sie nicht selber gebaut haben, schon schicken sie sich an, ihre Identität im Schnaps zu ersäufen, weil sie mit dem veränderten, angeblich doch so viel leichteren Leben nicht mehr klarkommen." Er selber, gibt Nico zu – Liebe hin, Naturbegeisterung her – brauche in diesem Umfeld die privaten und beruflichen Verbindungen nach Deutschland und Dänemark wie die Luft zum Atmen. Gerade im Winter jedoch seien die Kontakte über den Atlantik ein bißchen spärlich, und um so willkommener sei ihm die Zerstreuung durch „zwei europäische Neubürger in Nanortalik".

Nico beginnt, unseren teutonischen Arbeitseifer sanft zu bremsen. In diesem Monat noch abzureisen, könnten wir uns getrost aus dem Kopf schlagen. Solange noch die riesigen, kompakten Treibeisfelder von der Ostküste um Kap Farvel nordwärts gedrückt werden, sei an ein Durchkommen kaum zu denken. „Haltet also ruhig die Pausen ein", ermuntert uns Nico zum Müßiggang. „Ihr könnt euch ja in aller Ruhe ein bißchen umsehen bei uns. Ist doch sonst ganz hübsch hier."

Gezähmte Robbenjäger – wilde Fußballer

Sicher ist es ganz hübsch. Nicos Rat befolgend, lassen wir den Schraubenzieher ruhen und wandern durch Nanortalik, mal kreuz und mal quer. Doch bei allem Respekt: Das Attraktivste ist an allen grönländischen Dörfern der jeweilige malerisch eisbergbetupfte Fjord, an dem sie liegen. Darüber hinaus sind die Siedlungsstätten von der Art, daß einem nichts Fataleres passieren kann als ein Überschuß an Freizeit. Von elf bis Mittag ist man durch und hat alles gesehen, in Nanortalik nicht anders als in den übrigen Orten. Viel touristisch Ergötzliches konnten denn auch die für die Fremdenverkehrsförderung Verantwortlichen hier offenbar nicht ausfindig machen. Außer dem örtlichen Gotteshaus. Die Dorfkirche mit ihrer allerdings originellen Dreiecksfront ist auf so ziemlich jeder Ansichtskarte von Nanortalik vertreten. Ach ja, und das Heimatmuseum natürlich, eine Einrichtung, die es heute in beinahe allen Städtchen der Insel gibt. Auf der Grundfläche etwa einer Garage ist da zusammengetragen, was Aufschluß über die Besiedlungsgeschichte geben kann.

Seltsamerweise haben allerdings nirgendwo die Grönländer selber Interesse gezeigt, das Erbe ihrer Vorfahren zu bewahren oder gar deren Wissen für die Gegenwart zu nutzen und in die Zukunft zu retten – ausgenommen dort, wo sich mit einheimischem Kunsthandwerk Geld verdienen läßt. Doch sie mußten erst mit der Nase darauf gestoßen werden. Wie bei anderen Naturvölkern, die ziemlich unvermittelt ins Atomzeitalter katapultiert wurden, hat sich hier eine Gesellschaft entwickelt, die die Errungenschaften der Neuzeit für das Alleinseligmachende hält. So ist es auch in Nanortalik den eingewanderten Dänen zu verdanken, daß nicht im Dunkel der Vergessenheit verlorenging, auf welche Weise Menschen viele Jahrhunderte lang in diesem kümmerlichen Lebensraum überhaupt überleben konnten – mit dem Rücken zur Eisküste und dem Gesicht zum Polarmeer. Die einheimischen Inuit, bedingungslos den Konsumgütern verschrieben, die von außen ins Land kommen, betrachten es kopfschüttelnd als Marotte, wenn etwa auf dem Gelände des Museums zwei altertümliche Boote herumliegen, wie die Ahnen sie benutzten, die weder Kunststoff noch Außenborder kannten. Bei diesen Exponaten handelt es sich um ein Kajak und ein Umiak, das traditionelle Frauenboot, beide mit Seehundsfell bespannt, wie es jahrhundertelang Brauch war, originalgetreu nachgebaut auf Initiative der in der Dorfschule tätigen dänischen Lehrer. Sie sind es, hier wie anderenorts, die die uralte Inuitkultur neu zu beleben versuchen und eine nur an Popcorn, Dosenbier und Disco interessierte Jugend im Werkunterricht mit den überlieferten Fertigkeiten ihres Volkes vertraut machen.

Trüge nicht das dänische Schulwesen dafür Sorge, vielleicht wüßten heute nur noch wenige der ganz Alten um die Geheimnisse des Kajakbaus oder der Herstellung eines brauchbaren Zuggeschirrs für den Hundeschlitten. Man hat erkannt, welche Art von Bildung für das Leben am Polarkreis elementare Voraussetzung ist: Während die Mädchen sich mit der Bearbeitung von Fellen, der traditionellen Perlenstickerei oder der Anfertigung von Pelzschuhen befassen, beginnt für die Jungen von der fünften Klasse an die Unterweisung im Jagd- und Fischereiwesen. Fächer wie Bootsbau, Netzknüpfen, Zeltbau, Navigation, Meteorologie oder die Handhabung von Waffen füllen den Stundenplan. Die Zielsetzung ist klar: Auch diese Generation soll darauf vorbereitet werden, sich von dem zu ernähren, was Haupterwerbszweig ihrer Väter ist: Fischfang und Robbenjagd. Denn dies sind nun einmal die Gaben des Landes, mit deren Hilfe Menschen hier seit eh und je überlebten. (Nicht wenige wissen inzwischen allerdings auch die Sozialhilfe als Sicherung ihrer Existenz zu schätzen.)

Jetzt im Mai hat die Robbenjagd Hochsaison. Von unserem Logenplatz am Hafen sehen wir jeden Morgen die Männer mit geschulterten Gewehren zu ihren kleinen, mit Außenbordern bestückten Ruderbooten gehen. Draußen vor der Küste, auf den großen Schollen der Treibeisfelder, wimmelt es jetzt von Ringelrobben, Grönlandrobben und Klappmützen, die vom Kap Farvel mit dem Eis nach Norden treiben. Die Jäger haben ein leichtes Spiel. Jeweils sieben bis acht Tiere liegen abends bei Rückkehr der kleinen Flotte in jedem Boot, bereits aufgeschnitten und gehäutet.

Denn viele der Robben, vor allem die Klappmützen (Robbenart mit einer markanten breiten Nase), sind viel zu schwer, als daß sie von ein, zwei Männern hochgehoben und verfrachtet werden könnten. An Ort und Stelle, noch auf dem Eis, schlachten sie die Beute aus – und noch heute soll es Brauch sein, spezielle „Leckerbissen" aus dem noch lebenswarmen Robbenkörper sofort roh und vitaminreich zu verzehren. Fell und Speckschicht werden vom Kadaver getrennt und zuunterst ins Boot gelegt. Entsprechend makaber ist dann das Schauspiel, wenn die Heimkehrer blut- und fetttriefend bei der Fabrik anlegen, wo ein kleiner Kran die knallroten Tierleiber in die Höhe hievt. Auf bereitstehenden Fuhrwerken wird das Fleisch dann sofort in die Tiefkühlanlagen gekarrt, von wo es später portionsweise in die Supermärkte der Umgebung wandert. Auf diese Art kommen die Grönländer zu ihren statistisch errechneten hundert Kilogramm Robbenfleisch pro Kopf und Jahr. Die Abschußquote von achtzigtausend Tieren jährlich mag hoch erscheinen, doch deckt sie ausschließlich den Bedarf der einheimischen Bevölkerung.

Nach und nach füllen sich unsere Schränke wieder. Karton um Karton wird von Nicos Dachboden geholt und der Inhalt auf die gewohnten Ecken, Schapps und Schubladen verteilt. Langsam erkennen wir unsere Wohnräume wieder. Doch auch als die Einrichtung fast vollendet ist, bleibt noch genügend Beschäftigung für uns. Denn nahezu alles am und im Schiff muß gründlich überholt werden. Kiloweise verbrauchen wir Lack und Farbe in endlosen Pinselstunden. An den Maschinen sind die Ventile neu einzustellen, und überhaupt bedarf die gesamte Technik einer Generalinspektion. Zum Laminieren ist es eigentlich immer noch zu kalt, und das bereitet mir langsam Kopfzerbrechen. Doch wir haben ja unseren Nothelfer in allen Lebenslagen.

„Irgendwo müßte ich noch so einen kleinen Miefquirl haben", sinniert Nico, als wir eines Tages gemeinsam die kaputte Außenhaut am Kiel begutachten. Einen was? Na, einen Petroleum-Heizlüfter. „Wenn man damit lange genug auf die strategisch wichtige Stelle pustet, müßte es doch gehen, oder?"

Natürlich geht's. Der Bereich um das Leck im Steuerbordkiel wird mit Nicos „Miefquirl" gezielt erwärmt, mit Glasmatte verstärkt und die Polyesterhaut sauber neu laminiert. Und es bindet tadellos ab!

So tüfteln wir vor uns hin. Die Tage finden zu einem eingespielten Gleichmaß, werden zu Wochen. Die Leute von Nanortalik gehen vorüber, winken, grüßen uns mit Namen. Längst haben wir keine Sorgen mehr, wenn wir mal bis spät in die Nacht bei Nico versacken. Einbrecher abschreckende Maßnahmen erübrigen sich, wir sind als Gemeindemitglieder akzeptiert und einbezogen. SHANGRI-LA ist ein Bestandteil des Ortes geworden. Immerhin seit einem Dreivierteljahr ist ihr Anblick den Dorfbewohnern vertraut, und – wie das so geht – schon weiß keiner mehr so recht, wie der Platz neben dem Gemeindezentrum eigentlich ohne sie ausgesehen hat. Seitdem hier emsiges Werkeln eingesetzt hat, ist auch das Brandmal der Armseligkeit von uns abgefallen. Jetzt, so scheint es, soll aus diesem merkwürdigen Gefährt doch so eine Art Schiff werden, ein zumindest bewohnbares Schiff.

Gesellschaftsfähig geworden, sehen wir uns unerwartet sozialen Verpflichtungen gegenüber; kein Begräbnis, keine Hochzeit mehr ohne die SHANGRI-LA-Nachbarn. Und wir sind gern dabei, wenn sie in ihrer Tracht zur Kirche gehen, die Männer in dunkler Hose, weißem Anorak und Seehundstiefeln, in dicker Pelzhose die Frauen, dazu ein weinroter Anorak mit Rückentasche zum Tragen der Kleinkinder und Stiefel, die bis zu den Oberschenkeln reichen. Ein besonders farbenfrohes Bild bieten die Mädchen und unverheirateten Frauen: Nur sie tragen den großen, mit bunten Perlen in geometrischen Mustern bestickten Kragen, der bis über die Schultern fällt.

Eines schönen Vormittags, die höher steigende Sonne ermutigt schon zu Unternehmungen im Freien, überrascht uns Nanortalik mit einer Darbietung, die an Unterhaltungswert alles bisher Dagewesene in den Schatten stellt, obwohl keine Touristikinformation darauf hinweist: das erste Fußballspiel der Saison.

„Seid um elf am Sportplatz bei der Schule", hat Nico gesagt. Und mit einem vieldeutigen Schmunzeln: Man müsse kein erklärter Anhänger dieser Sportart sein, um auf seine Kosten zu kommen. Das Fußballspielen sei nicht so ganz wörtlich zu nehmen, es werde hier eine rein grönländische Variante gepflegt.

Lechzend nach Zeitvertreib, sind wir also um elf da. Die Sportanlage entpuppt sich als eine Schlaglochwüste, ein mit grobem Schotter bedeckter Bolzplatz, den die ersten frostfreien Nächte in eine wasserreiche Kraterlandschaft verwandelt haben. Daß mit einem wichtigen Ereignis zu rechnen ist, verrät der Publikumsandrang. Nach und nach trudelt nämlich ganz Nanortalik ein, und Volksfeststimmung greift um sich. Die kleine Böschung an der Längsseite des Platzes, auf deren Kuppe das Schulhaus steht, dient als Tribüne, auf der die Routiniers sich beizeiten die besten Plätze sichern. Einer der ebenerdigen Klassenräume der Schule ist zur Pommes- und Erfrischungsbude zweckentfremdet worden und bereits vom jüngeren Nachwuchs belagert. Der erzieherischen Bestimmung des Hauses gemäß gibt's nur Brause zu kaufen, dennoch sind erste Räusche schon allenthalben deutlich sichtbar. Grönländische Sportsfreunde sind eben Selbstversorger: Am Spielfeldrand türmen sich kartonweise die mitgebrachten Biervorräte. Ein besonders durstiger Fan karrt seinen flüssigen Proviant noch schnell im Kinderwagen heran, und dann geht's los...

Das heißt, man schreitet zur „Wahl" der Mannschaften. Dazu muß man wissen, daß bis fünfzehn Minuten vor Spielbeginn völlig offen ist, wer eigentlich gegen wen antritt. Da bislang weder Sportclubs noch Vereine gegründet wurden, existieren auch keine erprobten Teams. Aber das ist kein Hindernis. Es meldet sich zum Mitmachen, wer gerade dazu aufgelegt ist. Und offensichtlich haben fast alle Lust: Kinder, Männlein und Weiblein sämtlicher Altersklassen. Weil aber die Spielerzahl von Fußballmannschaften begrenzt ist und einige auch das Publikum stellen müssen, wird demokratisch eine Auswahl getroffen: Wer den lautstärksten Zuspruch der Allgemeinheit erhält, ist dabei. Endlich ist man sich unter viel Gejohle einig geworden – es kann angepfiffen werden.

Und das, was man anderenorts für eine Show-Einlage oder ein Vorprogramm halten würde, ist schon das eigentliche Spiel. Zwei bunte Horden, zusammengewürfelt vom ABC-Schützen bis zur Greisin mit wehenden grauen Zöpfen, stürmen aufeinander los. Gekämpft wird mit Haken und Ösen. Nüchtern ist von vornherein höchstens die Hälfte, was sich sofort drastisch auf die Anzahl der Fouls auswirkt. Dabei wird der Einsatz von Fäusten und Ellenbogen keineswegs geahndet. Nanortaliks Fußballmatch ist sozusagen eine organisierte Massenrauferei, ausdrucksstark untermalt von röhrenden Discorhythmen aus diversen Transistorradios. Und die Menge schwelgt in Entzücken. Es ist ja auch unbestreitbar ein Turnier voller Höhepunkte. Wenn etwa die eine oder andere Oma, nach Kräften gefoult und aus vollem Lauf gestoppt, in hohem Bogen in die nächste Pfütze fliegt, da werden die Bierflaschen hochgerissen und die Begeisterung kennt keine Grenzen. Torschüsse sind hier das Allerunwichtigste.

Erstaunlich nur, daß kein Sanitäter benötigt wird, mal abgesehen davon, daß auch keiner da wäre. Mit voller Wucht über die groben Schottersplitter zu schmirgeln, das müßte bei jedem Normalsterblichen schwerste Abschürfungen verursachen. Doch Eskimos, seit jeher Schwäche und Feigheit spartanisch verachtend, scheinen dagegen auf wundersame Weise immun zu sein. Man rappelt sich auf, schüttelt die Krümel vom Pullover – und stürzt unerschrocken zurück in die Keilerei. Ein Gladiator kennt keinen Schmerz. Und die Anhänger honorieren es mit frenetischem Beifall. Brot und Spiele – oder sagen wir mal, Bier und Spiele –, was braucht das Volk mehr? Ich bin nur froh, daß sie keine Eisbären in die Arena schicken.

Ein Tupilak kann gefährlich sein

Jedem seinen Tupilak. Ohne deinen eigenen Tupilak – Mensch, da könnte ja jeder fremde Tupilak mit dir machen, was er will. Das erscheint zwar etwas unwahrscheinlich angesichts ihrer Winzigkeit von zehn bis fünfzehn Zentimeter, aber ein echter Dämon hat es nicht nötig, durch Größe zu renommieren. Mangelnde Statur wird durch respekteinflößende Fratze ersetzt. Däumlingsgroß, aber zum Fürchten, so sehen sie in der Regel aus, geschnitzt oder gemeißelt aus Holz, Stein, Zahn oder Knochen, und meist eine ausufernde Phantasie des Urhebers offenbarend. Magische Wesen im handlichen Westentaschenformat, ihrem jeweiligen Besitzer mit allerlei Zauberkräften dienlich – das sind Tupilakken, die hilfreichen Geister für den täglichen Gebrauch.

Eines Abends nimmt Nico die groteske elfenbeinweiße Figur, die mit schrecklicher Präpotenz das Wandregal im Wohnzimmer besetzt hält, und stellt sie zur besseren Würdigung auf den Tisch. Das Ungeheuer, weder Mensch noch Tier, aber von allem etwas, sämtliche Gesetze der Anatomie ignorierend, dräut mit mächtigen Klauen und unproportionierten Hauern aus gleich mehreren Horrorvisagen. „Darf ich vorstellen", sagt Nico, „das ist unser Haus- und Hoftupilak. Was wir ihm schon alles zu verdanken haben, kann ich nicht sagen. Meine Frau hat ihn mir geschenkt, für alle Fälle."

Weit zurück in geheimnisvoller Vorzeit der Inuit-Mythologie liegt der Ursprung der seltsamen Fetische. Fabeltiere waren sie nach dem Glauben der Inuit, und da Fabelwesen selten leibhaftig zu erscheinen pflegen, außer vielleicht im Delirium des Besessenen, mußte man dem Vorstellungsvermögen auf die Beine helfen. Irgendwann wurde der Prototyp fabriziert, ein gar grausiges Gebilde, zusammengebunden aus Knochen und Tierhäuten, ausgestopft mit Torf. Die modernere, eher pflegeleichte Variante des Tupilak als griffige Miniskulptur ist, wenn auch nur indirekt, dem

Grönlandforscher und Kapitän Gustav Holm zu verdanken, der als erster Weißer 1884 Angmagssalik in Ostgrönland betrat. Von ihm befragt, in welcher Gestalt man sich denn einen Tupilak zu denken habe, gerieten die dortigen Eskimos offenbar in Beweisnot. Denn wie beschreibt man auch, selbst per Dolmetscher, ein Wesen, das nicht in Gottes Schöpfung vorkommt? Die Inuit von Angmagssalik schnitzten, nachdem auch zeichnerische Versuche fehlschlugen, dem Kapitän einen Tupilak aus Holz – was die Geburtsstunde einer Kunstform war, die sich über ganz Grönland verbreiten sollte. Längst kommen die skurrilen Kleinplastiken, besonders in den touristisch erschlossenen Gebieten, als begehrte Sammlerobjekte zu Ehren. Heute werden sie außer aus Holz oder Walroßzähnen bevorzugt aus Speckstein geformt, dessen Verwendung sich jahr- tausendelang auf die Herstellung von Töpfen und Tranlampen beschränkt hatte. Generell kristallisierten sich zwei Typen von Tu- pilakken heraus: die naturalistische Mensch- oder Tierdarstellung einerseits und der „magische" Tupilak, die stilisierte Neuschöp- fung andererseits, die in den verstiegensten Kreuzungen unverein- barer Kreaturen gipfelt.

Ein Verbündeter in allen Lebenslagen soll so ein Monster sein, Böses von „seinem" Menschen abwenden und am besten gleich noch Unglück über dessen Feinde bringen. Liegt einer mit dem Nachbarn im Clinch – gar nicht drum kümmern, der Tupilak macht das schon. Stellvertretend für seinen Besitzer kann er näm- lich Streitigkeiten ausfechten, was seine fürchterliche Physiogno- mie plausibel macht. Wer hätte sonst Respekt vor dem Zwerg? Er scheint also vielseitig verwendbar zu sein, so ein hauseigener Dä- mon, ganz nach Bedarf und für die unterschiedlichsten Anlässe. Da kann einem ja nicht mehr viel passieren, oder?

„Moment! Einen Haken haben sie", wendet Nico ein. Wie das nun mal mit heidnischen Göttern so sei, nähmen sie leider auch ein paar menschliche Unzulänglichkeiten an, beispielsweise Unzuver- lässigkeit. Was, wenn nun mein Tupilak auf einen stärkeren Geg- ner stößt? „Dann", erklärt Nico, „kannst du das Pech haben, daß deiner kapituliert und sich im schlimmsten Fall sogar ‚umdrehen' läßt. Seine zerstörerische Kraft geht dann sozusagen nach hinten los, ins eigene Lager."

Helga setzt das Monstrum vorsichtig ab. „Na, ich weiß nicht, Loyalität ist doch das mindeste, was ich von meinem Hausfreund erwarten kann."

Denke ich heute zurück an diese merkwürdigen Kobolde der Arktis, so erinnere ich mich vor allem an eine ihrer Eigenschaften: daß sie nur mit äußerster Vorsicht zu genießen seien. Und vielleicht hängt dies irgendwie damit zusammen, daß mir bei dem Wort Tupilak jedes Mal Uwe und Helmut einfallen. Aber das ist eine ganz andere Geschichte.

Es ist ein trüber Tag, grau verhangen von nieseligem, kaltem Dauerregen, der mit entsprechender Unlust auf unsere Werkelei abfärbt. Dabei haben wir allen Grund, hoffnungsfroh und siegessicher den Pinsel zu schwingen, denn unsere Werftarbeiten gehen deutlich in die Endrunde. SHANGRI-LA erstrahlt, von oben bis unten aufgemöbelt, fast in alter Frische, grüßt von ihrer Anhöhe herab nicht mehr verlottert, sondern herausgeputzt wie zur nächsten Bootsausstellung. Ein paar Feinheiten noch hier und da, dann dürfte sie so gut wie startklar sein. Gewiß, weniger opportun sind die Voraussetzungen, auf die wir keinen Einfluß haben – noch blockieren Eismassen jede Route um die Südküste. „Geduld" lautet also die Gebrauchsanweisung für die Arktis, eine Disziplin, die zu trainieren Grönland genau das erfolgversprechende Pflaster ist. „Das halbe Leben besteht hier aus Warten", hat Nico uns getröstet. „Auf irgend etwas wartest du immer: darauf, daß der Schneesturm aufhört, daß das Versorgungsschiff mit den überfälligen Lebensmitteln durchkommt, daß der Hubschrauber landen kann, daß der Hubschrauber starten kann, daß irgendwer irgendwo endlich seinen Arsch hochkriegt, daß ein Ersatzteil für irgendwas irgendwie doch noch eintrifft..." Nichts sei hierzulande fragwürdiger als Lieferfristen, Fahrpläne oder sonstige Planung, wobei Termine eine Rolle spielen und Pünktlichkeit wünschenswert wäre. Dafür soll uns dieser vernieselte Tag wieder einen Beweis liefern...

Draußen auf der Besucherleiter sind Tritte zu hören. Doch es ist nicht wie gewohnt Nico, dem ich zuvorkommend die Tür aufreiße.

„Tach", sagt ein blasses Knabengesicht mit roter Schnupfennase und militärisch rasiertem Blondschopf, das sich auf einem Vogel-hälschen über die Bordkante reckt.

„Tach", erwidere ich verwirrt. Der muß unbemerkt vom Himmel gefallen sein.

„Kann man mal raufkommen?"

„Bitte, bitte."

Ein schmales Handtuch von Mensch stellt sich vor meine er-staunten Augen, angetan mit Jeans, Windjacke und echten Knobel-bechern, die aussehen, als hätten sie schon am Rußlandfeldzug teilgenommen; vorne sind sie schnabelartig aufgesprungen wie zur Jungvögelfütterung und an den Fersen auch nicht dicht, womit für optimale Ventilation gesorgt ist. Ein Spitzenmodell für Schweiß-füße, in der Arktis allerdings etwas ausgefallen.

Ihr Besitzer Uwe, gerade 21 und glücklich vom Barras entlassen, befindet sich auf ausgedehnter Tramptour – zwecks Selbstbeloh-nung für Dienste am Vaterland. Erst habe er sich zwei Wochen in Island umgesehen, bei den Geysiren und so, und da war eben Grönland nicht mehr weit. „Is' doch mal was anderes. Jugoslawien kennt man ja."

Dasselbe fand wohl auch der, der sich als nächster über die Reling schwingt. „Wir sind zu zweit", erklärt Uwe. „Das ist Hel-mut."

„Hallo, Helmut."

Der Dunkelhaarige, augenscheinlich um ein paar Jährchen älter, sieht ganz wie ein gelernter Globetrotter aus. Seine Stiefel waren noch nicht im Krieg, sein sommerlich leichter Anorak allerdings auch noch nie am Polarkreis. Ursprünglich sei jeder von ihnen als Einzelkämpfer unterwegs gewesen, erzählt Helmut. Erst in Island seien sie aufeinandergestoßen, als beide in Keflavik zufällig die-selbe Maschine nach Grönland besteigen wollten. Da habe man sich dann zweckmäßigerweise zusammengetan.

Ein Blick auf Uwe, und man möchte ihn eigentlich beglückwün-schen, daß er Helmut gefunden hat. Der Ältere, abgeklärte 27 und dank einer langjährigen Interrail-Karriere auf den Eisenbahnen Europas ganz cool in Sachen Reisen, scheint den Jungvogel unter seine Fittiche genommen zu haben. Helmut hat denn auch ihr Grönlandprogramm erstellt: als erstes gleich zum Tasermiutfjord, der ja so schön sein soll, weil es dort etwas gibt, das in diesem Land Seltenheitswert hat: eine Anzahl von Bäumen, die es dank glücklicher Umstände auf einige Meter Länge gebracht haben und somit ernsthaft als Wald bezeichnet werden können. Bäume in der Polarzone – das muß man doch gesehen haben. Und so hat denn der S-61-Helikopter von Narsarsuaq sie heute hier ausgespuckt. Nur leider haben sie jetzt ein Problem.

„Unsere Fähre nach Tasiusaq", sagt Uwe ganz lässig, „geht erst um fünf. Wir haben aber keinen Bock, so lange auf unserem Gepäck zu hocken. Können wir das bis dahin bei euch deponieren?"

Da muß ich erst mal nachdenken. Nicht über das Gepäck, sondern über die Fähre. Die kenne ich gar nicht. Zwar ist uns dieses Dorf auf der kleinen Insel schon fast zur Heimat geworden, aber eine Fähre von Nanortalik nach Tasiusaq ist mir bisher nicht mal gerüchteweise begegnet. Sollte vielleicht der erste KNI-Versorgungsdampfer dieses Sommers die Strecke abfahren? Sonstige Verbindungen zu Wasser zwischen den einzelnen Fjorden bestehen höchstens aus einem Fischerboot in Privatregie.

„*Womit* wollt ihr fahren?" wundert sich auch Helga, verstohlen Uwes klimatisierte Schnabelschuhe studierend.

„Na, mit so 'nem Boot. Das nimmt uns mit."

„Aha. Ein Fischer?"

„Kann sein."

„*Heute* um fünf? Oder nächste Woche um fünf?"

Als die beiden so Befragten konsterniert aus der Wäsche schauen, sehe ich ein, daß hier Aufklärung not tut. „Hört mal", fange ich vorsichtig an. „Ich weiß natürlich nicht, was ihr mit wem ausgemacht habt, aber ihr müßt wissen, hier nimmt man es mit Verabredungen nicht so genau. Wenn euch einer sagt, ‚um fünf Uhr', dann *kann* das fünf Uhr heißen. Es kann aber auch bedeuten ‚übermorgen um elf'. Oder ‚nächsten Dienstag um drei'. Das hängt ganz von den Umständen ab. Und die macht das Wetter oder der Fischer selber."

Bei Uwe und Helmut fällt die Jalousie vollends runter.

„Am besten", schlägt Helga vor, „ihr geht noch einmal los und versucht das genauer in Erfahrung zu bringen. Eure Rucksäcke können hier stehen bleiben, wir passen schon auf."

140

Es dauert zwanzig Minuten, bis die zwei Wandervögel sich frierend durch den Hafen gefragt haben. Dann stehen sie, wie könnte es anders sein, entmutigt, klappernd und durchfeuchtet wieder bei uns an Deck. Tatsächlich, der Fischer habe es sich offenbar anders überlegt. Einfach so. Heute noch nach Tasiusaq? Nö, morgen ist doch auch noch ein Tag, nicht? Ja, morgen könnte es klappen, da dürften sie gern anklopfen.

„Hoffen wir das Beste", murmelt Uwe, und erste Verunsicherung wird deutlich. Da hatten sie doch alles so schön geplant, wie sie ihre Sightseeingtour gestalten wollten – vormittags hier und nachmittags dort, ganz so, als gelte es nur, eine Stadtrundfahrt durch Berlin zu organisieren. Und vielleicht hätte das auch noch halbwegs funktionieren können, etwa in der Umgebung von Nuuk oder Julianehåb, bei den Wikingersiedlungen oder der Diskobucht, der berühmten größten Eisbergbucht der Welt. Diese Gegenden sind schon eher auf Touristen und deren Ansprüche eingerichtet, während der Rest des Landes noch unerschlossen im Dornröschenschlaf liegt. Doch ausgerechnet in so einer abgeschiedenen Ecke sind die beiden nun gelandet.

Noch können Uwe und Helmut nicht wissen, was mir bereits dunkel schwant: Geschlagene vier Tage sollen vergehen, bis sie endlich zu ihrem Fjord abdampfen können. Denn morgen – morgen ist dummerweise Freitag, da säuft sich Nanortalik gewöhnlich schon ins Wochenende hinein, womit auch Samstag und Sonntag selbstredend ausfallen werden.

„Bauen wir eben für heute nacht das Zelt hier auf, Wiesen gibt's ja genug", befindet Helmut. Und da sehe ich wieder Helgas besorgten Mutterblick auf Uwes vorwitzige große Zehen in den vermutlich bereits auswringbaren Socken.

„Was für ein Zelt habt ihr denn?"

„Zwei-Mann, vom Bund."

„Bei diesem Wetter?"

„Kein Problem. Was dich nicht umbringt, macht dich härter."

„Und wo sind eure Schlafsäcke?"

„Brauchen wir nicht, wir haben Decken." Damit deutet Uwe auf ihre ausladenden Rucksäcke. Zwei zusammengerollte Fummel sind daran festgeschnallt. Feuchte Wolldecken. Beim Camping in

Jugoslawien haben die wahrscheinlich mal gute Dienste geleistet . . . Jetzt weiß ich endlich, was man unter „Alternativtourismus"
versteht. Und ich glaube, es bietet sich hier die Gelegenheit, ein
wenig von der Hilfsbereitschaft, die uns selber zuteil wurde, an
andere weiterzugehen.

„Wir machen das anders", schlage ich vor. „Ihr übernachtet bei
uns." Wie gut, daß die beiden Achterkabinen, traditionell als Gä-
stezimmer verwendet, schon bezugsfertig sind. Und so kommt es,
daß wir an diesem Abend zu viert bei Tisch sitzen. Und am nächsten
auch. Und am übernächsten und dem darauffolgenden . . .

Uwe und Helmut sind gut um sich zu haben. Was hätte ihnen
auch Besseres passieren können, als die permanent verregneten
Klamotten an unserem Heizlüfter zu trocknen und nachts in ku-
scheligen Kojen zu liegen? Als feststeht, daß auch am zweiten Tag
keine „Fähre" Nanortalik Richtung Tasiusaq verlassen wird, nehmen sie es schon fast mit landesüblicher Gelassenheit, räkeln sich
in der Kajüte auf dem Sofa, und beim wärmenden Grog schwirren
viele unterhaltsame Geschichten über den Tisch – ihre von Island,
unsere aus der Tropenzeit. Klar, Helmuts Sightseeingplan wird
angesichts dieser Verzögerung nicht mehr zu retten sein, denn die
Urlaubszeit der beiden ist begrenzt, so daß Versäumtes nicht nach-
geholt werden kann. Den einen oder anderen Abstecher müssen sie
nun streichen. Allerdings soll dieser Umstand, was noch niemand
weiß, zumindest Jung-Uwe ein unvergeßliches Erlebnis bescheren.
An den Samstag dieser Woche wird sich unser Gefreiter a. D. noch
lange erinnern – ebenso an ein Dorf namens Nanortalik und das
noch nie zuvor gehörte Fremdwort „Tupilak".

Uwes amouröses Abenteuer

Natürlich hätten wir auch woandershin gehen können, doch glaube
ich nicht, daß es einen gravierenden Unterschied gemacht hätte.
Drei Angebote stehen zur Auswahl, und ich finde es bemerkenswert genug, daß eine 800-Seelen-Gemeinde sich drei Institutionen
leistet, wo man öffentlich die Sau rausläßt. „Hotel" nennen sich
alle drei, was gleichermaßen dick aufgetragen wie untertrieben ist.
Denn neben der, sagen wir mal, Beherbungsmöglichkeit befinden

sich jeweils noch Restaurant, Bierlokal und Diskothek unter ein und demselben Dach. Und so sammelt sich des Abends an diesen drei neuralgischen Punkten alles, was in Nanortalik laufen und saufen kann: die Dorfjugend von 12 bis 85.

Eines dieser Etablissements steht in der Gunst des Publikums besonders hoch. Äußerlich ist es nichts anderes als ein unscheinbarer, weiß getünchter Schuppen, weit entfernt von der Attraktivität der üblichen bunten Holzhäuser. Bei allem Wohlwollen: dieser Vergnügungstempel läßt sich nur als Baracke bezeichnen, langgestreckt und geräumig, eine Bretterbude, an der bereits deutlich der Zahn der Zeit genagt hat. Doch weniger klimatische Angriffe haben dem Bauwerk zugesetzt, als vielmehr die Entladungen menschlichen Ungestüms. Die in der Hitze mancher Polarnächte schon allzu häufig draufgegangenen Fensterscheiben sind der Ökonomie halber inzwischen durch Preßpappe ersetzt worden, da man es offenbar leid war, zweimal wöchentlich den Glaser zu bestellen. Sicher wird auch Pappe den ausschweifenden Freudenbekundungen der Gäste nicht standhalten, doch läßt sie sich immerhin kostengünstig im Do-it-yourself-Verfahren auswechseln. Der Neonschriftzug über dem Eingang würde einem Unkundigen wohl Rätsel aufgeben, weist er doch Lücken auf, die wieder auszufüllen ebenso sinnlos, weil kurzlebig wäre wie die Neuverglasung der Fenster. Zwei der Leuchtbuchstaben sind durch gezielte Flaschenwürfe sauber herausgeschossen worden, und es steht zu befürchten, daß es nur eine Frage der Zeit ist, bis das Fragment sich noch weiter reduziert. Wer sich allerdings erinnert an die bereits in Erscheinung getretenen grönländischen Dämonen weiß, daß die eliminierten Lettern nur ein „i" und ein „a" gewesen sein können. Denn „Tup-l-k" ist übriggeblieben. Und hier erhebt sich die Frage, ob wir nicht schon diese Benennung als Warnung hätten verstehen sollen.

Ich war dagegen. Prinzipiell. Denn wer sich in Gefahr begibt, kommt darin um. Und so betone ich, daß die Idee nicht auf meinem Mist gewachsen ist. Aber was sollte ich machen? Da tauchen Uwe und Helmut nach dem Abendbrot aus ihren Kabinen auf, geschniegelt und gekämmt, schnell noch 'ne Handvoll Rasierwasser untern Pony geklatscht, die eigens für solche Zwecke mitgenommenen

Oberhemden straff in die Hosen gestopft, damit die Knitterfalten nicht so auffallen, und verkünden, jetzt „die Szene checken" zu wollen. „Skipper, wo gehen wir hin?"

Nun ist es *eine* Sache, mit Eskimos gute Nachbarschaft zu pflegen, aber eine ganz andere, sich in ihre „Szene" einzumischen. Um grönländische Kneipen einen weiten Bogen zu schlagen, halte ich in keinem Fall für Feigheit, sondern nur für gesunden Selbsterhaltungstrieb.

„Wir gehen nirgendwohin", erkläre ich deshalb mit allem Nachdruck. „Wir sind hier nicht in Lüneburg."

„Mann!" mault Uwe. „Jetzt sei doch kein Spielverderber. Komm schon – wo verbringt ihr denn normalerweise die Abende?"

Was soll ich sagen? Die Schauplätze unserer Freizeit sind abwechselnd Nicos Wohnzimmer, unsere eigene Kajüte oder höchstens noch das seriöse, ungefährliche Gemeindehaus. Aber wenn ich den beiden Knaben das erzähle, gehöre ich für sie definitiv zu den Grufties. Also verkneife ich mir die Antwort. „Paß mal auf", predige ich statt dessen, „hier weht ein ziemlich rauher Wind. So 'n Tanzvergnügen in der Disko, das gestaltet sich etwas anders, als ihr es von zu Hause kennt. Eure Verkleidung zum Beispiel ist völlig daneben, oder meinst du, in so einem Kaff findet 'ne Modenschau für Yuppies statt? Ich will nicht gerade behaupten, daß Nanortalik der Wilde Westen ist, aber Fäuste und Einrichtungsgegenstände fliegen schneller, als du dir vorstellen kannst."

Schweigen. Es steht Uwe und Helmut ins Gesicht geschrieben, was sie denken: Der übertreibt. „Okay, ist ja gut", sagt Uwe denn auch prompt mit genau dem Quantum an Verachtung, das mich ärgert. „Gehen wir eben alleine." Helga beugt sich dicht neben mir zum Schapp hinunter und flüstert: „Dann ist es schon besser, du bist dabei."

„Die können selber auf sich aufpassen."

„Können sie nicht! Guck sie dir doch an."

Und so bin ich also doch dabei...

Es ist elf Uhr abends, und – wie könnte es anders sein – die „Szene" kommt uns auf den Straßen schon im Vollrausch entgegengeschwankt. Vor der schäbigen Bretterbude, die unter den Schallwellen donnernden Rockgehämmers jeden Moment zu ber-

nuitkinder.
Nanortalik, wo die SHANGRI-LA
Winterschlaf hielt.

21

22

23 Im Wildwasser des Tasersuaqsees.

23

24

24 Wasserfall.
25 Treibeis versperrt den
   Tassiuakfjord.
26 Triumphbogen aus Eis.
27 Ein Gletscherkind.

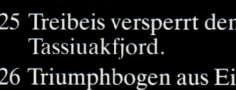

25

28 Treibeis blockiert den Hafe
des Höllenecks.

29 Der Prins-Christians-Sund
ist passierbar.

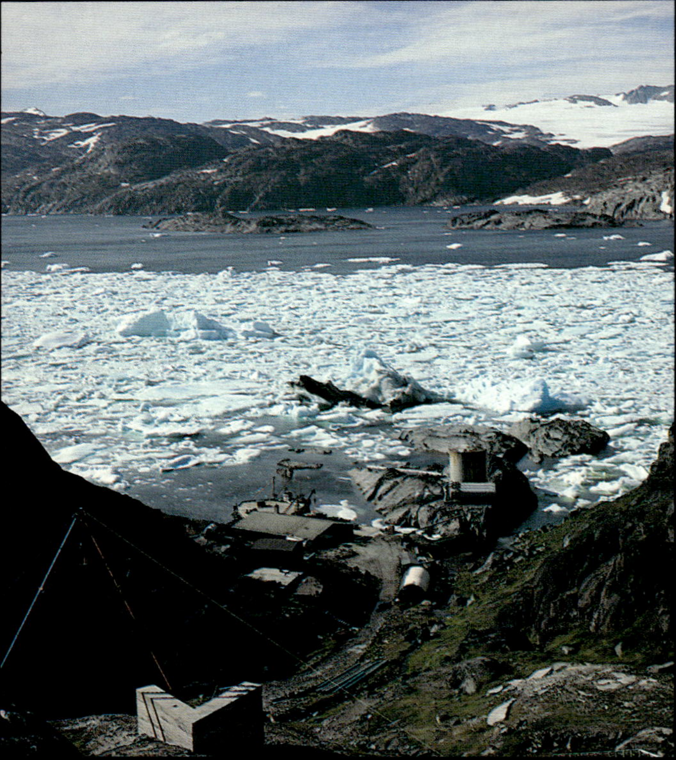

28

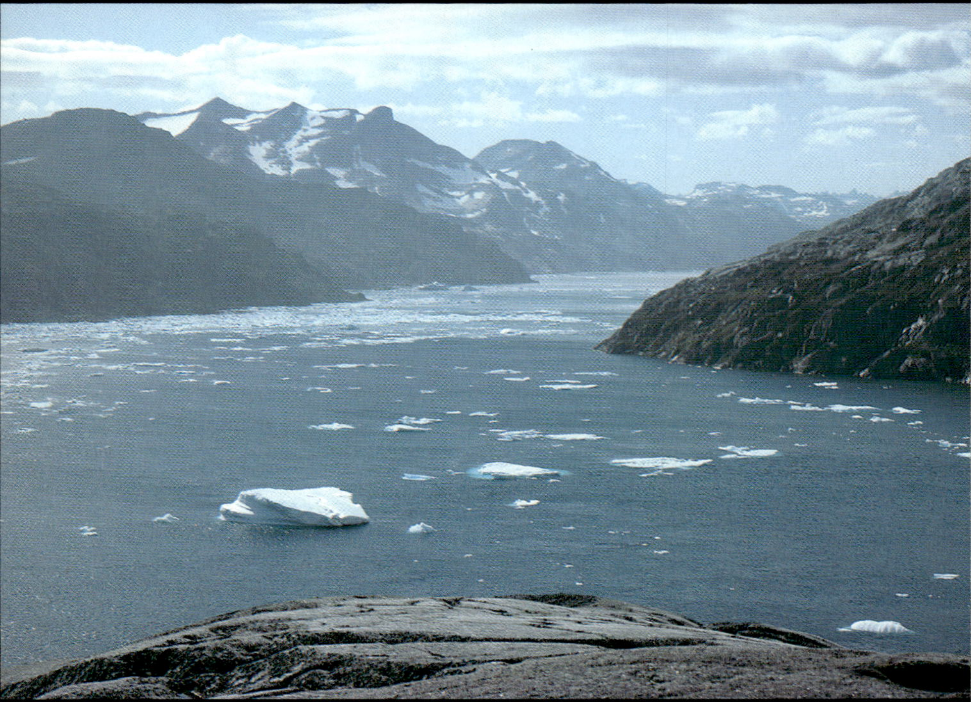

29

sten droht, schauen die beiden Vergnügungssüchtigen doch etwas bedenklich auf die pappverzierte Abbruchfassade – vielleicht in der plötzlichen Ahnung, in ihrem Sonntagsornat tatsächlich ein bißchen overdressed zu sein. Aber kneifen gilt natürlich nicht. Ich ertappe mich dabei, daß ich draußen, ganz nach Paukermanier, noch letzte Anweisungen erteile – wie beim Klassenausflug: „Dicht zusammenbleiben! Wir gehen zum Tresen, trinken was und verschwinden wieder. Keine Seitenblicke, die für aufdringlich gehalten werden könnten, die Dorfschönen sind tabu. Und schon gar keine Diskussionen, in welcher Sprache auch immer. Alles klar?"

Dergestalt präpariert schreiten wir durch die Tür wie die glorreichen Drei. Mitten hinein in den Vorhof der Hölle, einen wogenden Hexenkessel aus stampfenden Leibern, betäubenden Gerüchen und gehörschädigendem Krawall.

Das „Tupilak" ist der typische Tanzschuppen unserer sechziger Jahre. Damals war das bei uns der letzte Schrei: die Tanzfläche aus blankem Niro und an der Decke die unvermeidliche, rotierende Silberkugel, auf die rote und grüne Scheinwerfer ein pausenloses, blendendes Blitzlichtgewitter hervorrufen. Aufleuchtend in den gleißenden Funken, die das diffuse Zwielicht des vollgestopften Saales bald in diese, bald in jene Richtung durchzucken, ziehen Qualmschwaden über die dichtgedrängten Köpfe. Ganz Nanortalik scheint sich hier verabredet zu haben. Die Luft, geschwängert von Bier, menschlichen Ausdünstungen und Fisch aus dem angrenzenden Lokal, ist zum Schneiden dick. Ungeachtet des Geräuschpegels pennen zwei Figuren friedlich unter einem Tisch, drei andere liegen auf seiner Platte wie in Narkose.

Eine Schauermannskantine am Silvesterabend ist nichts dagegen.

Wir kämpfen uns Richtung Theke, und schon während ich meine beiden Schützlinge durch das Gewoge bugsiere, wünsche ich mir Tarnkappen, denn sofort gilt uns die alkoholenthemmte Neugier aller. Den Skipper von der SHANGRI-LA kennen die meisten, aber die anderen zwei – die sind neu und müssen ausgiebig begafft werden. Erstaunt recken sich die Hälse, Ballongesichter wenden sich uns zu, und das Geschiebe um uns wird noch dichter. Von Heiterkeitsausbrüchen begleitet, fliegen Kommentare hin und her, deren Bedeutung uns – vielleicht zum Glück – verborgen bleibt. Ein Schock für die zwei Grönlandneulinge sind natürlich die Preise. Ob diese Typen hier alle Millionäre sind? Denn auch nur ein mittleres Räuschchen zustande zu bringen, kostet ein Vermögen. So betritt ein echter Grönländer die Disko auch nur mit guter flüssiger Grundlage. Mit anderen Worten: Ein Fläschchen Aquavit, nicht unter 40 Umdrehungen, rotiert bereits durch seinen Körper. Das allerdings mindert den Umsatz im „Tupilak" nur geringfügig, denn die zu Hause gelegte Grundlage schreit geradezu nach Verdünnung. Aber Bier zu zapfen ist hier unbekannt, das würde den Gästen wohl auch zu lange dauern und wäre womöglich Anlaß, einer Bestellung handgreiflich Nachdruck zu verleihen. So wandern Getränke nur flaschen- und dosenweise über den Tresen, und das wie am Fließband.

Wir greifen also zur Pulle, eng beieinanderstehend wie eine Schafherde bei Gewitter, und kaum ist der erste Schluck hinter die Binde gegossen, da geht die Vorstellung los, und das Verhängnis bahnt sich an. Innerhalb von Minuten muß ich mitansehen, wie meine gutgemeinte Aufpasserrolle an den ortsüblichen Gepflogenheiten wirkungslos verpufft. „Die Dorfschönen sind tabu", hatte ich gewarnt, nicht ahnend, daß die Anmache hier umgekehrt läuft. Die Weiblichkeit ist es, die zum Halali bläst und die Jagd eröffnet. Da kann natürlich der Frömmste nicht in Frieden leben...

Wie magnetisch angezogen quellen sie plötzlich aus dem Menschenknäuel hervor, die Holden von Nanortalik. Sofort sind wir beängstigend eingekeilt von erhitzten, grienenden Mondgesichtern mit klebenden Haarsträhnen und zahlreichen Zahnlücken. So richtig zum Liebhaben. Nichts für ungut, aber sie sind kein Elfengeschlecht, die Landpomeranzen der Arktis. Dafür wissen sie allerdings genau, was sie wollen... Und wer ist der Magnet, der Auserkorene, der angebetete Held des Abends, der Märchenprinz in der Provinz? Uwe. Unser Uwe, so schmächtig und so unauffällig, aber so blond wie damals die normannischen Eroberer.

Nun kann es ja überaus schmeicheln, das Objekt allseitiger Verehrung zu sein. In diesem Fall allerdings ist es ein zweifelhaftes Vergnügen, das bei dem Betroffenen angesichts der furchterregenden Amazonen sofort panischen Schrecken auslöst. Und es soll ihm

146

nichts erspart bleiben. Es ist die Zahnloseste von allen, die sich wendiger erweist als die gesamte Konkurrenz. Unverhofft sieht der Angehimmelte sich fordernd am Hemd gezupft, fischig ange-haucht und besitzergreifend betatscht. Helmut und ich sehen es mit Staunen. Uwe, Blut und Wasser schwitzend, kommt nicht mehr dazu, die Bierflasche abzustellen, da hat seine Verehrerin schon energisch die Initiative ergriffen, und die Volksmenge auf der Tanzfläche hat beide verschluckt.

Wir zwei Verschmähten versuchen vergeblich, den Entführten nicht aus den Augen zu verlieren. Aber es dauert kaum mehr als eine Minute. Da katapultiert sich unser Uwe seitwärts aus dem Getümmel heraus, noch immer krampfhaft die Bierbuddel festhal-tend, japst mit rotem Kopf nach Luft und klammert sich hilfesu-chend bei uns am Tresen fest. „Hallo, hallo! Hast du Konditions-probleme?" flachst Helmut. „Das war ja der kürzeste Tanz, den ich je gesehen habe!"

Uwe, um Fassung ringend, nimmt einen tiefen Zug und wischt sich den Schweiß von der Stirn, etwas wie nacktes Entsetzen in den ungläubigen Kinderaugen. „Da-das Beste ha-hast du über-haupt nicht gesehen. Da-das darf ja nicht wahr sein! So was ist mir noch nie passiert. Noch n-nie…"

„Fehlt dir was?" fragt Helmut.

„Nee", schnauft Uwe, „hätte aber nicht viel gefehlt. Mann …Diese – diese mit den Vampirzähnchen, die greift mir doch glatt zwischen die Beine! Einfach so… aber richtig doll! Ich dachte, die zerquetscht mir was… "

Und wie zur Verdeutlichung des Gesagten ahmt er mit der bier-flaschenfreien Hand den typischen Baggergriff nach. Helmut pru-stet los. „Klar doch! Die wollte wissen, ob der Einsatz lohnt oder ob du überall so 'ne halbe Portion bist!"

Daß es so schnell mulmig wird, hätte selbst ich nicht vermutet. Schon ist die zielstrebige Maus wieder zur Stelle und signalisiert mit geübter Gestik Durst. Es scheint, der Testgriff ist doch vielver-sprechend ausgefallen. Uwe verdreht zwar die Augen, aber Helmut knufft ihn in die Seite: „Los, du wirst deiner Traumfrau doch wenigstens etwas zum Trinken spendieren!" Und dieses Bierchen soll nicht das letzte bleiben, denn die Dame kann schlucken wie ein

Dromedar nach einer Saharadurchquerung. Und Uwe muß mithalten, allein schon, um die Optik seines Gegenübers zu mildern. „Bis der sie sich schön gesoffen hat, ist die Reisekasse zum Teufel", bemerkt Helmut trocken.

Dann und wann mache ich schwache Anläufe zum Aufbruch, aber die verhallen ungehört. Irgendwann zu vorgerückter Stunde, als Helmut und ich uns umdrehen, fehlt von Uwe jede Spur. Auch der kleine weibliche Dracula mit den einsamen Eckzähnen ist nicht mehr zu sehen. Und diesmal kommen sie nicht wieder zum Vorschein.

Eine geschlagene Stunde versuchen wir noch, den verlorenen Sohn wiederzufinden. Erfolglos. Uwe ist entweder in dem mittlerweile eskalierten Chaos untergegangen (unmöglich, im Gewirr der Beine unter jedem Tisch nachzusehen), oder das Heringsfäßchen hat es geschafft. Schließlich blase ich zum Rückzug, bevor mir auch noch Helmut abhanden kommt. Warten dürfte keinen Zweck mehr haben. Gewiß, ganz wohl ist uns nicht, als wir zu zweit den Heimweg durch die frische Nachtluft antreten. Aber keiner von uns ist Uwes Kindermädchen. „Vielleicht", mutmaßt Helmut, „ist er ja schon längst nach Hause geflüchtet."

Ist er nicht. Tatsächlich wird Uwe der Eroberte erst am anderen Morgen wieder die Bühne betreten.

Der Frühstückstisch ist schon fast abgegrast, und gerade wird zögerlich erwogen, ob wir etwas unternehmen sollen, als die Tür aufgeht und der Vermißte über die Schwelle stolpert. Tiefes Schweigen breitet sich aus. Ein unbekannter Clochard steht im Raum. Wüst sieht er aus, zerkratzt und verbeult, und das sorgsam gehütete Hemd hat jetzt nicht nur Knitterfalten, sondern auch zwei Risse. In der Hoffnung, das abgerissene Äußere durch Haltung wettzumachen, winkt dieser Penner betont lässig in die Runde: „Hi, friends..." Doch selbst die geübteste Nonchalance muß mißlingen unter unseren drei bohrenden Augenpaaren, die das rotblaue Veilchen fixieren, das Uwes linkes Auge umkränzt.

„Der letzte der Mohikaner, der allerletzte", bricht Helmut grinsend das Schweigen. „So sieht man aus, wenn man direkt vom Schlachtfeld kommt. Hast du noch mehr – äh – Kriegsverletzungen? Hoffentlich nicht an edleren Teilen."

Da eilt Helga dem Gepeinigten zu Hilfe. „Laß ihn doch. Komm, setz dich erst mal hin. Du siehst aus, als ob dir starker Kaffee guttun würde. Ich mach' frischen. Oder brauchst du einen Arzt?" Letzteres verneint der Spätheimkehrer mannhaft. „Nee, nee. Aber Kaffee wäre nicht schlecht."

„Jaha, die Lie-hibe ist eine Hiiimmelsmacht..." knödelt Helmut. „Muß ja heiß hergegangen sein, nach deinem Zustand zu urteilen. Los, jetzt wollen wir das aber auch wissen! Welche Varianten werden hier gepflegt, in der Eiswüste?"

Uwe mißt den Freund mit einem vernichtenden Blick. Dann schluckt er trocken und sagt heiser: „Hast du schon mal mit 'ner toten Robbe geschlafen?"

„Du siehst aber nicht so aus, als ob die tot gewesen wäre", stellt Helmut fest.

Uwe winkt müde ab. Dann aber siegt doch das Bedürfnis, seinen Schauerroman loszuwerden. Und wie er da so auf dem Sofa sitzt, von der ersten Tasse Kaffee langsam erwärmt, und wir gespannt an seinen Lippen hängen – da wird er schon fast wieder der Held von gestern abend...

„Mann, muß ich beknackt oder voll gewesen sein! Also, die war ja so, die war ja so – also, so was von heiß. Das heißt, nur zuerst, bis zur Haustür war sie es..."

„Und danach war sie nur noch wie 'ne tote Robbe", fällt Helmut ein.

„Kann man wohl sagen... Bloß – der Robbenbulle, der später die Szene betrat, *der* war ziemlich lebendig. Jedenfalls, wie wir da in so 'ner Art Leichenhalle sind, geht die Tür auf, und so'n Typ kommt rein. Eher kurz, aber breit. Muß wohl ihr Macker gewesen sein. Sie läßt sich erst gar nicht stören, lacht noch, weil der so blöd glotzt, der Specksack, aber dann..."

Dem Specksack gefiel die Zuschauerrolle keineswegs, und unser Bundeswehrsoldat, Format Dachlatte, hatte keine Chance. Laut Uwe entspann sich ein Nahkampf, in dessen Verlauf letzlich der Robbenbulle sein Weibchen zurückeroberte, was der Verlierer gerade noch sah, ehe ihm, an der Bretterwand zusammensackend, der Film riß. Als das Morgenlicht ihn unter die Lebenden zurückholte, seien die Geister der Nacht verschwunden gewesen. Beide.

Beeindruckt starren wir Uwe an, in phantasiebeflügeltem Schweigen. „Na, dann will ich mal versuchen, dein Hemd wieder hinzukriegen", sagt Helga schließlich. „Vielleicht ist es noch zu retten."

Der geschlagene Held nickt dankbar. Und bevor er sich zur nötigen Rekonvaleszenz begibt, dreht er sich am Niedergang noch um und fragt: „Tupilak – was heißt das überhaupt auf deutsch?"

Helga versucht, ernst zu bleiben. „Wörtlich übersetzen läßt sich das nicht. Es ist so eine Art Dämon, ein kleiner Teufel..."

„Aha", nickt Uwe matt. „Das hätte ich mir denken können."

Durchs Treibeis nach Norden

Zwei Tage später herrscht an Bord wieder Normalzustand. Unsere beiden Überraschungsgäste haben die Rucksäcke geschnürt und doch noch ihre „Fähre" überredet, sie nach Tasiusaq zu bringen, das gar nicht weit von Nanortalik entfernt ist. Dort am Tasermiutfjord, so haben sie in Erfahrung gebracht, gäbe es sogar ein offizielles Basislager für Bergbesteigungen und Expeditionen zum Inlandeis. Derlei Unternehmungen dürften für zwei jugendliche Tramper auch entschieden weniger Risiken bergen als ein grönländischer „Stadtaufenthalt". Beim Abschied kann Uwe schon wieder mitlachen über seine augenfälligen Nahkampfabzeichen, wohlversorgt mit einer Salbe gegen Blutergüsse aus Helgas Apothekerschrank. „Bis du wieder zu Hause bist, sind deine Andenken wahrscheinlich verschwunden", meint Helga. Mit dem feierlichen Gelöbnis, Karten zu schreiben, die wir im Herbst in Deutschland vorfinden sollen, schultern Uwe und Helmut ihr Gepäck. Dann zuckeln sie los zur Pier, und bestimmt zehnmal drehen sie sich noch um und winken.

Nun ist also wieder Stille eingekehrt in den Achterkabinen. Alles ist aufgeräumt, und eigentlich sind wir willens und bereit, mit SHANGRI-LA auf den Slip zu gehen. Doch die Slipanlage hat jetzt Hochkonjunktur. Und es ist klar, daß die Fischkutter, die zu Wasser sollen, den Vortritt haben und wir uns hinten anstellen müssen. Das Wetter hat aufgeklart, wir haben Juni, die Tage sind lang und hell, und nach anhaltendem Nordwind stehen die Chancen nicht schlecht, daß die Eislage draußen vor dem Schärengürtel einen baldigen Start erlaubt. Auf jeden Fall soll SHANGRI-LAS langwährende „Trockenperiode" zu Ende gehen. Wenn wir schon mal an Nicos Pier verholen, können wir reisefertig sein, sobald der günstigste Zeitpunkt da ist.

In diese Spanne des Wartens, während wir ungeduldig jeden Tag bei der Fischfabrik herumlungern und die Manöver des Slipwagens beobachten, fällt der überraschende Anruf aus Deutschland. „Da war Telefon für euch!" meldet Nico. „Jemand aus Kiel, ein Kurt. Ihr sollt so schnell wie möglich zurückrufen."

Kurt aus Kiel, das ist niemand anderer als unser befreundeter Wikingerspezi Kurt Denzer, Filmexperte für die Geschichte der Nordländer an der Uni Kiel, der im vergangenen Jahr auf unserem Törn an der Labradorküste mitsegelte, um dort Aufnahmen zu drehen für einen Dokumentarfilm über die historischen Stätten, an denen Wikinger den amerikanischen Kontinent betraten. Schon damals plante Kurt, auch nach Grönland zu reisen.

„Wie gut, daß ihr noch da seid!" brüllt Kurt in die Muschel, als ich endlich zu ihm ins Büro durchgedrungen bin. „Ich komme nämlich rüber! Hatte befürchtet, ihr wäret vielleicht schon weg." Und dann erzählt er noch irgendwas von den Hinterlassenschaften des „alten Erik", die er in den Kasten kriegen wolle, um seine Dokumentation zu vervollständigen. „Du weißt schon, die Ruinen von Brattahlid, wo der wilde Knabe sich niedergelassen hatte. Also, das dauert sicher nicht lange, vorausgesetzt, das Wetter spielt mit. Könnt ihr mich nächsten Freitag in Narsarsuaq abholen?"

Einen Moment bin ich ganz verwirrt. Nach Narsarsuaq – das bedeutet wieder nordwärts zu segeln statt in Richtung Heimat.

„Machen wir", sage ich völlig überfahren. „Auf eine Woche mehr oder weniger kommt es jetzt auch nicht mehr an."

„Prima, ich freue mich. Bis dann!" Womit unsere Planung wieder einmal über den Haufen geworfen ist. Aber solche plötzlichen Umbrüche waren ja meistens die besten.

„Wir müssen ins Wasser", erkläre ich Nico. „Möglichst schnell."

„Was sein muß, muß sein", sagt dieser in seiner stoischen Gemütsruhe. „Wir schieben euch dazwischen, morgen."

Und da bei Nico ein Versprechen gilt, sind wir am nächsten Tag

151

an der Reihe, auf den Slip zu gehen. Der Morgen allerdings bringt einen unvermuteten Dämpfer: Ausgerechnet in dieser Nacht hat der Wind, stark auffrischend, auf West gedreht und die Hafenbucht wieder mit Eisschollen zugeschoben! Da stehen wir in der Frühe bei der Pier und gucken ziemlich dumm auf die Bescherung. Unter diesen Umständen kommen wir nicht einmal zur anderen Seite der Insel, um bei Nico anzulegen. Dieser schaut eine Weile brütend übers Wasser und sagt dann: „Ich weiß schon, wie wir das machen. So schlimm ist es nicht mit dem Eis, es ist keine kompakte Masse. Jetzt lassen wir sie erstmal runter."

Und nach der bereits bewährten Methode wird SHANGRI-LA zurück in ihr Element befördert. Diesmal haben wir natürlich gleich die langen Vierkanthölzer herbeigeschafft, die wieder als Plattform auf die Ränder des zu schmalen Slipwagens aufgelegt werden. Und um Gewicht zu sparen, damit die Operation nicht noch einmal zur Zitterpartie wird, sollen besonders schwere Teile erst nachträglich an Bord genommen werden. In der Tat biegen sich die Balken geringfügiger durch als damals, und ungefährdet gleitet sie ins Hafenwasser von Nanortalik. Endlich wieder. Was für ein Gefühl, als beide Maschinen auf Anhieb anspringen – kraftvoll und unternehmungslustig! Ich könnte Luftsprünge machen und muß gleich mal ein paar Manöver probefahren – vorwärts, rückwärts, im Kreis. Das ist doch gleich wieder ein ganz anderes Lebensgefühl. Nico zieht inzwischen mit dem Lkw den Slipwagen zurück auf die Böschung, steigt aus und bedeutet mir mit Handzeichen, die Motoren zu drosseln, weil ich sonst kein Wort verstehe.

„Paß auf", ruft Nico herüber, „ich nehme jetzt den Kutter und mache euch den Weg frei! Du hängst dich direkt achtern ran, klar? Immer hinter mir her!" Spricht's und spurtet zur Pier. Drüben beim Fabrikanleger wartet schon sein eigener kleiner Kutter. Nico wirft die Leinen los, startet, setzt sich vor unsere Nase, steuert langsam aus dem Hafen – und bahnt uns eine schöne Spur durchs Eis. Knirschend schrammen nach rechts und links die Schollen weg. Im Kielwasser von Nicos „Eisbrecher" erreichen wir problemlos den bereits bekannten Liegeplatz jenseits des Dorfes, wo von der Klippe über der einsamen Bucht ein ebenfalls bekanntes rotes Häuschen grüßt. Von uns wie immer argwöhnisch beäugt, ob sich nicht etwa

die verborgene Klappe öffnet, doch zum Glück ist gerade kein Entsorgungstag.

In der Tat soll der starke Wind nicht lange anhalten, und bald schon hat die Strömung das Eis wieder weiträumig verdriftet. Das ist für uns ein Signal, in die Startlöcher zu gehen. Wie auch immer die Situation unten am Südkap noch sein mag, nordwärts im Schutz der Schären und bis nach Narsarsuaq gelangen wir auf jeden Fall. Es bricht die übliche Ausreisehektik an: Bunkern, Proviant einkaufen, letzter Check-up – und dann gilt es abzudampfen, damit wir es bis Freitag schaffen und Kurt nicht warten muß.

Nico steht auf seinem Holzsteg, die Arme vor der Brust verschränkt, äußerlich so abgeklärt wie immer und fragt wie beiläufig: „Ihr kommt aber bestimmt noch mal...?" Und da wissen wir plötzlich, wie schwer der wirkliche, der endgültige Abschied werden wird.

„In spätestens vierzehn Tagen", versichere ich ihm, „fallen wir wieder bei euch ein. Wenn's dir recht ist, machen wir dann gleich hier vor deiner Haustür fest. Nur – lange können wir dann nicht mehr bleiben."

„Logisch. Segelt mir aber ja nicht an Nanortalik vorbei, ohne auf Wiedersehen zu sagen. Und schöne Grüße an den roten Erik. Nee, nee, ich meine an Kurt." Und da grient er schon wieder.

„Wird gemacht."

Und ab geht die Post, im Slalom um die Eisberge. Nicht gen Süden wie gedacht, sondern auf bereits vertrauten Wegen nordwärts, dorthin, wo wir vor Wochen mit dem Flieger gelandet sind.

Mit Kamera auf Spurensuche

Wir sind zu früh dran, einen ganzen Tag zu früh. Das kommt davon, daß wir uns so beeilt haben, immer in dem Bewußtsein, daß bei grönländischen Inselkreuzfahrten nur eine Instanz die Fahrpläne schreibt: die Natur. Nebel, Eisgang, Sturm, grundsätzlich alles liegt immer im Bereich des Möglichen und muß deshalb bei der Zeitkalkulation vorsorglich berücksichtigt werden. Nun ist ausnahmsweise gar nichts von alledem eingetreten, das gibt's auch. Nach einem seelenruhigen Törn, von jeglichen Unbilden verschont, pflügt SHANGRI-LA durch den knallbunten Eriksfjord, an dem Narsaruaq liegt – einen Tag, bevor unser Filmer Kurt in die „Große Ebene" einschweben soll.

Wir gehen an die Pier und machen fest, in bester Gesellschaft von zwei Ausflugsbooten, die die Aufschrift des Hotels „Arctic" tragen, eines der beiden wirklich großen Fremdenhotels des Landes. (Sieh mal an, man scheint sich für Touristen allmählich etwas einfallen zu lassen.)

So, und nun? Wie nutzen wir als Touristen in der gegebenen Zeitspanne das phantastische Wetter am gewinnbringendsten? Helga stellt schon mal klar, was *nicht* in Frage kommt: „Hier an der Piste herumzuhängen und so lange zur Seite peilen, bis das Flugzeug erscheint."

Der blankgefegte Himmel, glitzernd die Sonne auf frischblauem Wasser – alles ist dazu angetan, einen Tag „ reines Naturerlebnis" einzulegen. Und es herrscht rasch Einigkeit darüber, was uns am meisten reizt, nämlich das, was nun einmal das Kriterium der Arktis schlechthin ist: Eis. Eis erleben in seiner immer wieder aufs neue faszinierenden Vielgestaltigkeit, und zwar dort, wo es „lebendig" ist und seine ganze Urgewalt entfaltet. Einmal so dicht wie möglich an eine Gletscherkante ran und schöne Fotos und Film-aufnahmen machen – das schwebt mir schon lange vor.(Ab morgen wird es dann sowieso nur noch um verblichene Normannen und verlassene Steinhaufen gehen.)

Wir studieren die Karte, die wir in Nanortalik ergatterten: Der Eriksfjord mit seiner zweiarmigen Verzweigung ähnelt graphisch einer Fleischgabel, an deren nordwärts ragendem Zinken Narsarsuaq mit dem Flugplatz liegt. Die Ufer des rechten, östlich weisen-den Astes, der wie abgebrochen aussieht, scheinen von wildem, unbesiedelten Nichts umgeben zu sein. An seinem stumpfen End-punkt mündet ein mächtiger Gletscher, und der liegt für uns genau im Bereich eines Tagesausfluges. Natürlich ist es fraglich, ob das Fjordende überhaupt zu erreichen oder vielmehr mit Eis völlig zugepackt ist. Es kommt auf einen Versuch an. Ein Experiment mit Risiken, denen wir allerdings die SHANGRI-LA nicht aussetzen kön-nen. Im unmittelbaren Wirkungskreis eines solchen sich zu Tal wälzenden Riesen drängen sich nicht nur seine großen „Kälber", es ist auch mit Unmengen Eisbrei zu rechnen. Da käme unser Poly-estersteven im besten Fall mit einem gehämmerten Dellenmuster wieder heraus. SHANGRI-LA bleibt also an der Pier, für solche Zwecke haben wir ja das Zodiac-Schlauchboot, das nun kurz ent-schlossen zu Wasser gelassen und mit der erforderlichen Tagesaus-rüstung beladen wird: Fotoapparate, Filmkamera, Proviant.

Der vernunftbegabte Leser wird sich an dieser Stelle vielleicht fragen, ob etwa eine dünnhäutige, aufgeblasene Gummiwurst mehr zwischen kantigen Eiswürfeln zu suchen hat als eine Kunst-stoffyacht. Da scheint es mir angebracht, hier einmal ein Loblied auf unser bewährtes Beiboot anzustimmen. Es hat seine Vorge-schichte, und die begann eines Tages auf der Düsseldorfer Boots-ausstellung, wo ein gewisser Herr Zander sich mit der genügsamen Sinnesart eines Arktisseglers konfrontiert sah. „Was ich brauche", sagte ich damals, „ist ein Schlauchboot, das alles mitmacht und härtesten Ansprüchen gerecht wird." Es müsse Rammings mit gezackten Eisstücken ebenso vertragen können wie über Uferge-stein gezerrt zu werden. Der Zodiac-Mensch zuckte mit keiner Wimper. „Überhaupt kein Thema. Jedenfalls das mit dem Eis." So was könne das Material ohne weiteres vertragen. „Wenn Sie allerdings unser Schlauchboot auf Uferböschungen als Radiergummi mißbrauchen wollen, dann müssen wir uns etwas einfallen lassen. Haben Sie vielleicht Vorschläge?" Ja, die hatten wir. Es wurden Entwürfe gemacht, wie der bereits bestehende Bootstyp arktisgerecht weiterzuentwickeln sei: mit Verstärkungen am Kiel, Aufdoppelungen im Bugbereich und zusätzlichen Fenderleisten. Das dergestalt revolutionierte, feuerwehrrote Dingi, das uns dann später nachgeschickt wurde und in Kanada eintraf, sollte uns tatsächlich zum probaten und unentbehrlichen Begleiter werden. In den vielen Monaten auf Arktisrouten kam es als Fähr-, Versorgungs-, Fischerei- und Lotsenboot zum Einsatz. Nicht selten wäre ein Landfall ohne dieses robuste Hilfsmittel kaum möglich oder doch sehr zeitaufwendig gewesen. Etwa in Labrador, wo noch immer viele Fjorde nur als weiße Äste – also unvermessen – auf der Karte erscheinen. In derart ungewissen Fällen ging grundsätzlich an der Mündung erst einmal unser Zodiac zu Wasser, um als Lotsenboot die Gegebenheiten auszuforschen. In Pfadfinderfunktion, den Parka bis an die Nasenspitze zugezogen, raste ich dann in Braßfahrt Meilen voraus, um einen brauchbaren Ankerplatz für die Nacht zu suchen. In der Regel konnte man dort fündig werden, wo die Uferzone lang auslaufend ins Wasser überging, in Flußmündungen, an Wasserfällen oder trüben Gletscherbächen. Mit einem Riemen des Dingis herumstochernd, war der Ankerplatz schnell ausgelotet und eine leere, schön rote Drei-Liter-Ketchupflasche als Boje ausgebracht, die den Idealpunkt für den Anker markierte. Mit dem Handfunkgerät herbeidirigiert, konnte Helga dann nachkommen.

Natürlich, zu Anfang waren wir noch reichlich zimperlich mit dem Schlauchboot. „Mann, paß doch auf!" mußte sich der mit Klammergriff am Außenborder Sitzende wiederholt ermahnen lassen, wenn mal aus Versehen ein Miniatureisberg glatt übergebügelt wurde. Da allerdings solche Vorkommnisse ohne Folgen blieben, legte sich die Aufregung bald, und das unvermeidliche Knuffen und Puffen, ja auch härteres Kollidieren mit Eis wurden gelassener hingenommen. Und dann fiel uns auch wieder der Herr Zander ein. Was hatte er gesagt? „Kein Thema." Und seitdem ist das Zodiac im Eis wirklich überhaupt kein Thema mehr.

Der große Fluß aus Eis

Wie vermutet, tummelt sich Eis massenweise im östlichen Arm des Erikfjordes. Der Gletscher scheint höchst aktiv zu sein. Mit unseren 18 PS dribbeln wir uns um die größeren Brocken herum, doch es ist unmöglich, den unzähligen kleinen weißen Klumpen immer auszuweichen. Alles ist in Bewegung, dreht sich, schiebt sich nach sämtlichen Richtungen, und bald hierhin, bald dorthin werden wir munter mitgeschubst. So muß sich eine Flipperkugel im Spielautomaten fühlen. Zwischendurch kommt immer wieder das Aus – dann sitzen wir fest, nichts geht mehr. Wir greifen zu den Bootshaken, pieken sie in die harten, weißen Tiefkühlbrocken und stoßen sie mit aller Kraft weg. Eine wilde Schufterei. Schon bald schwitzen wir rechtschaffen, und das hier, im Reich der Kälte. „Eins weiß ich jedenfalls", keucht Helga, „als Holzflößer in Finnland, das wäre nichts für mich."

Es ist, als ob der Riese, nicht gewillt, sich erobern zu lassen, seine Verteidigungstruppen auf den Plan schickt. Wäre nicht da vorne die Gletscherwand zu sehen, die Abbruchkante mit ihrer unwiderstehlichen Anziehungskraft, geheimnisvoll leuchtend von Weiß über Türkis bis zu tiefem Blau – vielleicht wäre uns schon die Lust vergangen. Aber wir kommen durch, aller Abwehr zum Trotz.

Gut fünfzig Meter von der halbkreisförmigen Gletscherzunge entfernt stellen wir den Außenborder ab und lassen das Dingi treiben, einen winzigen roten Fleck in einem gewaltigen Bühnenbild aus lauter kühlen Farbnuancen. In der plötzlichen Stille wird uns auf einmal das Unpassende unserer Anwesenheit bewußt. Stumm sitzen wir auf den Gummiwülsten des Bootes, die Kameras in den angewinkelten Armen, und bestaunen entrückt die bizarre Kulisse. Starr und leblos wirkt der gefrorene Fluß auf den ersten Blick, wie von der schwarzen Fee verwünscht und zu völliger Bewegungslosigkeit verdammt. Doch reglos erscheint er nur aus der Entfernung. Der Eisstrom lebt. Man kann es fühlen, sehen und hören. Und diese Lebensäußerung hat etwas so Großartiges und Einmaliges, daß es unmöglich ist, sich ihrer elementaren Kraft zu entziehen. Dabei wird auf einmal etwas ganz klar: Wann immer man mich später fragen wird, was mich an diesen unwirtlichen

Gegenden der Erde gereizt hat – dies hier ist die Antwort. Eine Antwort, die vielleicht nur versteht, wer selbst einmal im Angesicht eines solchen Eisstromes die unbezähmbaren Kräfte der Natur erlebt hat.

Ich krame mein Geographiepotential hervor: Dies ist also eine jener Stellen, an denen die Eisschüssel Grönland einen Sprung aufweist, einen Spalt zwischen zwei Gebirgszügen, durch welchen die weiße Masse des Inlandeises gleichsam „überfließt", gespeist aus dem unerschöpflichen Vorrat, der die Mitte der Insel ausfüllt. Und wie Wasser sich in einem Flußbett breitmachen kann oder sich durch enge Schluchten zwängen muß, abschüssige Hänge hinunterrauscht oder flaches Terrain träge durchfließt, so folgt auch das Eis auf seinem Weg den natürlichen Gegebenheiten – wenn auch unwilliger. Es schrammt und hobelt sich sein Bett zurecht, und wo gehobelt wird, da fallen Späne: grauer Schutt und Geröll werden mit zu Tal transportiert.

Die Fließgeschwindigkeit des Gletschers hängt allerdings nicht allein von der Beschaffenheit und dem Gefälle des Untergrundes ab, sondern auch von seiner eigenen Schwere und nicht zuletzt vom Druck der Niederschlagsmenge, die das Reservoir – die Inlandsschüssel – aufgefangen hat. Es gibt die ganz Schnellen, die sich bis zu dreißig Meter am Tag voranächzen, und jene, deren Schneckentempo kaum auffällt. Aber wer sich ihnen nähert, weiß: Sie bewegen sich doch, und ihre Wanderschaft ist deutlich hörbar. Muß sich etwa die kompakte Masse über eine Felserhebung schieben und das Eis sich zwangsläufig zu einem Buckel wölben, so entsteht eine ungeheure Spannung, die sich schließlich mit lautem Knall, einem Kanonenschuß vergleichbar, entlädt. Das Eis ist gerissen, eine Spalte hat sich aufgetan. Weitere folgen, und jedesmal rollt Geschützdonner durchs Tal. In Vertiefungen dagegen findet der umgekehrte Vorgang statt: Zusammengepreßt fängt der Gletscher an zu knirschen und zu stöhnen. In jedem Fall ist die Wanderung des Riesen ein Kraftakt...

„Da!" stößt Helga hervor. „Hast du gesehen?"

Das Wunder beginnt, das Naturwunder der Geburt eines Eisberges. Durch die bläulich-weiße, wild ausgezackte Abbruchkante geht plötzlich ein Zucken wie bei einer Sprengung, doch ohne

Explosionsknall. Die Säulen, Spitzen und Türmchen erzittern – und dann rauscht eine ganze Kathedrale in die Tiefe. Es scheppert wie im Steinbruch, Eissplitter knistern und klicken, dann ist nur noch ein Plumpsen und Gurgeln zu hören, und der ganze Prachtbau ist weggetaucht. Hat man ihm das Fundament weggerissen, oder war ein unsichtbarer Vorschlaghammer in Aktion? Unvermittelt taucht unsere Kathedrale wieder auf, schwankt und wippt benommen wie ein Stehaufmännchen, als sei sie unentschlossen, welche Position nun am besten einzunehmen ist.

Als mir einfällt, daß ich ja filmen wollte, komme ich nicht mehr dazu. Schon rollen die Kalbungswellen heran, und das Zodiac beginnt ein Hindernisspringen wie auf dem Parcours. Kameras sichern und uns an die Halteleinen klammern ist eins. Um uns herum sprudelt es wie im Sektkelch, und alle Eisfiguren im Umkreis fangen an zu nicken, zu taumeln, zu schwingen. Falls bis jetzt noch nicht klar war, daß Leben im Eis ist – es tritt soeben den Beweis an. Ein kurioses Ballett hat begonnen, und jede der sich wiegenden Phantasiegestalten scheint eine andere Melodie im Ohr zu haben. Es fehlt auch nicht die passende Bühnenbeleuchtung: Tanzfläche, Tänzer und Kulisse werden von gleißenden Strahlen in ein metaphysisches Lichtspiel getaucht, das die Kronjuwelen auf den Zacken aufblitzen läßt und in gläsernen Nischen ein Feuer von tausend funkelnden Brillanten entfacht. Aus der Höhlung aber, die die herausgebrochene Kathedrale zurückgelassen hat, leuchtet ein unvergeßlich klares, transparentes Blau. Eben Gletscherblau. Jetzt weiß ich, was man darunter versteht.

Nach einer Weile erschöpft sich das allgemeine Tanzvergnügen, und auch die Gummiwurst, auf der wir sitzen, schaukelt sich langsam aus. Nach und nach formiert sich die ganze skurrile, weiße Truppe zu einer stummen Prozession, die sich still gleitend den Fjord hinunter bewegt. Der Ebbstrom hat eingesetzt. Diskret schließt sich unser Dingi ganz von allein dem seltsamen Umzug an. Jetzt den Außenbordmotor anzuwerfen, würden wir als taktlose Entweihung eines heiligen Rituals empfinden. So rücken wir lautlos im Kreis der Eisbrocken von der Abbruchkante des Gletschers ab und treiben in ihrem Gefolge davon: ein Bild von würdevoller Gemessenheit. Und wie sich bei einer Wallfahrt die Gedanken himmelwärts zu richten haben, so wandert mein Blick unwillkürlich nach oben. Und ich sehe, daß dies hier nur das Spiegelbild himmlischen Geschehens zu sein scheint: Wie die gleißenden Eissprenkel auf der Wasserfläche des Fjordes, so ziehen kleine weiße Schäfchenwolken über das stahlblaue Firmament. Wie wesensverwandt sie doch sind, vom selben Stoff gemacht und auf ihrer langen Reise einer ständigen Wandlung unterworfen – um eines Tages wieder zu dem Element zurückzukehren, aus dem sie entstanden sind, dem Wasser.

Spät am Nachmittag, flüssiges Gold plätschert an die Pier von Narsarsuaq, machen wir wieder an der SHANGRI-LA fest. Dies war so ein Tag, der alles in dir zum Einklang bringt.

Erik der Rote und sein „Grünland“

Eigentlich wäre es ja nicht uninteressant gewesen, bei dieser Gelegenheit als erstes einige Nachrichten aus der Heimat zu vernehmen. Ich dachte, wir setzen uns zu einem zünftigen Begrüßungsschnack hin und erzählen uns gemütlich, was inzwischen so passiert ist. Aber mit unwesentlichen Dingen hält Kurt sich gar nicht erst auf. Die Frage: „Was tut sich denn Neues zu Hause?" entlockt ihm nur ein zerstreutes „Och, nicht viel..."

Die Heimat ist für Kurt jetzt überhaupt nicht aktuell, und auch unser grönländischer Dorfklatsch, in archäologischer Hinsicht eher unergiebig, da nur die langweilige Neuzeit betreffend, bleibt künftiger Feierabendgestaltung vorbehalten. Kurt hat ganz anderes im Kopf. Ungeduldig dem Flieger entstiegen, der pünktlich auf der Piste von Narsarsuaq ausrollte, kommt unser Normannen-Sympathisant ohne Umschweife zur Sache: „Wann starten wir? Also, wenn's euch recht ist, am besten sofort." Hinreichend gefüttert habe man ihn schon im Flugzeug, und mit dem angebrochenen Tag könne noch eine Menge angefangen werden, denn nach Qagssiarssuk hinüber sei es ja nur ein Katzensprung. Mehr als zwei Wochen seien bei ihm leider nicht drin, und die sollten doch voll genutzt werden, denn wer weiß, wie lange das Wetter so mitspiele wie heute.

„Aha, immer noch der alte!" stellt Helga schmunzelnd fest und

kann sich ein bißchen wohlwollenden Spott nicht verkneifen: „Sind
irgendwelche verfallene Gemäuer in der Nähe, ist Kurt nicht zu
halten. Na, nächstes Mal schmücken wir uns mit Büffelhörnern,
damit wir für dich interessanter werden."

Kurt kann so was ab, zumal er weiß, daß sein Wunsch uns Befehl
ist. So machen wir unverzüglich die Leinen los, um quer über den
Fjord zu verholen. Genau gegenüber von Narsarsuaq liegt die
kleine Schafzüchtersiedlung Qagssiarssuk, die vor tausend Jahren
einmal Brattahlid hieß und von dem Mann gegründet wurde, dessen Name eine Wikinglegende ist: Erik, den sie den „Roten" nann-
ten. Der Weg ist so kurz, daß es nicht einmal lohnen würde, die
Segel zu setzen. Während wir zum anderen Ufer motoren, verstaut
Kurt sein Gepäck in der Kabine, was nur eine Angelegenheit von
Minuten ist. Denn er und seine sieben Sachen haben ihren angestammten Platz an Bord, seit Kurt voriges Jahr in Kanada bei uns
den Fernsehfilm „Mit SHANGRI-LA auf Wikingerkurs" drehte. Damals zu einer Yachtcrew ebenso zusammengewachsen wie zu einem eingespielten Filmteam, kommt es uns jetzt fast so vor, als sei

der Kameramann nur mal eben zu Außenaufnahmen weggewesen. Wie in Labradorzeiten sitzt noch jeder Handgriff. Im Nu ist alles untergebracht, wo es hingehört. Nur Kurts Schießbude – Kameras, Akkus, Stative – bleibt gleich in der Plicht, um ohne Verzögerung in Aktion treten zu können.

Im Angesicht einiger niedriger Farmhäuser, die sich in welligem, grasbewachsenem Weideland verteilen, lassen wir den Anker fallen. Auch ein paar Campingzelte stehen auf der Wiese. Die historische Bedeutung der Gegend offenbart sich keineswegs auf den ersten Blick. Denn Qagssiarssuk gehört heute den vierbeinigen Wollknäueln, die als kleine helle Tupfen die Senken und Hügel sprenkeln und deren sanftes Blöken im leisen Rauschen der Brise die Geräuschkulisse dieser friedvollen, sonnenbeschienenen Szene bildet.

Es läßt sich allerdings leicht begreifen, warum dieses westliche Gestade des Eriksfjords auch nach den Zeiten der Wikinger nahezu ununterbrochen besiedelt war. Dank seiner großen Grasflächen, geschützt von niedrigen, abgerundeten Bergkuppen und durchsprudelt von einem murmelnden Bach, muß dieser Platz – zumindest im Sommer – den Menschen von je her als einladende Oase erschienen sein. Zweifellos ist dies eine jener Stätten, die der Insel aus Eis und Stein zu ihrem sonst wenig einleuchtenden Namen verholfen haben: „Grünland".

Kurt, in seiner wissenschaftlichen Prognose bereits bestätigt, betrachtet zufrieden die Umgebung. Jawohl, so habe er sich das vorgestellt; der Standort sei mit seiner Topographie ganz typisch für nahezu alle Niederlassungen der Normannen. „Die wußten, worauf es ankam: Ein Siedlungsplatz mußte die Ernährung der Viehherden ebenso gewährleisten wie die Versorgung mit Süßwasser. Dazu die flach auslaufende Uferzone, bestens geeignet zum Anlanden der Drachenboote, und die Berghänge als schützende Wand im Rücken…"

Wir schauen uns um. Etwas abseits der Schafzüchtergehöfte, wo die Hügel im Hintergrund steiler ansteigen, sind ein paar bunte Figuren auszumachen, die im Gänsemarsch um irgend etwas herumpilgern. Das müssen Touristen sein, die das Ausflugsboot zwecks Bildungsexkursion hier an Land gekippt hat.

„Da!" ruft Kurt wie elektrisiert. „Wo die Leute sind, da ist es! Seht ihr die Erdwälle?!"

Ich sehe nur Leute. Wir schultern Kameras, Stativ und Taschen mit Zubehör und stapfen über die Wiese dorthin, wo es anscheinend etwas zu besichtigen gibt.

Der Wahrheit zuliebe sei es gleich gesagt: Die Mienen der Ausflügler spiegeln wenig von Kurts Enthusiasmus wider, und auch ich entdecke zu meiner Schande in mir den Kulturbanausen, mangelt es mir doch an der Phantasie, mir auf den unscheinbaren Fundamenten vor uns den Hof des alten Erik vorzustellen. Einige der verwitterten Grundmauern liegen immerhin frei, andere hingegen sind noch unter rechtwinklig verlaufenden Erdablagerungen verborgen – oder dürfen darunter vermutet werden. Ob es nicht sinnvoller wäre, vor dem Filmen erst einmal den Spaten anzusetzen, wage ich vorzuschlagen, aber Kurts Vorstellungsvermögen bedarf solcher Krücken nicht. Ihn bringt völlig aus dem Häuschen, was er sieht. Man könnte meinen, er habe soeben die Residenz des Königs von Grönland in ihrer ganzen Pracht entdeckt. „Guckt mal, hier – hier hat er gewohnt, der Erik. Da wird wohl die Feuerstelle gewesen sein! Und das da drüben waren die Stallungen."

„Wenn du es sagst?" murmelt Helga. „Könnten aber auch Spargelbeete sein..."

Die Touristen verziehen sich bald, nachdem sie die Pflichtrunde um Grönlands normannisches Erbe absolviert haben, womit Kurt freie Bahn vor der Linse hat. „Hier, halt mal das Stativ." Damit bin ich zum Kamera-Assistenten avanciert. Was nun kommt, kenne ich schon. Ergeben folge ich dem Regisseur, der nur so in seinem Element schwelgt, von Einstellung zu Einstellung. Geschäftig über die Erderhebungen hüpfend, peilt Kurt, die Hände vorm Gesicht zum provisorischen Bildausschnitt geformt, seine Szenen mal aus dieser, mal aus jener Richtung an. Ist der optimale Blickwinkel gefunden, ertönt es: „Hierher mit dem Stativ!" oder: „Weg da mit der Tasche!" Mit unendlicher Akribie wird am Objektiv gedreht, ich muß noch ein paar Schafe aus Eriks Wohnzimmer verscheuchen, dann sind die ersten Aufnahmen im Kasten. „Dein Erik", sage ich zu Kurt, „wenn der das hier sehen könnte, würde er nicht die Schafe, sondern uns verjagen."

„Da könntest du recht haben", gibt der Experte zu.

Wenn man der Überlieferung glaubt, muß der ungekrönte Herrscher des kleinen grönländischen Wikingerstaates ein etwas cholerischer Typ gewesen sein. Angefangen hat die ganze Geschichte jedenfalls mit einem ausgemachten Räuberdrama, in dem Erik Thorwaldsson, genannt der „Rote", eine eher unrühmliche Rolle spielte. Als der damals Dreißigjährige im Jahr 982 den väterlichen Hof im Norden Islands verließ, um sein Drachenboot mit unbekanntem Ziel westwärts zu steuern, geschah dies keineswegs freiwillig, obwohl das Leben dort im Drangaland, häufig von Hunger und Not bedroht, zu keiner Zeit komfortabel gewesen sein kann. Der rote Erik aber wurde von den Seinen davongejagt, nachdem er sich, mit einem impulsiven Temperament erheblich belastet, des doppelten Totschlags schuldig gemacht hatte. Zwei seiner Nachbarn waren bei Streitereien auf der Strecke geblieben, wobei der Täter gewissermaßen die Familientradition fortsetzte, denn seinem Vater soll in jungen Jahren ebenfalls zweimal die Faust samt Schwert ausgerutscht sein – mit gleichem Ergebnis. Vielleicht konnte Erik mildernde Umstände geltend machen, denn der Urteilsspruch des Thinggerichts nimmt sich dafür noch recht milde aus: „Drei Jahre Friedlosigkeit", was nichts anderes bedeutete als drei Jahre Verbannung von zu Hause. Das Problematische an dieser an und für sich simplen Justiz bestand darin, daß der Delinquent in Ermangelung eines organisierten Strafvollzugs sich den Vollstreckungsort selber zu suchen hatte. Wohin aber in einer Welt, von deren Gestalt und Ausdehnung niemand eine klare Vorstellung besaß? Der rote Erik sollte dank seiner Verurteilung als Entdecker in die Geschichte eingehen.

Nach mehreren Tagen auf Westkurs tauchte eine düstere, gebirgige Küste vor ihm auf, deren Schroffheit einen Landfall weder erlaubte noch wünschenswert erscheinen ließ. Das Drachenboot geriet in den Ostgrönlandstrom, der es im Geleitzug der Eisberge mit sich südwärts nahm und schließlich um eine Landspitze herum nach Norden drückte: Der einsame Seefahrer hatte das heutige Kap Farvel umschifft und gelangte so an die Südwestküste Grönlands. Hier war das Land zugänglicher. Er fand eine Gegend, die wenn auch nicht ideale Lebensbedingungen, so doch wenigstens gute

Überlebenschancen versprach. Erik der Rote, anscheinend durchaus imstande, seinen notorischen Hitzkopf, der auf dem Atlantik vielleicht abgekühlt war, auch sinnvoll zu gebrauchen, nutzte sein Exil, um methodisch das unbekannte Gelände zu erforschen, indem er Bucht für Bucht mit seinem Boot befuhr und bis tief in das Innere der Fjorde vordrang. Und dort, versteckt im Gewirr der Felseinschnitte und Wasserarme, stieß er auf manche Überraschung: Grüne Täler taten sich auf, abgeschirmt durch hohe Berge und von Flüssen durchzogen, deren Fischreichtum Nahrung im Überfluß sicherte. Als Fischer, Jäger und Vogelfänger habe er sich ernährt, wird Erik später berichten. Berücksichtigt man, daß zu jener Zeit nach Meinung der Wissenschaft ein milderes Klima als heute in Grönland herrschte, so kann es kaum mehr verwundern, welche Folgen Eriks Entdeckung hatte: Nach Ende des dritten Winters kehrt er nach Island zurück – allerdings nur, um seinem Volk in glühenden Worten die Vorzüge seines neuen Landes zu schildern.

Die Wikinger, von den Lebensbedingungen im nördlichen Island alles andere als verwöhnt, müssen sich wohl gedacht haben: Schlimmer kann es nicht kommen. Wie vielversprechend war allein schon der Name, den Erik seiner Entdeckung gegeben hatte: „Grünland!" Prompt wurde unter Führung des rehabilitierten Totschlägers ein Massenexodus organisiert. Fünfundzwanzig Schiffe, beladen mit Rindern und Pferden, mit Werkzeug, Fanggeräten und Hausrat, brachen nach Westen auf. Menschen aller Altersgruppen waren an Bord, vom Kind bis zum Greis. Doch das Nordmeer war nicht allen gewogen – nur vierzehn Boote sollten das verheißene Land erreichen. Etwa siebenhundert Leute gelangten ans Ziel und verteilten sich bald auf zwei Hauptniederlassungen: die Westsiedlung nahe dem heutigen Godthåb und die Ostsiedlung in der Gegend von Julianehab. Erik selbst hatte den Grundstein für seinen Hof an jenem Wasserlauf gelegt, den er ohne falsche Bescheidenheit „Eriksfjord" nannte. Einst verfemt und verjagt, stieg er nun zum uneingeschränkten Oberhaupt seines kleinen Bauernstaates auf.

Doch die allgemeine Ernüchterung ließ nicht lange auf sich warten. Grönland war nicht das Paradies, das Erik seinem Volk versprochen hatte. Wohl wimmelte es tatsächlich an der Küste von fetten, nahrhaften Robben, und auch Fisch gab es in schier unbegrenzter Menge. Aber hatte er auch etwas von acht Monaten Dunkelheit erzählt? Und daß in manchen Jahren ebenso lange Packeis vor der Haustür liegen und die Fjorde unpassierbar machen würde? Das Getreide, das die Wikinger mitgebracht hatten, wollte nicht gedeihen. Bald fehlte es an Brot, an Gemüse, an Holz, an Eisen. So gestaltete sich das Leben auch in der neuen Heimat hart und entbehrungsreich. Umso erstaunlicher, daß dennoch nach wenigen Jahrzehnten die normannische Gemeinschaft mehrere tausend Seelen zählte – christlich bekehrte Seelen, wie die Überreste sakraler Bauwerke belegen. Immerhin vierhundert Jahre lang bewohnten die Nachkommen Eriks und seiner mutigen Pioniergeneration die Insel. Wohin sie dann eines Tages für immer von Grönland verschwunden sind, konnte niemand bis heute enträtseln. Bald nach dem Jahr 1400 verliert sich ihre Spur unauffindbar im Dunkel der Geschichte.

Unser Nachmittag auf Brattahlid ist vergangen, die Sonne neigt sich allmählich den Hügeln zu, deren Schattenrisse länger werden und die Uferzone bald verdunkeln müssen. Ich finde, es reicht mit der Filmerei. Helga, mehr auf Gegenwärtiges denn auf Vergangenes gepolt, hat sich schon auf dem Gelände verkrümelt und mich der Diktatur des Regisseurs überlassen. Wir entdecken sie schließlich bei den Zelten, wo jetzt gegen Abend munteres Treiben herrscht. Gerade ist die Gruppe dänischer Pfadfinder, die hier kampiert, vom Pfadfinden zurückgekommen, und es beginnt im Bannkreis der Historie ein pietätloses Hantieren mit Pütt und Pann. In dieser Form belebt und von menschlichen Wesen bewohnt, gewinnt die Wikingersiedlung für mich schon an Gesicht, aber Kurt kann weder Spirituskocher und Transistorradios als Requisiten gebrauchen noch bestrumpfte Knabenbeine, die dauernd in die Szene rennen.

„Schluß für heute, packen wir ein", kommt sein Kommando.

Es ist sowieso geschafft. Ich wette, von Brattahlid haben wir jeden Grashalm verewigt.

Bischofssitz und Hochzeitskirche

Wer nun jedoch glaubt, Kurts erster Suchtanfall sei damit gestillt, weiß nichts von der Leidenschaft, welche die Archäologie in manchen dafür anfälligen Menschen entzünden kann. „Morgen", gibt Kurt bekannt, noch ehe wir an Bord ganz aus den Anoraks heraus sind, „morgen ist Igaliko dran. Das liegt praktisch gleich um die Ecke."

Aha. „Ich glaube", raunt Helga mir hellsichtig zu, „in der nächsten Zeit müssen wir uns nicht den Kopf zerbrechen, wie wir den Tag verbringen sollen." Tja, das wird dann wohl zwei Wochen so weitergehen...

Für die Nacht dieseln wir einige Minuten fjordabwärts, wo an Backbord eine hübsch runde Bucht auszumachen ist, die sich tatsächlich als angenehmer Schlafplatz erweist – bestens geschützt und dazu mit idealem Ankergrund ausgestattet. Und sie ist auch gleich die günstigste Ausgangsbasis für Kurts zweiten Streich. Das Dörfchen Igaliko, in wikingscher Zeit „Gadar" genannt, liegt zwar am benachbarten, parallel zum Eriksfjord verlaufenden Wasserarm, ist jedoch von hier aus über Land zu erreichen, da die Halbinsel, die beide Fjorde voneinander trennt, eine Schmalstelle von nur einigen Kilometern Breite aufweist.

„Genaugenommen", kommt Kurt ins Grübeln, „mißachten wir

damit natürlich den chronologischen Ablauf der Geschichte …" Gadar nämlich sei erst Jahrhunderte später zu seiner Bedeutung gelangt, als gegen Ende der Normannenperiode das Zentrum der Wikingergemeinde von Brattahlid dorthin verlegt wurde. Aber Helga versichert ihm, daß wir diesen Gedankensprung geistig bewältigen werden.

Beladen mit Kurts Sturmgepäck, marschieren wir anderntags auf Schusters Rappen durch eine wellige, stille Wiesenlandschaft. Es könnte eigentlich wunderschön sein. Kein Hauch bewegt die Luft an diesem Vormittag, schon an Bord hatten wir fünfzehn Grad auf dem Außenthermometer, und hier, wo die Sonne in die grasbewachsenen Senken brennt, muß es entschieden wärmer sein. Nur dummerweise finden an dem Sonntagswetter auch die Mücken Gefallen, die uns erfreut begleiten. Am Ankerplatz ging das bereits los, gleich nach dem Frühstück mußten alle Schotten und Luken sorgfältig mit Moskitonetzen verhängt werden. Verschleiert wie eine Haremsdame liegt SHANGRI-LA in ihrer Bucht, ganz wie einst im nördlichen Labrador. Unsere seinerzeit gesammelten Erfahrungen mit den nordländischen Quälgeistern – gegen sie hilft kein Tupilak – werden an diesem unvergeßlichen Tag nachhaltig aufgefrischt. Meiner Überzeugung nach ist diese Spezies nicht etwa den Insekten, sondern eher der Familie der Vampire zuzuordnen. Für die Moskitos stellt es kein besonderes Problem dar, etwa durch zwei Pullover hindurchzustechen. Unnötig also zu erwähnen, daß unser Marsch nach Igaliko nicht nur aus Temperatur- und Transportgründen ein schweißtreibendes Unterfangen wird. Selbstkasteiungen wie klatschende Schläge ins eigene Gesicht oder Freiübungen wie fuchtelndes Armeschwingen tun ein übriges. Und doch werden Helga und ich (Kurt muß es ja nicht wissen) nachher zu der Ansicht gelangen, daß das Sehenswerteste an Igaliko der Weg nach Igaliko war. Auf den sonnenüberfluteten Weiden explodiert geradezu die ganze Pracht des kurzen Polarsommers. Ein vielfarbiges Meer von Blüten wogt in den Mulden und auf den Hängen. Niedrige Pflanzen, ganz kurzstielig, als wagten sie kaum, die Köpfe allzu hoch in die grönländische Luft zu erheben, tragen überdimensionale Blütenkelche. Der Polarfuchs scheint keine Eile zu haben: gemächlich durch den wildwachsenden Blumengarten stromernd, kreuzt er unseren Weg, friedfertig und anscheinend in paradiesischer Vertrautheit mit zweibeinigen Lebewesen. Eine Nummer für sich sind die Polarhasen, die beim Liebesspiel ein wirres Im-Kreis-Gerenne veranstalten. Vor lauter Staunen vergessen wir sogar die Mücken. Schließlich fällt das Gelände schräg ab, und wir blicken auf den Igalikofjord und einige Dutzend verstreuter Häuschen. Kaum zu glauben, daß in diesem verträumten Dörfchen, das wie ausgestorben wirkt – ebenfalls eine Domäne der Schafzucht – einstmals eine Kathedrale gestanden haben soll. Das alte Gadar, weiß Kurt, war Ort einer veritablen Bischofsresidenz, der ersten Grönlands, von der ihrer Würde angemessenen Ausmaßen. Doch das ist lange her, und der Zahn der Zeit hat ganze Arbeit geleistet. Bleibt zu bemerken, daß wir für den Rest des Tages wieder über Steine und Erdwälle steigen, die nicht wesentlich anders aussehen als die von Brattahlid.

Tag für Tag zeigt uns Grönland sein strahlendstes Gesicht, sanft lächelnd unter einem azurblauen Samthimmel, als wüßte es, daß es in dieser Zeit darauf ankommt, besonders fotogen zu sein. Kurt verleitet dies zu der übereilten Ansicht, die Gegend sei in seglerischer Hinsicht ja „erstaunlich harmlos", auf der Kieler Förde habe er da schon Abenteuerlicheres erlebt. Zu diesem Zeitpunkt weiß Kurt allerdings noch nicht, daß Grönland diesen vernichtenden Vergleich nicht widerspruchslos auf sich sitzen lassen wird. Die Filmerei ist dank der günstigen Umstände zügig vonstatten gegangen, und am Ende der ersten Woche sind Helga und ich, im Schnellverfahren historisch trainiert, mit den Wikingern auf du und du.

Mit der berühmten Kirchenruine von Hvalsey, sieben Meilen südlich von Julianehab gelegen und eine der touristischen Pflichtübungen in Südgrönland, haben wir das Soll erfüllt und sämtliche Hinweistafeln abgelichtet, die hier und dort darauf aufmerksam machen, daß dieser und jener verwitterte Hinkelstein nicht etwa dem Felsen entwachsen, sondern von Menschenhand aufgestellt worden ist.

Die „Hochzeitskirche" von Hvalsey, das muß zugegeben werden, bildet für unsere Dienstreise durch die normannische Epoche wirklich einen würdigen und dazu chronologisch „richtigen" Abschluß. Kein anderes Relikt aus jener Zeit ist auch nur annähernd so gut erhalten. Eigentlich fehlt dem schlichten, rechteckigen, aus flachen Steinen aufgeschichteten Gemäuer, das wie vergessen in einer Gänseblümchenwiese träumt, nur das Dach, um noch als funktionsfähig zu gelten. Durch irgendein Wunder sind diese Steine aufeinandergeblieben, und zum Entzücken der Fachwelt fand sich auch noch ein schriftliches Dokument, das ebenfalls auf wundersame Weise die Jahrhunderte überdauert hat: ein Ehevertrag, der besagt, daß zu Hvalsey im Jahre des Herrn 1408, am 16. September, eine Hochzeit zelebriert wurde – unter Anteilnahme „sehr zahlreicher Gäste".

Was sich anhört wie die Beurkundung eines blühenden Gemeindelebens, ist in Wahrheit der allerletzte Gruß der Wikinger an eine ratlose Nachwelt. Denn nach diesem Datum existiert kein weiterer Hinweis auf die Anwesenheit einer normalen Gemeinschaft auf der Eisinsel. Es ist, als sei die Hochzeit von Hvalsey die Feier gewesen, mit der sich die Wikinger von Grönland verabschiedeten...

Als Helga und ich nun verstohlen aufatmen in der Annahme, wir könnten uns damit unsererseits aus dem Mittelalter verabschieden, da hat unser Kurt noch einen Joker im Ärmel. Gerade stapelt er glückselig lächelnd seine belichteten Filmkassetten, als ihm die Erleuchtung kommt: Das Hauptprogramm hätten wir ja nun unerwartet schnell geschafft, da bliebe direkt noch Zeit für Tasermiut. Tasermiut? Das ist doch unten bei Nanortalik. „Genau!" nickt Kurt und tippt mit dem Finger zielsicher auf seine archäologische Spezialkarte, in der jede hinreichend verdächtige Erderhebung Südgrönlands verzeichnet ist. Eben dort, beim Tasermiutfjord, sei noch ein Symbol für normannische Ruinen eingetragen. „Die nehmen wir auch noch mit", entscheidet der Regisseur. So oft käme er ja schließlich nicht nach Grönland. Und ich schwöre, daß er, vielleicht unbewußt, aber verklärten Auges schon wieder über Stativ und Kamera streichelt.

„Das muß ja ein Monumentalfilm werden, so einer mit Überlänge", sage ich nur und denke, daß immerhin die Richtung stimmt: Südwärts müssen wir sowieso. Und dann stellen wir fest, daß ein Abstecher nach Tasermiut verkehrstechnisch sogar günstig wäre, da Kurt am Wochenende von Nanortalik aus den Helikopter zurück nach Narsarsuaq nehmen könnte. Allerdings ahnt niemand von uns, daß dieser Umstand das einzig Günstige daran sein wird.

Gewiß, ein wenig zweifelhaft erscheint mir die Sache mit Tasermiut von vornherein, ist doch die ominöse Ruinenstätte laut Kurts
Karte nur über den Tasersuaqsee zu erreichen, ein Binnengewäs-
ser, das durch einen schmalen, anscheinend sehr schmalen Wasserlauf mit dem Fjord verbunden ist. Dies läßt immerhin eine
gehörige Prise Naturerlebnis erwarten. Und letzteres soll sich denn
auch in ungeahntem Ausmaß bewahrheiten...

In Tasersuaq: Besucher unerwünscht

Zügig rauschen wir südwärts, und am nächsten Tag liegt die vertraute Kulisse von Nanortalik querab. Falls Nico uns zufällig sehen
sollte, denkt er bestimmt, daß wir uns nun doch ohne Abschied
davonmachen; aber dieser Irrtum wird sich aufklären lassen. Zum
Tasermiutfjord sind es nur noch lumpige 27 Meilen – „klumpige"
Meilen, wie Helga bald treffend bemerkt. Denn mehr und mehr
verdichtet sich das Treibeis, als wir südlich Nanortaliks zur Küste
hin eindrehen. Der Wind weht von Nordwesten, und das Ergebnis
braucht eigentlich nicht zu verwundern: Die Mündung des Tasermiut leuchtet in blendendem Weiß! Die Natur hat einen Riegel
vorgeschoben, ein allem Anschein nach unüberwindliches eisiges
Sperrwerk. Eine Weile lassen wir uns davor treiben und betrachten
die Bescherung.

„Das war wohl nichts", sagt Helga herzlos zu Kurt. „Mir scheint,
jetzt kannst du deine Wikinger endgültig vergessen."

Kurt sagte gar nichts, macht nur ein Gesicht wie 'ne Bildstörung.

„Nun wartet mal", beschwichtige ich. „Manchmal täuscht das
auch. Wir wollen nicht gleich auf muffig machen, ich guck' erst
mal, wie die Sache von oben aussieht."

Mehr als die in der Wildnis versteckten Steinhaufen reizt mich
das navigatorische Problem. So entere ich über die Mastsprossen
auf zu unserer bewährten Lotsenstation, und von der ersten Saling
aus bietet sich schon ein anderes Bild. Ganz so lückenlos, wie es den
Anschein hatte, ist die Eisbarriere nicht. Hier und dort sind dunkel-
blaue Wasserrinnen zu erkennen, die sich im Gewirr der Schollen
verlieren. Eine deutliche, vielversprechende Linie verläuft am linken Ufer.

172

„Vielleicht gehst du mal nach Backbord!" rufe ich der Rudergängerin zu. „Unter Land könnte es möglich sein."

Kurt reckt mir von unten ein Gesicht entgegen, auf dem leise Hoffnung keimt, während vom Ruder her ein wenig begeistertes Brummen kommt: „Also wirklich, alles nur wegen dieser blöden Wikinger... Entschuldige, Kurt, aber deswegen so ein Risiko einzugehen, muß das denn sein?"

Gleichwohl – widersprüchlich ist die weibliche Natur – schiebt sie, anscheinend als Antwort auf die eigene Frage, den Gashebel nach vorn, und Kurt schickt vom Deck ein heimliches Nicken hinauf zu mir.

Vorsichtig nähern wir uns dem Treibeisfeld und schwenken auf das linke Ufer des Fjordes ein. Und siehe da, meine Einschätzung war nicht so falsch: Zwischen Felsen und Eisschollen ist eine Fahrrinne von variierender Breite frei. Unschwer zu erkennen, daß die weißen Klötze hier Grundberührung haben. Es besteht also keine Gefahr, daß sie näher an die Felsen heranrücken und uns in die Zange nehmen.

„Wie tief ist es?" frage ich von oben.

„Das Echolot zeigt zwei Meter fünfzig", kommt es von Helga zurück.

Gut, dann reicht es für unsere 85 Zentimeter allemal. „Okay, wir mogeln uns durch, alles klar?"

„Alles klar", ertönt es unisono von Bug und Ruder. Und ich denke, daß eine gut eingespielte Dreiercrew doch von großem Nutzen ist. Wie oft haben wir diese Situation schon in Labrador geübt: Helga an den Schalthebeln, Kurt als „Echolot" im Bugkorb und ich auf Ausguck in luftiger Höhe. Zeitraubender Anweisungen bedarf es längst nicht mehr, höchstens noch so bündiger Randbemerkungen wie: „Du weißt ja, Kurt: brüllen, sobald dir die Rockies an den großen Onkel stoßen."

„Wird gemacht."

Kurt starrt mit Adleraugen in die Unterwasserwelt, ganz auf die dunklen Felsklumpen konzentriert, ob deren Farbe nicht verdächtig heller wird. Helga, jederzeit auf sein „Haaalt!" gefaßt, hat dann reaktionsschnell die Hebel zurückzureißen und muß gleichzeitig noch das Oberkommando aus der Saling berücksichtigen, wo ich mit der Gestik eines Verkehrspolizisten lautstarke Anweisungen gebe: „Langsam!" – „Ganz langsam!" oder: „Stopp Maschine!" Im Kriechtempo, aber ungehindert schiebt sich SHANGRI-LA durch die schmale Bresche, wobei wir es vorziehen, lieber rechts das Eis ein bißchen zu schrammen als links die Felsen. Und wieder einmal bestätigt sich die Nützlichkeit der bescheidenen 85 Zentimeter, mit denen unser Kat im Wasser liegt. Da sieht man doch wieder, was sich hinter solchen Maßen und Zahlen alles verbirgt: ganze Seglerwelten. Was hat sich uns, allein dank des minimalen Tiefgangs, in den zurückliegenden Jahren schon alles erschlossen: badewannenflache Lagunen und Riffeinfahrten, Inseln und Atolle, die in keinem Handbuch als ankergeeignet erscheinen. Es läßt sich ohne weiteres behaupten, daß wir so manchen Höhepunkt unserer Weltumsegelung einzig dem geringen Tiefgang des Katamarans verdanken, wenngleich ich mittlerweile einräume, daß ein Mehrrumpfboot für Nordlandreisen nicht das Idealfahrzeug ist. Auf den monatelangen Routen durch Nebel, Fels und Eis hat sich bei mir doch die Überzeugung durchgesetzt, daß eine „normale" Yacht, kräftig gebaut – am besten aus Stahl –, die einzig vernünftige Antwort auf die Anforderungen der Arktis ist. So ein starker, stählerner Keil, der könnte sich durch dies versprengte Eisfeld einfach hindurchboxen, allerdings sollte auch er dabei nur wenig Tiefgang haben. Ein Hubkieler schwebt mir da vor... Während ich unversehens angefangen habe, gedankenverloren Bootstypen zu konstruieren, merke ich, daß ich noch oben auf der Saling throne, die Pobacken automatisch mal rechts, mal links belastend, damit die Beine nicht einschlafen.

„He! Pennst du? Du kannst jetzt wieder runterkommen."

Helga hat die Umdrehungen erhöht und steuert zur Mitte des Fjords. Wir haben es geschafft: Das Eisfeld, landeinwärts dünner und dünner geworden, ist hinter uns zurückgeblieben, und nur noch sattes Blau liegt vor dem Bug. Ich schicke mich an, die Lotsenstation zu verlassen, und auch Kurt wird auf dem Vorschiff nicht mehr gebraucht.

„Na, diesmal keine Eiswürfel auf die Gabel genommen"? fragt Helga ganz lässig, aber die Erleichterung steht ihr ins Gesicht geschrieben. Nun ja, es geht wohl auf meine Kappe, daß wir in der

Vergangenheit schon manchmal einzelne Eisschollen ziemlich keck mit unseren Polyesterrümpfen aus dem Weg geschubst haben. Das mochte Helga gar nicht. Ob ich glaube, dieses Boot sei eine Kehrmaschine, mußte ich mich dann fragen lassen. Ich gebe zu, unsere alte SHANGRI-LA könnte manches Lied singen von dem, was ihr schon alles zugemutet wurde.

Wo der Zugang zum Tasersuaqsee zu finden ist, läßt sich unschwer erkennen. Der Abfluß des Sees sprudelt munter zwischen Felsbrocken in den Fjord; dort geht es also hinein. Flußmündungen bedeuten gute Ankerplätze, und in diesem Fall bietet eine strategisch vorteilhafte Ausbuchtung des Fjordufers einen besonders praktischen Parkplatz, wie für uns gemacht. Hier kann SHANGRI-LA als „Basislager" für die Tasersuaq-Expedition zurückbleiben. Problemlos eingeschwenkt auf die beste Position, schon geht der Pflug über die Kante und die Kette rasselt – ein hundertfach praktiziertes Manöver. Doch aus irgendeiner inneren Eingebung heraus will die Bordfrau sich damit heute nicht zufrieden geben. Argwöhnisch blinzelt sie über das von einer mäßigen Brise gekräuselte Wasser, als sei dem Frieden des schon seit zehn Tagen konstanten Schönwetters nicht mehr zu trauen, murmelt: „Ich weiß nicht..." und steckt, reichlich Leine nachgebend, noch den Bügelanker aus, der beinahe ladenneu bei uns herumliegt: eine Maßnahme, die sich als hellsichtig erweisen soll. Als ich dumm gucke, sagt sie nur: „Man kann nie wissen. Wir sind für Stunden weg – und du weißt, wenn es anfängt zu blasen in diesen engen Röhren, dann aus allen Richtungen." Später werde ich mich fragen, ob sie gelernt hat, wie ein Eskimo den Wind zu riechen, bevor er kommt.

Vielleicht habe auch ich an diesem Tag einen lichten Moment, als ich mich entschließe, die Überlebensanzüge hervorzuholen, was Kurt für leicht geprahlt hält; aber soll er nur, allein als Kälteschutz bei Gleitfahrten mit dem Zodiac haben sich die Dinger schon bestens bewährt. Kurt ist inzwischen dabei, das Schlauchboot mit seinem mobilen Filmatelier zu beladen. Es folgen noch die Reservetanks, Tüten mit Proviant, Moschusöl gegen Mücken und was sonst zum Picknick nützlich ist, dann geht es los. Mit 18 PS röhren wir flußaufwärts in die unbekannte, nackte Wildnis am Tasermiut, nicht ahnend, daß diese Sightseeing-Fotografier-Spazierfahrt unseren Kurt weitgehend für das entschädigen soll, das er bislang an „Abenteuer" vermißt hat.

Auf der ersten Strecke ist das Flußbett noch seicht und die Strömung schwach, und wir haben Muße, die karge Landschaft zu betrachten. Doch schon bald nimmt das Gefälle des Wassers deutlich zu, und immer mühsamer stemmt sich das Schlauchboot gegen die stärker werdenden Strudel. Naßgespritzt im Fahrtwind, beginnt Kurt schon zu begreifen, wozu die belächelten roten Spezialanzüge gut sind. Unverzagt auf die Kraft unserer Pferdestärken vertrauend, lassen wir uns erst mal nicht beirren, aber dann schießen uns reißende Stromschnellen entgegen. Letztlich müssen wir klein beigeben. Nein, an ein Weiterkommen zu Wasser ist nicht mehr zu denken. „Keine Chance!" ruft Helga von vorne aus der Gummiwurst und deutet nach links. „Halte aufs Land zu!"

Das Boot wird über die Ufersteine gezogen, und auf dem Trockenen beraten wir, was zu tun ist. Der Blick flußaufwärts läßt es erahnen: Dort kann es kaum besser werden. „Es gibt nur eins", sage ich, „wenn wir weiter wollen, müssen wir treideln, vorausgesetzt, Kurt, es lohnt sich wirklich..."

Natürlich meint Kurt, daß es sich lohnt. Helga wagt zwar noch einzuwenden, diese Gegend – so schwer zugänglich – sei ja nun überhaupt nicht typisch für eine Normannensiedlung, aber Kurt beruft sich auf die Karte, die müsse es ja wissen. Und wenn die Karte recht hat, dann kann es bis zum Tasersuaqsee nicht mehr allzu weit sein. „Na schön", sage ich. „Vorschlag zur Güte: Wir tragen das schwere Zeug voraus bis zum See und holen dann den Rest samt Boot nach."

Keinem fällt etwas Besseres ein, und so wird das Zodiac wieder entladen. Im Handumdrehen stapelt sich die Expeditionsausrüstung auf den Ufersteinen, wir behängen uns wie die Kulis und buckeln los, mit Außenborder, Kameras, Akkus, Stativ... Zum Glück ist es wirklich kein langer Marsch bis zum Seeufer, aber dennoch eine zeitraubende Prozedur. Im Schutz eines Felsbrokkens wird alles deponiert, und wir kehren um.

Nun heißt es treideln wie zu Urväterzeiten. Das Dingi, in dem sich nur noch diverser Kleinkram befindet, wird an die Leine genommen und vom Ufer aus gegen die Strömung geschleppt, was bei diesem rauschenden Wildbach eine kräftezehrende Operation zu werden verspricht. Wir kommen überein, daß zwei ziehen und einer schiebt. Letzteres Los trifft selbstredend den Skipper mit der wasserdichten Verpackung. Helga und Kurt, längs des Flusses stapfend, reißen sich einträchtig die Arme aus, während ich im undurchlässigen Anzug in die hüfttiefen Fluten steige, um der Gummiwurst durch kräftiges Gegenstemmen von hinten nachzuhelfen. Nicht von außen, aber von innen wird es dabei rasch feucht in meinem Futteral, das aus mehreren wasserabweisenden Gewebelagen und einer dicken Wattierung besteht. In dem kalten Wasser fange ich an zu schwitzen, aber auch die beiden Treidler, nach kurzer Strecke tomatenrot angelaufen, verraten bald eine angeschlagene Verfassung.

Ich kann's nicht leugnen: So sehr wie im Moment haben mir die Wikinger in der ganzen letzten Woche nicht gestunken. Wie schön, denke ich wütend, daß dort oben, irgendwo am Rande dieses Sees, eine Belohnung für diese Tortur auf uns wartet: der Anblick ganz außergewöhnlicher Steinhaufen und Erdwälle. Die alten Normannen würden sich an die Stirn tippen, könnten sie diese denkwürdige Wallfahrt beobachten: Da kommen drei Besucher – 600 Jahre zu spät –, und einer marschiert bußfertig, bis zum Bauchnabel versunken, durch den eiskalten Fluß. Heute frage ich mich, waren es vielleicht die Geister der Verblichenen, die an diesem Tag lieber nicht gestört werden wollten?

Mitten in den Stromschnellen passiert es.

Ich werfe mich mit aller Kraft ins Zeug, damit das Schlauchboot einen schäumenden Felsbuckel überwinden kann – und verliere auf den glitschigen Steinen den Halt. Der Länge nach platsche ich in die tosende Flut und drifte sofort flußabwärts. „Wie ein ins Wasser gefallener Marienkäfer", wird Kurt mir später bescheinigen. Es ist idiotisch, aber in diesem Moment, während ich da so hilflos den Bach runtergehe, kommt mir nichts anderes in den Sinn als der Werbeprospekt für meinen schönen, warmen Anzug: „Bis zu sechs Stunden können Sie im Eiswasser mit unserem Survival-Suit überleben..."

So lange will ich es gar nicht erst probieren. Hektisch rudernd wie mit Windmühlenflügeln bemühe ich mich, Boden unter den

Füßen zu finden. Hinreichend mit mir selber beschäftigt, kriege ich nur am Rande mit, daß die zwei anderen das Gummitier mit letzter Kraft ans Ufer zerren. Daß mein Fehltritt gravierende Folgen hatte, dämmert mir erst, als mir aus der Fahrtrichtung plötzlich seltsames Treibgut entgegengeschossen kommt und mich in flotter Talfahrt überholt: ein Bergstiefel, der so aussieht, als ob er Kurt gehört, eine mir bekannte Nylontasche (da habe ich vormittags Proviant reingepackt), sowie ein Fläschchen Musk-oil... Das Dingi, im Augenblick meines Ausrutschers bockend wie ein Muli, hat sich mal kurz zur Seite geworfen und sich seines restlichen Inhalts entledigt.

Natürlich, in wirklich verewigungswürdigen Momenten hat Kurt keine Kamera schußbereit.

Inzwischen haben meine klammen Finger es geschafft, sich an einem Stein festzukrallen. Hilfreiche Arme strecken sich mir entgegen, zerren mich hoch, stolpernd falle ich aufs Trockene. Und da sieht man dann drei Figuren hocken wie die sprichwörtlichen begossenen Pudel, schnaufend und prustend und tropfend. Ansonsten ist es ziemlich still. Von meinem Survival-Anzug (das einzige, was sich an diesem Tag Verdienste erworben hat) perlt das Wasser ab. Ich ziehe das schweißgetränkte Unterhemd aus, in der allerdings abwegigen Absicht, mir damit das Haupt trocken zu frottieren.

„Ferkel", sagt Helga nur, als sie endlich den Mund aufmacht. Und ich stelle fest, daß ich mich selber nicht mehr leiden kann. Kurt wendet sich in betretenem Schweigen der Aufgabe zu, Inventur zu machen mit dem Ergebnis, daß auch der zweite Stiefel weg ist, was bei ihm den Unternehmungsgeist auf den Pegel sinken läßt, der bei mir bereits erreicht ist: null.

Was jetzt? Die noch halbherzig erwogene Idee, das Dingi vielleicht zusammengefaltet zu transportieren, wird mangels Zuspruch fallengelassen. Keiner macht sich mehr etwas vor: Der Tag ist gelaufen. Jeder erneute Versuch würde mit höchster Wahrscheinlichkeit nur das Fiasko wiederholen. Die Forschungsreise ist als gescheitert zu betrachten. Doch nicht genug damit: Während wird da noch bedeppert unsere Niederlage verdauen, wird mir auf einmal schneidet kalt an den feuchten Ohren – es brist auf! Erst jetzt bemerken wird, daß die Sonne, seit Tagen unser zuverlässiger Begleiter, plötzlich verschwunden ist und drohende Wolken aufgezogen sind. Da kommt Bewegung in die geschlagene Truppe. Wir rappeln uns auf, einträchtig beseelt von demselben Bestreben: Nichts wie nach Hause, zurück an Bord! Im Eiltempo wird das Gepäck vom Seeufer zurückgeholt, und als wir an einer seichteren Stelle unterhalb der Stromschnellen alles hastig wieder ins Dingi werfen und den Außenborder montieren, da hat sich der Himmel schon bedenklich verfinstert, und von einer Brise kann keine Rede mehr sein. Es stürmt und heult, und erste Regentropfen trommeln auf die Gummiwülste des Bootes. In Helgas angespannter Miene steht die Frage, die auch mich beunruhigt: Wie sicher ist unser Schiff auf seinem Liegeplatz im Fjord?

Endlich springt der Motor an, und das Zodiac rauscht flußabwärts. Als wir uns der Mündung nähern, hängt eine bleigraue Wand über dem Fjord, die zusehends die Farbe nassen Asphalts annimmt. Böen knallen aus allen Richtungen, Regengüsse wie Peitschenhiebe um sich schleudernd. Und wie hinter grauen Schleiern ist diffus der rote Fleck auszumachen, den unsere Augen angestrengt suchen – allerdings nicht an der Stelle, wo dieser Fleck eigentlich sein sollte.

„Verdammt, verdammt! Als ob ich es geahnt hätte!" explodiert Helga. SHANGRI-LA, von der Strömung und den Böen traktiert, hat ihren Platz verlassen. Der Pflugscharanker war offensichtlich nicht imstande, sie zu halten. Und bis zur Uferkante, an der kurze, steile, aufgeputschte Seen unruhig zerplatzen, ist es nicht mehr weit...

Sofort bricht die Steigerungsform von Hektik bei uns aus. Wir zurren das Dingi an SHANGRI-LA fest und stürmen an Deck wie die Piraten. Während ich die Maschinen starte, wuchten Helga und Kurt den Anker herauf. Natürlich, der CQR hat sich mal wieder als Rasenharke betätigt: Ein dicker, grüner, triefender Pilz, unter dem der Anker nur zu vermuten ist, stößt an die Wasseroberfläche. Und dann merken wir mit einhelliger Verwunderung, daß der ganze Zug des Schiffes auf dem Zusatzanker, dem „Bügel" ruht, den Helga in weiser Voraussicht ausgebracht hatte.

„Mensch", sagt Kurt, „das war jetzt die Lebensversicherung..." Kein Zweifel, ohne den Bügel, der beim Einholen lediglich eine kleine Schaufel Sand mit nach oben bringt, säße SHANGRI-LA jetzt mit knirschenden Kielen in der Brandung. Nicht auszudenken...

Wieso kommen wir erst jetzt darauf, wie brauchbar und nützlich dieses Zubehör ist? (Ab sofort wird der Bügel zum Hauptanker erklärt, und später, nach etlichen bravourös bestandenen Belastungsproben, werden wir uns fragen, wie wir nur jahrelang darauf verzichten konnten.) Aber noch eine Lehre erteilt uns dieser Tag im Tasermiutfjord: Male dir auch die sonnigste und friedlichste Ankerbucht lieber erst unter Katastrophenbedingungen aus – und triff *dann* deine Maßnahmen.

Nun, für uns hat diese trügerische Zuflucht beim Abfluß des Tasersuaqsees jedenfalls allen Reiz verloren. Hier auch noch die Nacht verbringen und kein Auge zukriegen? Das fehlte noch. Aus dem Fjord kommen wir zwar heute nicht mehr heraus, doch es muß ein zuverlässigerer Winkel gefunden werden, falls wir uns nicht umschichtig die Stunden auf Ankerwache um die Ohren hauen wollen. Nach der Karte verspricht nur eine Ecke ein Mindestmaß an Sicherheit: das winzige Fischerkaff Tasiusaq, einige Meilen seewärts am Eingang eines Seitenarms gelegen.

Ohne Bedauern lassen wir den Schauplatz des gerade noch abgewendeten Desasters hinter uns. Der fauchende Ostwind boxt uns geradezu voran, spuckend und mit heftigen Rückenstößen, als sollten wir mit Gewalt aus einem verbotenen Revier verjagt werden. Schon bald ist backbords die Abzweigung in Sicht, in die wir uns hoffnungsvoll flüchten. Und gleich linker Hand kleben hingestreut ein paar wie ausgestorben wirkende, blaue Holzbuden am Berghang, öde, trostlos und im einheitlich verschwimmenden Grau der Felsen und schmutzig-wattigen Regenschwaden aller munteren Farbigkeit beraubt. Nichts bewegt sich in diesem trüben Stilleben, kein Hund ist draußen bei dem Wetter. Aber immerhin – sie haben eine Pier, und das beste daran ist eine mächtige, schräg ins Wasser vorspringende Felsmauer; dieser natürliche Wellenbrecher und Windschutz schirmt den Anleger völlig ab. Kaum zu glauben: spiegelglatt ist das Wasser im Bereich der Pier. Erst fünfzig Meter weiter draußen finden die Fallböen eine Bahn, um sich aus der Höhe auf die Wasseroberfläche zu stürzen, sie zu lauter kleinen Waschbrettwellen zerblasend, die Spritzer spuckend, wie erschrokken nach allen Richtungen davonstieben.

Die Freude über das willkommene Plätzchen schwindet, als die Pier beim Näherkommen gewisse Schönheitsfehler offenbart. Da haben sie nun praktische Autoreifenfender an den Holzplanken angebracht, bloß wer mag wohl auf den sinnigen Einfall gekommen sein, die Drahtseile, die als Befestigung dienen, durch die Reifen hindurch zu flechten? Von rostigem Metall umwickelt, ist die ganze Vorrichtung ziemlich witzlos. Kein Schutzpolster dämpft die Berührung, im Gegenteil, rauhe Stahlraspeln versprechen ein markantes Sägemuster auf der Außenhaut. Wie gut, wenn derlei arktische Originalitäten keinen Unvorbereiteten treffen! Nach eingehender Bekanntschaft mit den Holzpiers der kanadischen Eskimodörfer liegen stets zwei kräftige, lange Holzbretter bei uns an Deck, die im Bedarfsfall noch über unsere eigenen Plastikfender gehängt werden. Sind wir erst dergestalt gepanzert, kann uns kein rostiger Draht etwas anhaben.

Es wird eine passable Nacht, die pfeifenden Windstöße treffen nur die Mastspitze, und die schurrenden Sägegeräusche, mit denen die Pier von Tasiusaq unsere Bretterfender bearbeitet, werden bald zur Einschlafmelodie.

Als wir in der Frühe leidlich erholt Morgenluft schnuppern, trauen wir unseren Augen nicht. Die arktischen Wettergötter, für jede Überraschung gut, haben mal wieder tief in ihre Trickkiste gegriffen: kein Wind, keine Wolken, kein Regen – kein Eis. Still ruht der Fjord, und auch nicht der kleinste weiße Tupfer ziert mehr das sanftblaue Wasser. Das ganze dichte Treibeisfeld, das wir ge-

181

stern noch mit List und Tücke austricksen mußten, hat sich davongemacht, als sei alles nur Spuk gewesen. Ungehindert und mit
ungläubigen Augen tuckern wir in die weite Öffnung der Fjordmündung hinaus, und erst dort draußen, vor der Küste, findet sich
der ganze Eismüll wieder an: wie von einem gewaltigen Besen
säuberlich zu einem länglichen weißen Haufen zusammengekehrt.

Noch am Vormittag biegen wir in die vertraute Hafenbucht von
Nanortalik ein, und da ist das Fiasko unserer Wildwasserfahrt
schon fast vergessen. Kurt, wie immer von der schnellen Truppe,
sortiert schon mal seine Sachen für die Heimreise, wobei die belichteten Filmkassetten wie rohe Eier, was sage ich, wie goldene
Eier gehandhabt werden, bewahren sie doch einen Schatz, den er
in vollen Zügen auf der Leinwand genießen wird: jeden verwitterten Stein, den die Wikinger als sichtbaren Beweis ihrer Anwesenheit in Südgrönland zurückließen. Na ja, fast jeden, bis auf die vom
Tasersuaqsee. Aber wer weiß, meint Helga tröstend, vielleicht gab's
dort gar keine. Und überhaupt müsse man in allen Dingen das
Positive sehen, statt der verlorengegangenen Stiefel zum Beispiel
hätten ja die Kameras in dem gekenterten Schlauchboot liegen
können, nicht? So gesehen, meint Kurt, sei der Verlust nagelneuer
Bergstiefel allerdings der reine Glücksfall.

Morgen also werden wir einen überwiegend zufriedenen Kurt in
den Hubschrauber verfrachten. Und bei seinem nächsten Ausflug
auf der Kieler Förde werden ihm vielleicht die Fjorde Grönlands in
den Sinn kommen – die sich denn doch nicht so ganz mit den
heimischen Revieren vergleichen lassen.

Der røde Bent

Und schließlich ist da ja noch Bent. Bent, der bei allen nur der „røde
Bent" heißt und so aussieht, als sei er der letzte Überlebende der
verschollenen Wikingerhorden. Bent, das lebende Fossil. Es wäre
wahrhaftig eine Unterlassungssünde, ja geradezu sträflich, von
dem Dorf Nanortalik zu erzählen oder gar es zu verlassen, ohne der
zweifellos auffälligsten Figur darin die Ehre zu geben. Den „roten
Bent" kann man nicht einfach unter den Tisch fallen lassen, schon
gar nicht, da er uns an anderer Stelle noch wiederbegegnen wird.

Bent, gebürtiger Festlanddäne, das ist dieses unverwechselbare, irgendwie alterslose Original mit dem flammendroten Punkerkopf, den flammendroten Bartstoppeln und dem flammendroten Fischkutter. Wobei sich über letzteren nicht genau sagen läßt, ob die markengerechte Farbgebung mehr von einem länger zurückliegenden Anstrich oder mehr vom Rost herrührt. Auf dem besagten Kutter wurstelt der Schipper gerade herum, als wir eines Tages vorbeischlendern und umgehend in einen längeren Diskurs verwickelt werden. Denn anders als die übrigen Einheimischen, die in nüchternem Zustand ja nur schwer aus der Reserve zu locken sind, quatscht Bent hemmungslos jeden an. Ach so, die Deutschen mit dem Katamaran, wie's denn so ginge, falls irgendwas benötigt werde, Bent beschafft alles, Unmögliches werde sofort erledigt, Wunder dauern etwas länger.

In der Tat ein rühriger Typ, der hier in keine Schublade paßt. Fischer sei er von Beruf, was sonst? Doch scheint der Fischfang nur eine von vielen seiner Berufungen zu sein. Ich wüßte nicht, welche Klassifizierung dem roten Bent gerecht würde. Mal sieht man ihn auf dem Dach vom Supermarkt neue Dachpappe vernageln, dann wieder hat er in der Fabrik Reparaturen auszuführen. Das Faktotum von Nanortalik ist allgegenwärtig und sein Kutter in ebenso vielfältiger Funktion im Einsatz wie der Eigner. Was auch zu Wasser transportiert werden muß – Bauholz, Ausrüstungsgegenstände, Waren jeder Art – Bent fährt alles. Der røde Bent ist der Hansdampf in allen Gassen – kein Job, den er nicht bereitwillig, aber auch mit Sachverstand übernehmen würde.

„Ohne den", ist Nico überzeugt, „würde bei uns manches im argen liegen. Was der anpackt, das klappt wenigstens, und er packt einfach alles an." So selten auf jemanden hier die Aussage zutreffe: „Er *arbeitet* in Grönland" – von Bent könne man das tatsächlich behaupten. Da ist es nur begreiflich, daß ihm, vielbegehrt wie er ist, keine Zeit bleibt, auch noch an dem Kutter Schönheitspflege zu betreiben. Der mag in Korrosion übergehen, solange er nur funktioniert. Und daß dem Bordklo, das sich wie üblich an der Rückseite des Ruderhauses befindet, noch immer die irgendwann mal herausgebrochene Tür fehlt, ist ja auch nicht von lebenswichtiger Bedeutung.

Niemand, das ist amtlich, hat Bent schon mal anders gesehen als in seiner blauen Arbeitskluft: der Drillichjacke in Maos Einheitslook und der gleichfarbigen Monteurhose, die in besonderem Maß seine unnachahmliche Erscheinung prägt, da ihre Taschen bis an die Grenzen des Möglichen ausgebeult sind. Denn der røde Bent pflegt stets ein umfangreiches Warensortiment am Körper zu tragen, eine Gewohnheit, von der schon mancher profitiert hat. Fehlt dir ausgerechnet am Sonntagmorgen eine Zündkerze für den Außenborder oder ein Dichtungsring von bestimmtem Durchmesser – falls du Bent auftreiben kannst, ist dir geholfen. Was der Mensch so braucht, Bent fördert es aus seinen unerschöpflichen Hamstertaschen zutage: Garnrollen, Isolierband, Schrauben jeden Kalibers, dazu Schraubenzieher, Kombizange und Taschenmesser. Und sein persönlicher Besitz wie Tabakdose, Feuerzeug und Ersatzpfeife haben dazwischen auch noch Platz. Am erstaunlichsten vielleicht, daß jedes gesuchte Objekt ohne Wünschelrute auf Anhieb gefunden wird. Bent, das weiß jeder, ist das wandelnde Ersatzteillager, und einen besonders nachhaltigen Eindruck vermittelt sein Anblick im Profil: Die geräumigen, schweren Beutel unter dem wohl-

184

genährten Bierbauch lassen unwillkürlich an ein Känguruh denken.

Und wenn du Glück hast, setzt dieses Beuteltier mit dem roten Igelkopf sich hin und erzählt einen Schwank aus seinem Leben. Dabei überzieht sich das wie holzgeschnitzte Gesicht mit tausend Schmunzelrunzeln und legt zwei selten vorwitzige Schneidezähne frei, was ihm die Miene eines fröhlichen Sumpfbibers verleiht. Einer der beiden Nager scheint ein wenig kürzer geraten als der andere – wahrscheinlich das lebenslange Werk des Pfeifenstiels, der sich stets in derselben Position befindet. Und die schwielige Pranke streicht behaglich über den fuchsig glimmenden Bart, der genaugenommen nie einer ist, sondern lediglich eine dauernd vernachlässigte Rasur. So alle zehn Tage fällt ihm ein, daß er mal wieder mit dem Messer übers Gesicht schaben sollte, hier und da. Du kannst stundenlang zuhören, wenn der røde Bent etwas zum besten gibt, zum Beispiel den Kurzroman seines Ehelebens. Jawohl, vor rund siebzehn Jahren sei das gewesen, daß er sich getraut habe, und natürlich besteht der Bund fürs Leben immer noch. Nun ja... So ungefähr sieben Jahre seien es indessen, daß einer des anderen nicht mehr ansichtig geworden ist; Bents andere Hälfte wohnt lieber in Dänemark. „Aber darauf kommt's ja nicht an", meint Bent weise. „Hauptsache, uns geht's beiden gut." Scheidung? Ist doch überhaupt kein Thema, zu irgendwem muß ein Mensch doch schließlich gehören, nicht? Ihm jedenfalls genügt, daß es „sie" gibt. Als eingefleischte Stadtmaus, findet der zufriedene Ehemann, sei seine Frau drüben in Kopenhagen viel besser aufgehoben, und: „Hier paßt sie ja auch gar nicht hin." Woraus wohl geschlossen werden darf, daß die Verbindung von schönstem Einvernehmen gekennzeichnet ist.

In den letzten Tagen vor unserer Abreise entdecken wir den brandroten Bürstenschopf irgendwo im Dorf. „So", sagt Bent, „ihr wollt also bald weg? Wer weiß, vielleicht sieht man sich noch mal?" Er selber laufe ebenfalls von Nanortalik aus, morgen schon – „mit 'ner Fuhre Hühner zum Prinzen", womit nur der Prins-Christian-Sund gemeint sein kann.

Wie's der Zufall will, werden wir anderntags Augenzeuge der Verladung seiner Fracht. Wer bei „Hühnern" etwa an Federvieh gedacht hat, irrt sich gewaltig. Bents Hennen, die sich am Vormittag gackernd, scharrend und flatternd auf dem Kutter breitmachen, sind sieben dralle Inuitmädchen. Kichernd und Zigaretten paffend besetzen sie das Deck. „He!" rufe ich dem Käptn zu. „Was veranstaltest du für einen Betriebsausflug?"

Der røde Bent entblößt gutgelaunt die Nagezähne und gesellt sich zu uns. Er stemmt die Hände in die Seiten und betrachtet zufrieden seinen vollgeladenen Kahn. „Tja – was? Das ist Onkel Bents allerliebster Kundendienst!" Dieser Damen-Transfer sei sein Spezialservice für die armen Jungs drüben auf der abgelegenen Wetter- und Relaisstation am Prins-Christian-Sund. Dort arbeite eine kleine Besatzung einsamer Männer, die meiste Zeit des Jahres völlig abgeschnitten von den Freuden dieser Welt. An denen gehe das Leben glatt vorbei. Und darum habe Bents „Hühnerfuhre" schon Tradition. Dann und wann, so zwei- bis dreimal im Jahr, verschifft der rostrote Kutter eine Schar williger Mädchen durch die Wasserstraßen des Südkaps hinüber zur Ostküste, wo in der Einöde am Ausgang des Sunds, wetterumtobt und exponiert, die Station liegt. Zur Erbauung der ausgehungerten Jungs. Und da bleiben sie dann eine Weile bis, sagen wir mal, ein gewisser Sättigungsgrad eingetreten ist.

Prostitution? Was für ein schnödes Wort, dessen Sinn hier sowieso niemand begreifen würde. Wenn es sie denn gibt, die „Insel der freien Liebe" – in der fälschlich gepriesenen Südsee würde man sie vergeblich suchen, aber am Polarkreis kann man fündig werden. „Die Mädels", versichert Bent, „reißen sich jedesmal um den Gratisurlaub. So viele kann ich gar nicht mitnehmen, wie mitwollen. Ist ja auch verständlich, nicht? Die leben da mal ein paar Wochen wie die Maden im Speck." Der Liebesdienst werde nämlich großzügig vergolten. Nicht etwa in Kronen – das wäre nicht der größte Anreiz, sondern in der Währung, die bei den Grönländerinnen weitaus begehrter ist: Sprit. Es darf gebechert werden, was reingeht, bis zum Abwinken. Dazu natürlich Verpflegung und Videos bis zum Erbrechen. Na ja, und den Jungs so nebenbei ein bißchen Freude zu bereiten, sei so unangenehm nicht. „Äh, ich meine", räuspert sich Bent, „beruht ja auf Gegenseitigkeit, oder?"

Auch für ihn, gibt der Organisator zu, sei die Transaktion durch-

186

aus lukrativ. Versteht sich, daß eine Hand die andere wäscht. „Das ist nämlich so", erläutert Bent. „Die haben dort jede Menge Proviant übrig. Kannst du dir nicht vorstellen – Berge! Das können die nie allein aufessen, sie sind direkt froh über einen Abnehmer." Durch irgendeine bürokratische Ignoranz nämlich wird die Sechs-Mann-Station noch immer mit einem Verpflegungssatz beliefert, der ursprünglich für zehn Leute angesetzt war. Infolgedessen stapeln sich in den Lagerschuppen Kartons mit Konserven und säckeweise Reis, Mehl, Zucker, Erbsen und Trockengemüse. „Kann man doch nicht umkommen lassen", meint Bent. Jedenfalls sei das Ganze ein für alle Seiten befriedigender Austausch von Naturalien: „Frischfleisch" gegen Hülsenfrüchte, wenn man so will. Für die „Damen" wie für Bent ist es eine Fahrt ins Schlaraffenland, zumal ihm auch noch der Kutter mit Diesel randvoll gepumpt wird, gratis versteht sich.

Und so sind an diesem Morgen alle richtig aus dem Häuschen, der Damenflor ob seiner Auserwähltheit und der Schipper in der sicheren Erwartung, für die nächsten Monate ausgesorgt zu haben.

Wir stehen auf der Uferböschung und sehen zu, wie Bent die Leinen losmacht. Großes Gewinke, und dann schwenkt der Kutter, grauschwarze Ringe in den Himmel stoßend, zur Hafenausfahrt. Dabei zeigt er uns das Heck – und siehe da, gerade ist der Thron besetzt, das Klo ohne Tür. Aber da den Eskimos nichts Menschliches fremd ist, schert so etwas in Grönland wirklich keinen.

„Imaqua" heißt vielleicht

„Imaqua" sagen sie in Grönland mit Vorliebe, und zwar immer dann, wenn Leute, die englisch sprechen, „maybe" sagen oder andere auf spanisch mit einem stoischen „mañana" abwinken. Imaqua heißt vielleicht, man wird sehen, warten wir's ab, wenn das Schicksal (das Eis, der Sturm) es will, dann komm' ich heute oder morgen oder übermorgen. Und da keine Gemütslage – zumindest auf Weltumsegler – heftiger abzufärben pflegt als diese, die sich in einem gemütlichen „Imaqua" ausdrückt, ist es kein Wunder, daß wir uns mal wieder angepaßt haben.

„Ihr fahrt bald weg?" fragten die Leute.

„Imaqua." Damit ist jeder ins Bild gesetzt, denn alles ist in diesem Wort enthalten, auch unsere uneingestandene Abneigung gegen den Gedanken, das Dorf Nanortalik endgültig zu verlassen. Diverse Anläufe, wenn schon nicht offiziell, so doch wenigstens intern einen Zeitpunkt für unsere Abreise zu bestimmen, bleiben nebulös. Am Wochenende vielleicht? Oder am Montag? Oder doch besser erst Mittwoch? Gäbe es nicht eigentlich noch irgendwas instand zu setzen? Dies und jenes sollte noch eingekauft werden, und überhaupt – der Direktor der Fischfabrik wollte uns noch ein Abschiedsessen geben ... Ach, seien wir ehrlich: Wir haben wieder einmal Wurzeln geschlagen, sind heimisch geworden in einem faden, nichtssagenden arktischen Kaff, das nüchtern betrachtet den übrigen prosaischen Häuseransammlungen auf dieser kahlen, steinigen Insel so ziemlich aufs Haar gleicht. Aber in diesen Häusern leben ein paar Menschen, von denen uns das Abschiednehmen schwerfällt. Abschied, der ständig wiederkehrende bittere Einschnitt, in unterschiedlichen Härteabstufungen zwar, aber ganz schmerzlos selten. (Und in keinem Leben häufiger und für längere Zeiträume geltend als in dem, das sich auf Schiffsplanken abspielt.)

Kein Zweifel, dieses Inseldorf der Fischer und Robbenfänger, der liebenswerten Rauhbeine und konkurrenzlosen Fußballspieler, mit seiner menschlichen Wärme zwischen all dem Eis, ist uns ein Stück Heimatersatz geworden, das aufzugeben schwerfällt. Das versprochene Abschiedsessen bei ‚Direktors‘, einem dänischen Ehepaar mit einem heimeligen Häuschen, macht es uns nicht leichter. Am knisternden Kaminfeuer gibt es köstliche Walfilets zu trockenem Wein und als Geschenk eine kleine Kiste frisch geräucherter Forellen mit auf den Weg. Soll man sich da nicht wohlfühlen? Doch es hilft nichts, die Zeit ist gekommen, uns loszureißen. Der allerletzte Abend, wie könnte es anders sein, gehört Nico. Und dieser Abend soll dann noch einmal einiges über den Haufen werfen – nein, nicht mehr den Starttermin (jetzt bleibt es wirklich beim nächsten Morgen), aber die vermeintlich logische Reiseroute für den Heimweg: von Nanortalik schnurstracks nach Süden, ums Kap Farvel – und ab nach Island.

Nico schüttelt dazu mißbilligend den Kopf und erklärt rundweg, er halte es für eine Schnapsidee, ums Südkap zu segeln: „Kap

Farvel – Mensch, ihr habt Nerven, das ist unser Kap Hoorn! Da könnt ihr in eine verdammt unberechenbare Wetterküche kommen." Meine Entgegnung, auch das echte Kap Hoorn hätten wir einst allen Unkenrufen und seinem zweifelhaften Ruhm zum Trotz recht unbeschadet und gemütlich umrundet, kann ihn nicht beeindrukken. Hier käme schließlich noch das Eis als Risikofaktor hinzu; ums Kap verlaufe nun mal, wie wir wüßten, von Nordosten her die Hauptstraße der Eisberge, was bedeute, daß uns die weißen Brokken dort frontal entgegenströmen. Sich ausgerechnet ins dickste Gewühl der Kolosse zu begeben, das grenze an nautischen Masochismus, ob wir denn so wild darauf wären?

„Siehste", sagt Helga. Und ich kann meine Verunsicherung nicht mehr ganz verbergen. „Ja nun", sage ich, „aber auf die andere Seite der Insel müssen wir, wenn wir nach Europa wollen."

„Logisch." Nico grient hinterhältig. „Aber unsereiner fährt zu diesem Zweck durch den ‚Prinzen'. Wo es nämlich ein Kap Hoorn gibt, da gibt es nördlich davon auch eine Magellanstraße!"

Und schon liegt zu unserer genaueren Unterweisung die Südgrönlandkarte auf dem Tisch: Der „Prinz", mit vollständigem Namen Prins-Christians-Sund, auf dem Papier eine bedenklich bleistiftstrichdünne Linie, die die Südspitze des Landes etwa in West-Ost-Richtung durchschneidet, sei nicht nur – „wie ihr unschwer seht" – eine deutliche Abkürzung und entschieden gefahrloser als das Kap, sondern böte obendrein auch ein großartiges Naturerlebnis. Mein beiläufiger Einwurf, letzteres hätten wir schon, wohin wir gucken, wird ebenso vom Tisch gewischt wie das Kap Farvel: Wer den „Prinzen" und die Ostküste nicht gesehen habe, habe nichts von Grönland gesehen. Verglichen damit sei nämlich der Südwesten hier von geradezu harmloser Lieblichkeit. Mitreden könne erst, wer die Insel auf ihrer anderen, „wirklich dramatischen" Seite kennengelernt habe, wo die Berge gewaltiger und bizarrer, aber auch unvergleichlich schöner seien, weswegen man sich eigentlich Zeit und Muße dafür nehmen sollte. Und folgerichtig fügt Nico hinzu: „Wenn ihr das nächste Mal kommt, machen wir mit meinem Kutter eine richtig schöne Tour die Ostküste hinauf, okay?"

In Ordnung, das ist schon mal geklärt, womit auch gleich jeder

Zweifel an unserer baldigen Rückkehr ausgeräumt wäre. Für Nico versteht sich das jedenfalls von selbst: Einmal Grönland sehen heißt, in seinem Bann stehen und immer wieder zurückkommen. Wer weiß, vielleicht trifft das auch für uns zu . . .

Ja, und als es nun wirklich losgeht, tatsächlich und ohne weiteren Aufschub, da sind wir längst überredet und wissen, daß wir Nicos Rat befolgen werden: Wir nehmen den Weg durch den dünnen „Prinzen". Überzeugt hat mich letztlich Nicos Hinweis auf die Relaisstation Hell's Corner, die als letztmöglicher Anlaufhafen an der Mündung des Prins-Christians-Sundes liegt. Dort bekäme man zuverlässig die aktuellen Wetterinformationen und könne notfalls den Proviant ergänzen sowie eventuelle technische Mängel beheben, womit die Station ein denkbar günstiger Ausgangspunkt für den Atlantiktörn wäre.

„Und falls euch noch 'ne bestimmte Schraube fehlt", grinst Nico, „irgendwo in den Kanälen dort könnt ihr den røden Bent treffen." Der müsse inzwischen seine „Hühner" auf Hell's Corner abgesetzt haben und befände sich vielleicht schon auf dem Rückweg.

Und dann steht Nico auf dem Anleger vor seiner Werkstatt, geradeso wie damals bei unserer Ankunft auf der Pier vor der Fischfabrik. Lang und dürr wie ein Fahnenmast, die Arme verschränkt, darüber ein blonder Schopf, an dem der Wind zerrt. Und doch ist es diesmal ganz anders, denn da ist jetzt das Wissen, die Kenntnis voneinander und, hinter Forschheit und Scherzen versteckt, jenes Quantum Wehmut, mit dem sich Freunde für unbestimmte Zeit trennen. Ob wir uns wirklich wiedersehen werden, bevor die Zeit die Erinnerung und die Gesichter verwischt hat?

Imaqua. Nein: ganz bestimmt. Versprochen.

Achtung, feindliche Barkasse von Backbord!

Der frische Nordost paßt uns jetzt gut, denn das ist der Stoff, aus dem schnelle Meilen sind, Meilen nach Süden. Und außerdem: Strammer Wind in den Segeln und Sonne im Gesicht waren schon immer das beste Mittel gegen Abschiedsmelancholie (oder hausgemachte Verstimmungen) an Bord. Sie lenken die Gedanken nach vorn und bewahren sie davor, an einem toten Punkt oder im Rückwärtsgang zu verkümmern. Nein, dieser Morgen ist gut, um eine Reise zu beginnen, und so haben wir die Tagesetappe gedanklich schon fast bewältigt. Aber leider: gegen Mittag wandelt sich der erbauliche Ausblick. Der Wind, unser umweltfreundlicher Motor, bleibt uns zwar erhalten, doch schiebt er von Osten dichtes Gewölk herauf, das rasch auch das letzte Blau verschluckt und unsere Gutwetterlaune zu vernichten droht. Ehe aber das Stimmungsbarometer dem Luftdruck in Richtung Tief folgen kann, fesselt ein ungewöhnliches Naturschauspiel unsere Aufmerksamkeit: Unwillkürlich schauen wir zu den Wolken hinauf, die sich plötzlich sonderbar zu verfärben beginnen. Auf der mittlerweile geschlossenen Bewölkung zeigen sich Schattierungen, die sonst nur auf der Erde, nicht aber am Himmel vorkommen. Es sind die getreu abgebildeten, gleichsam auf die Wolkendecke projizierten Strukturen der Landschaft, geradeso als klebe dort oben ein etwas matter, stumpf gewordener Spiegel, in dem verschwommen das Abbild einer Landkarte erscheint. Ice-blink nennen die Meteorologen dieses seltene Phänomen der Arktis. Vergleichbares haben wir nur über den Lagunen der Südsee gesehen, deren intensives Türkisgrün manchmal von den darüberliegenden Wolken zurückleuchtet. Doch hier sind die Farben des Spiegelbildes, dem „Original" entsprechend, differenzierter: Hellgrau erscheinen die Reflexe von Fels und Eis, gelblich-braun die von Vegetation bedeckten Flächen, und tiefgrau bis schwarz ist der Widerschein des Wassers: eine einzigartige, überirdische Generalstabskarte in Multivision. Danach zu navigieren wäre allerdings schwierig, wir verlassen uns doch lieber auf die weniger verwirrende und handliche Seekarte, die im Salon auf dem Kartentisch liegt. Sie weist uns den Weg zwischen der Küste und einem vorgelagerten Streifen vieler kleiner, dicht beieinander liegender Inseltüpfelchen, auf deren größtem sogar eine Siedlung verzeichnet ist. Wo die Passage zu Ende ist und das offene Meer beginnt, drehen wir landwärts, um nach Frederiksdal einzulaufen, dem Küstenort, der uns für die Nacht als Unterschlupf dienen soll. In die Bucht gleitend, finden wir die Pier besetzt. Die hier beheimateten Fischerboote sind bereits zur Nachtruhe versammelt. „Guck an", sagt Helga, „in Frederiksdal klappen sie aber früh die Gehsteige hoch."

Wir plazieren uns neben einen Kutter und machen an ihm fest. Feierabend für heute. Die Dorfbesichtigung fällt aus, denn es verspricht ein regnerischer Abend zu werden, von der Sorte, die mehr zu behaglichem Faulenzen verlockt. So bleiben wir häuslich, beschließen, früh in die Kojen abzutauchen, um morgen um so eher aus den Startlöchern zu finden. Und am Abendbrottisch denke ich noch, daß es mir seit Nanortalik so vorkommt, als hätten wir Grönland bereits verlassen, denn irgendwie ist es nicht mehr dasselbe.

Daß wir uns sehr wohl noch in Grönland befinden, beweist uns der nächste Tag allerdings in verschiedener Weise recht plastisch. Schon auf nüchternen Magen fängt es an: Eben schenkt Helga zu grauer Morgenstunde im Salon den Kaffee ein, da wummert neben unserer Bordwand ohne Vorwarnung eine richtig alte Glühkopfmaschine so laut los, daß wir fast die Tassen umwerfen. Wähnten wir doch, in ganz Frederiksdal als erste aufgestanden zu sein, aber den Kollegen vom Nachbarboot haben wohl heute die Hühner geweckt. Noch im Tran, brauche ich einen Augenblick, um zu schalten: Ach verdammt, wir hängen ja fest an dem! Und da Fischer es beim Auslaufen stets außerordentlich eilig haben, springe ich hinaus, um die Leinen einzuholen, denn sonst nimmt der uns noch glatt mit. Und richtig: Kaum von uns befreit, dampft der Kutter davon. Als ich dann Gelegenheit habe, mich umzusehen, erstarre ich entgeistert. Hat doch der Nachbar mit jedem Furz aus seinem rostigen Auspuff eine Ladung schwarzer, glänzender Öltropfen auf unser Deck gerotzt. Mir entfährt ein Fluch, der so unflätig ist wie seine Ursache. Was in mich gefahren wäre, will Helga von drinnen wissen.

„Wir haben Sommersprossen", sage ich verdrossen. „Mach schon mal Wasser heiß."

Vom Täter ist nur noch die Heckwelle zu sehen: Fahrerflucht auch noch, das haben wir gerne. Und so sieht man uns denn (vom Auslaufen gleich nach dem Frühstück ist keine Rede mehr) mit Seifenlappen und Eimern bewaffnet über Deck und Kajütdach kriechen, auf allen vieren. Wenn der Tag schon *so* anfängt...

„Sauhafen!" sage ich laut zu Frederiksdal, während ich zum fünfundzwanzigsten Mal den Lappen mit der schwarzen Brühe auswringe, als hätte ich den Hals des Übeltäters zwischen den

Fingern. „Sauhafen, du siehst uns nie wieder!" (Diese ernsthaft bekundete Überzeugung soll sich in wenigen Stunden als Irrtum erweisen, aber es ist ganz gut, daß ich das jetzt noch nicht weiß.)

Helga findet bald ihren Humor wieder, und ich argwöhne, es ist der Anblick des scheuernden Skippers, der ihre Erheiterung auslöst. Ich sei doch sonst nicht so zimperlich, hält sie mir vor, und: „Du weißt ja, wir sind hier nicht im Yachtklub." Es stimmt: Wer in grönländischen Fischerhäfen nicht auf jedwede Grobheit gefaßt ist, hat selber schuld. Sonntagssegler, die über jeden Fleck und jede Schramme auf dem Hochglanz ihrer Yacht in Hysterie ausbrechen, bleiben ihnen besser fern, den klobigen, verdreckten, autoreifenbewehrten Piers hierzulande und den aluminiumbeschlagenen, ölspuckenden Kuttern, die nun mal keine distinguierten Stegnachbarn sind, sondern robuste Gebrauchsfahrzeuge zum Zweck des täglichen Broterwerbs. (Eine landwirtschaftliche Zugmaschine wird auch anders gehandhabt als ein Maserati.)

„Sieh mal, die Sonne scheint", lenkt Madame schließlich ihren mißlaunigen Matrosen ab, „und jetzt sind alle Spuren beseitigt. Du kannst dich abregen, und wir können los!"

In der Tat lacht uns ein Polarmorgen, der viel zu schade ist, um ihn sich von dieser unerbetenen Ölung vermiesen zu lassen. Der Wind, der gestern die Wolken brachte, hat sie auch wieder mitgenommen. Die Sonne ist früh aufgegangen, und eine Damenbrise haucht von Land zur See. Das ist zwar nicht gerade eine Voraussetzung für Rekordstrecken, aber ein Anblick, der Seglerherzen höher schlagen läßt. Wir setzen alles Tuch, das wir aufbieten können, und verlassen den Ort der Kränkung blitzsauber und in ganzer seglerischer Pracht, sozusagen erhobenen Hauptes. Diese Zurschaustellung nützt uns allerdings herzlich wenig, denn sie dient mehr dem Selbstbewußtsein als der Fortbewegung. Frederiksdal liegt noch nicht lange hinter uns, da stirbt sang- und klanglos auch die letzte süße Brise. „Flau, flau", murmelt Helga, „immer flautiger..."

Nach wenigen Meilen geht nichts mehr. SHANGRI-LA ruht wie auf einem polierten Spiegel, der das Küstenpanorama auf den Kopf stellt und nur durch eine Restdünung weich und wellig verformt: ein Idyll, das zum Dösen verleitet. Noch zögern wir, ob wir nun auf den nächsten Windhauch warten oder selber Gas geben sollen, denn es wäre beinahe ein Frevel, diesen Zauber und Frieden durch das Aufdrehen stinkender, knatternder Dieselmotoren zu entweihen. Doch da – aus heiterem Himmel – wird die Romantik von anderer Seite her abrupt verdorben.

Von den Schären her ist plötzlich ein Röhren zu vernehmen, dessen Verursacher mit anschwellender Phonzahl heranprescht: Ein typisches Inuitboot mit starkem Außenborder fegt mit vollen Touren eine Schaumwalze vor sich her. „Achtung, feindliche Barkasse von Backbord", albert Helga noch, dann kommt der Störenfried, das malerische Spiegelbild brutal zerschneidend, auf eine Art auf uns zugeschossen, daß man unfreundliche Absichten vermuten muß. Drei dunkle Köpfe sind auf dem Boot zu unterscheiden und geben sich alle Mühe, das Dröhnen noch durch Geschrei zu übertönen. Dicht vor unserem Bug geht der Rennfahrer in eine rasante Kurve und beginnt, die Shangri-la in konfusen Kreisen zu umrunden. Sehr witzig. Auf der Stelle tanzen wir Rock 'n' Roll: linker Rumpf hoch, rechter runter, rechter Rumpf hoch, linker runter. Die Fallen schlagen am Mast, im Salon rutscht scheppernd eine Kaffeetasse aufs Sofa. Letzteres Geräusch veranlaßt Helga, wilde Verwünschungen gegen die Scherzbolde auszustoßen. Aber genau das wollen sie wohl provozieren. Die drei Typen, zwei männlichen, einer weiblichen Geschlechts, sind dem Anschein nach hackevoll, schwenken Bierdosen und johlen wie in der Achterbahn. In irgendeiner Disko müssen die von gestern nacht übriggeblieben sein. Blödsinnig, sagt Helga, sich die Spritbirnen bei Hochgeschwindigkeit im Fahrtwind zu kühlen. Muß aber eine Mordsgaudi sein, das

schwindelerregende Kreisen, es wird gejuchzt vor Vergnügen, und wir, in unserer Jahrmarktsschaukel festgeklammert, gucken ergeben zu. Bei solchen Anfällen kann man nur warten, bis sie von allein vergehen.

Es dauert nicht allzu lange, dann kommt die Abkühlung schlagartig und vollkommen. Eine Darbietung, die meines Wissens sonst nur bei Asterix und Obelix geboten wird; im richtigen Leben habe ich so etwas noch nie gesehen: Gerade rasen die drei Krakeeler an unserer Backbordseite vorbei, als es infernalisch kracht – und das Boot sich wie von einer Sprungschanze in die Lüfte erhebt. Wir erstarren und halten unwillkürlich den Atem an. Obwohl alles furchtbar schnell geht, sehe ich das Geschehen noch heute wie in Zeitlupe vor mir ablaufen: Da fliegt der Oberzecher, der vorne saß, wie von einem unsichtbaren Katapult abgeschossen in hohem Bogen über den Bug voraus, verharrt während des Fluges noch in Sitzposition, mit angewinkelten Beinen und Armen, als sei er eben im Begriff, einen Schluck aus der Pulle zu nehmen – bevor er, Fontänen aufspritzend, wegtaucht.

Ein Growler, so ein unscheinbar kleines, aber gefährliches Fragment von einem Eisberg, hat die wilde Hatz aus voller Fahrt gestoppt. Auf einmal ist es so still wie vorher. Das Boot, nach seiner unfreiwilligen Luftreise wieder gelandet, dümpelt in gut dreißig Meter Entfernung, und die beiden darauf verbliebenen Figuren scheinen einen Moment wie betäubt. Doch dann kehren sie ruckartig ins Leben zurück: Zwei urplötzlich ausgenüchterte Eskimos fangen an, verzweifelt am Außenborder zu reißen, aber der sagt nichts mehr. Propeller und Schaft haben die Kollision nicht überstanden. Ihre panischen Bemühungen, den dritten Mann zu retten, scheinen allerdings überflüssig. Der Comic-Held ist schon dabei, das selber zu erledigen. Denn man staune, wenn es unbedingt und zum Überleben sein muß, dann können sie offenbar doch schwimmen, die Grönländer. Zwar in einer Stilvariante, die international in keinem Wettbewerb vorkommt, aber Hauptsache, sie bleiben über Wasser. Dem unfreiwillig Badenden jedenfalls gelingt es, sich mit hektischen Schlägen, paddelnd und schaufelnd, vorwärts zu bewegen. Diese Disziplin sieht jedoch ziemlich kräfteverschleißend aus, und ich bin nicht sicher, ob der alkoholisierte Kampfschwimmer im eiskalten Wasser sein Ziel erreichen wird. Helga schimpft zwar noch, diese Idioten hätten selber schuld, aber vorsichtshalber rollen wir doch schnell die Genua ein, werfen die Maschinen an und starten zu einer Hilfsaktion. Unnötig, der Eistaucher schafft es tatsächlich allein. Als wir das Boot erreichen, zerren die zwei ihren verlorengegangenen Spezi schon am Hosenbund wie einen nassen Sack über die Kante. Wie tot fällt er auf die Bodenbretter, von dem Mädchen und seinem Kumpel ratlos betrachtet. Im nächsten Moment jedoch gibt der Ertrunkene deutliche Lebenszeichen. Ganz allein rappelt er sich auf und hängt den Kopf über die Bordkante. Es folgt ein Geräusch wie von einem Walroßbullen in der Paarungszeit, dann ergießt sich in hohem Bogen in den Atlantik, was ihm zuvor geraubt worden war. Das heißt... Rein mengenmäßig halte ich es für unwahrscheinlich, daß ein Mensch bei der kurzen Paddelei dies alles herunterschlucken konnte, und auch die Farbe spricht dagegen. Derart trübe sind die Gewässer von Grönland nicht.

„Ich glaube", sagt Helga trocken, „bei dem ist jetzt der Carlsbergtank geplatzt." Und dann stellt sie noch einige Überlegungen an, wie durchschlagend doch die ernüchternde Wirkung von Eisstücken sei – ob im Beutel auf die Stirn gelegt oder als kleiner Klumpen an der richtigen Stelle im Wasser.

Nachdem der Flugakrobat sich ausgekotzt hat, hocken die drei Havaristen mit hilflosen Gesichtern in ihrem manövrierunfähigen Kahn und geben nichts als betretene Blicke von sich. Was können wir da anderes tun, als uns ihrer zu erbarmen? Ich werfe dem durchnäßten Fahrtenschwimmer einen Parka ins Boot – und die Schleppleine hinterher, die sie dankbar ergreifen. Wenn Helga auch meint, es würde ihnen ganz recht geschehen, jetzt nach Hause zu paddeln, vom pädagogischen Standpunkt aus ist es der Buße genug. Und so kommt es, daß SHANGRI-LA als Seenotrettungskreuzer, mit drei jämmerlich verkaterten Eskimos im Schlepp, noch einmal in Frederiksdal einläuft, in diesem Kaff, das ich nie wieder eines Blickes würdigen wollte.

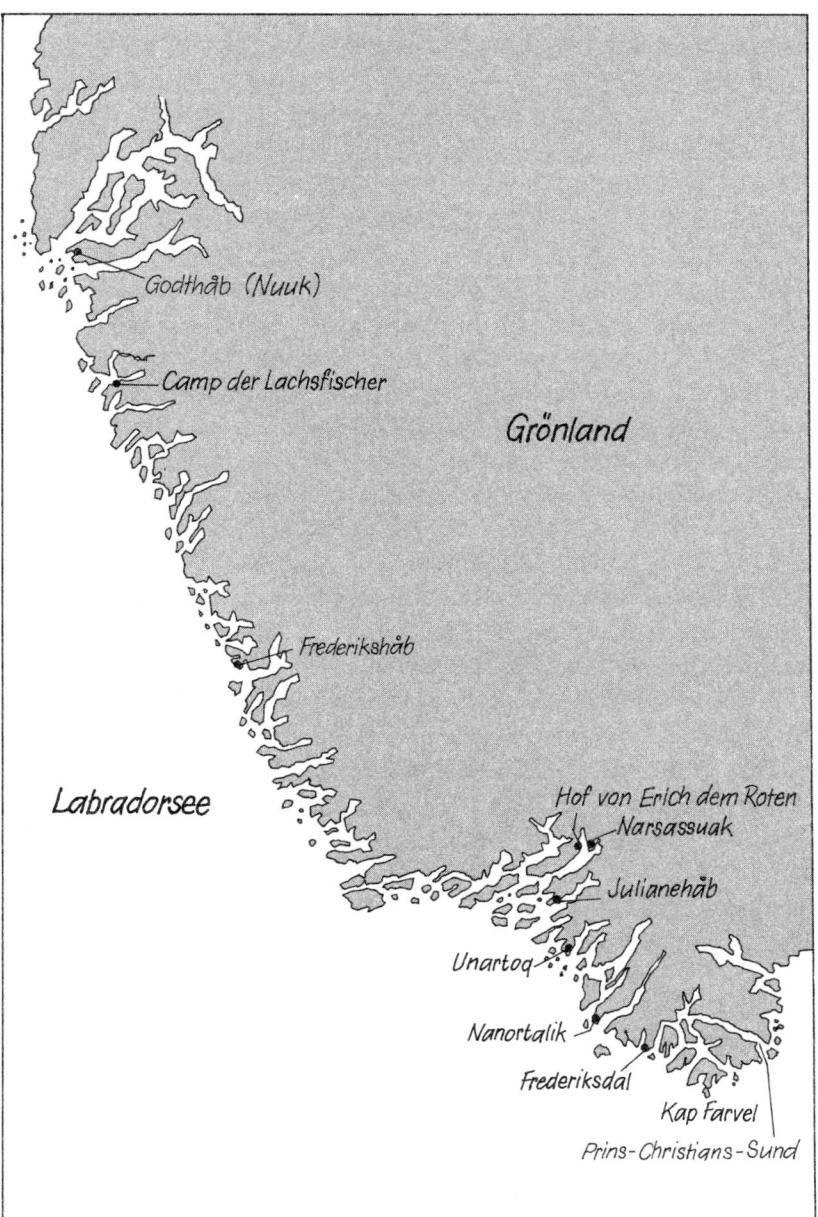

Godthåb (Nuuk)

Camp der Lachsfischer

Grönland

Frederikshåb

Labradorsee

Hof von Erich dem Roten
Narsassuak

Julianehåb

Unartoq

Nanortalik

Frederiksdal

Kap Farvel

Prins-Christians-Sund

Vom „Prinzen" beschützt,
vom Atlantik gebeutelt

Nico hat mal wieder recht gehabt. Wenige Stunden, nachdem wir von Land umzingelt sind, freuen wir uns, seinem Rat gefolgt zu sein. Anders als die meisten Fjorde, die üblicherweise an ihrem inneren Ende verschlossene Sackgassen sind, bilden die Schluchten, welche den Südzipfel Grönlands kreuz und quer zu lauter Inseln zerschneiden, ein verzweigtes Netz ineinandergreifender und miteinander verbundener Kanäle, so daß sich das Land in seinem äußersten Süden auf Binnenwasserwegen durchqueren läßt.

Bald hinter Frederiksdal, wo wir drei kleinlaute Inuit sich selbst überließen, sind wir in den Torssuaktak-Fjord abgebogen – um einzutauchen in eine Landschaft, deren Großartigkeit uns mehr und mehr überwältigt. Immer mächtiger, immer schroffer werden die Felstürme, die auf uns herabblicken; aus unserer Wasserflohperspektive scheinen sie den Himmel zu berühren. Kolossale steinerne Mauern ragen tausend Meter hoch aus dem Wasser, erheben sich gebieterisch und unangreifbar wie uralte Zwingburgen über unseren Köpfen: eine wilde, urwüchsige, unwegsame Szenerie, in der wir – eingedenk Nicos Vergleich mit Kap Hoorn – tatsächlich Ähnlichkeiten mit Feuerland und dem grandiosen Labyrinth der patagonischen Kanäle finden. Landschaftsbilder von solcher Intensität und Dominanz prägen sich unauslöschlich ein; vielleicht saugen wir sie hier um so bewußter in uns auf, weil uns klar ist, daß wir den Reiz einer Hochgebirgskulisse hinter unseren weißen Segeln kaum so bald wiedererleben werden.

Etwa fünfzig Meilen im Landesinneren, unweit der Abzweigung zum „Prinzen", liegt der kleine Naturhafen Augpilagtoq, von dem wir uns einen sicheren Ankerplatz versprechen. Wie sich zeigt,

liegen wir hier zwar sicher, aber leider auch sehr ungemütlich. Die ganze Nacht ruckt SHANGRI-LA unruhig an den Leinen, wenn eine Fallbö von den steilen, nackten Felswänden auf uns herunter-faucht. Gequält liegen wir Stunde um Stunde zwischen Wachen und Dösen und horchen auf den Ablauf der immer gleichen Melo-die: Mit einem satten Summton im Rigg fängt es an, schwillt schnell an zu einem durchdringenden Heulen und Pfeifen, um wiederum zu einem tiefen Brummen abzufallen. Und spätestens das ist der Moment, in dem der Stoß erfolgt, der uns in der Koje zusammenfahren läßt – gerade so, als lägen wir im Schlafwagen, ständig malträtiert dadurch, daß immer noch weitere Waggons gefühllos rempelnd an den Zug gekoppelt werden. Seufzend wäl-zen wir uns von einer Seite auf die andere, um irgendwann in einen unerquicklichen Halbschlaf zu fallen.

Gegen Morgen prasselt Regen aufs Deck. Helga steht auf und klappt geräuschvoll die halbgeöffnete Decksluke zu – womit die Nachtruhe, die eigentlich sowieso keine war, endgültig vorbei ist; nochmaliges Einschlafen will nicht gelingen.

„Kaffee, Alter?"

Es ist fünf Uhr. „Meinetwegen."

Fröstelnd vor Übernächtigung, mit Gesichtern so fahl wie das Morgengrauen, hocken wir am Tisch und versuchen, dem reichlich frühen Frühstück die Energie abzugewinnen, die uns die Nacht geraubt hat.

„Wie siehst du das?" fragt sie, und natürlich fragt sie nur der Form halber. „Fahren wir gleich weiter, oder willst du hier noch einen Tag gammeln?"

Das fehlte gerade, noch so eine Nacht! Es herrscht Einigkeit, daß Augpilagtoq für uns kein Platz zum Verweilen ist. Zudem scheint es sich in diesem Winkel jetzt richtig einregnen zu wollen, und wer weiß, ob nicht vielleicht ein paar Ecken weiter der schönste Sonnenschein lacht? Derartige Überraschungen sind hier nichts Ungewöhnliches. Mit dieser vagen Hoffnung zeigen wir Augpilagtoq beim ersten Hahnenschrei die Heckwelle, und die verschlafenen Holzhäuschen verblassen bald hinter Regenschleiern. Das arktische Wetterwunder aber findet diesmal nicht statt. Im Gegenteil, je weiter wir vorstoßen ins Innere des Fjordnetzes, um so fürchterlicher wird es. Dann liegt vor uns die Einbiegung zum Prins-Christians-Sund, dem „Prinzen", und das, womit Seine Hoheit aufwartet, kann man nur als die höchste Steigerungsform von Sauwetter bezeichnen.

Drohend dunkle Wolken hängen tief in der Schlucht, und pfeifende Orkanstöße dreschen uns waagrecht eine Suppe aus Wasser und Hagelbrocken entgegen. Der „Prinz" benimmt sich wie ein Windkanal, ein finsterer, nasser Tunnel, dessen düstere, wie Steinkohle glänzenden Steilwände himmelwärts in schmutziggrauen Schwaden verschwinden. Ich frage mich, ob das Kap Farvel so viel schlimmer hätte sein können. Immerhin hält sich der Eisgang in Grenzen. Zwar schickt die Inlandeiskappe ihre Ausläufer hier und da bis an den nördlichen Rand der langen Schlucht, so daß viele Gletscher in den Sund kalben, doch bleiben wir davon an diesem Tag weitgehend unbelästigt.

Es reicht auch so. An Segeln ist natürlich nicht zu denken. Nur unter Maschine, mit den 100 PS beider Motoren, stampfen wir durch die kurze, steile See, und die Gischt fliegt von beiden Rümpfen nur so weg. Wieder einmal kommen die Überlebensanzüge zu Ehren. Manchmal ist das Rundum-Ölzeug wirklich unbezahlbar. Darin kann man sogar unter diesen kalten Dauerduschen am Ruder stehen – und bleibt so trocken wie ein Helmtaucher. Um auch noch geradeaus gucken zu können, habe ich meine Montur sehr sportlich durch die Taucherbrille ergänzt. Wahrscheinlich glaubt mir das zu Hause keiner: Rudergänger mit Taucherbrille. Aber ich kann die Maßnahme nur empfehlen.

Zwischendurch geht die Luke auf, und Helgas Gesicht erscheint in der Kaffeeklappe: „He, Michelin, Suppe fassen!"

Der „Michelin" bin ich immer, wenn ich in meinem Überlebensoverall herumtapse. Sie behauptet, ich sehe darin dem Reklamemännchen der bekannten Reifenfirma zum Verwechseln ähnlich. Die Hühnerbrühe, die sie mir herausreicht, scheint noch im Becher zu kochen, ich spüre die Hitze durch die gepolsterten Handschuhe hindurch. Schluck für Schluck strömt sie geradewegs in die Füße. Das tut gut.

„Wie fühlst du dich da draußen?" fragt Helga.

Wie im Rohr einer Luftpumpe, sage ich, in dem mir einer stoßweise und rasselnd Luft entgegenpufft, was mir (wie widersinnig) fast den Atem nimmt. Meile um Meile dampfen wir durch den Schlauch voran. Auf halber Strecke wird es ein klein wenig besser, dann und wann legt der Wind eine Atempause ein, und in solchen Augenblicken kann man schon fast wieder daran glauben, daß irgendwo da oben hinter dieser undurchdringlichen Waschküche blauer Himmel sein könnte. Und man stellt fest, daß selbst der klimatische Mißstand der Landschaft eigentlich nichts von ihrer Schönheit nehmen kann: Sie ist da, man muß nur hinschauen. Viele Wasserfälle gibt es hier, die zu beiden Seiten der Schlucht aus großer Höhe herunterstürzen, silbrig-weiße Lamettafäden, die von den Böen zu feinstem Staub zerblasen werden. Der Wind ist stärker als die Schwerkraft. Kaum eine der Kaskaden erreicht aufspritzend das milchige Fjordwasser in der Tiefe. Nicht selten wirbelt der Aufwind an den Wänden das Wasser wieder hoch, so daß es in feinstgesponnenen Tröpfchenschleiern vor den schroffen Felskanten hängt. „Guck mal raus", rufe ich die Bordfrau, „hier fallen die Wasserfälle nach oben!"

Doch, er ist wirklich sehr schön, der „Prinz", einmalig und gewaltig. Wahrscheinlich haben wir nur nicht seinen besten Tag erwischt.

Mit der Kiste aufs Hölleneck

„Ich glaube, da vorn ist etwas Rotes, oben auf dem Berg – und unten auch", sagt Helga und weist dickbehandschuht über das Kajütdach in die diesig graue Luft, die uns kalte Spritzer ins Gesicht schleudert. Hinter Fetzen von Dunst- und Regenschleiern verschwimmen die granitdunklen Felswände. Wild und einsam, ohne die Farben menschlichen Lebens war die Landschaft seit Augpilagtoq, dem letzten winzigen Binnenhafen. Öde – und doch großartig in ihrer eigengesetzlichen Urwüchsigkeit. Jetzt weichen die schrundigen Steilwände langsam zurück, und gerade voraus, schon zu erahnen, liegt die Mündung ins offene Meer. Wo der schlauchdünne Sund sich an seinem Ostende zum Atlantik hin öffnet, muß es an Steuerbord liegen: Ikerasassuaq, wie die Eskimos sagen, oder Hell's Corner, Hölleneck, das für uns die allerletzte Ecke von Grönland sein wird. Schon hier, noch im Schutz der Berge, begreifen wir, wie dieser äußerst exponierte Punkt sich seinen Namen eingehandelt hat. Immer heftiger peitschen uns frostige Böen von See her entgegen, feuchtkalte Preßluftstöße, die sich im Trichter der Sundmündung komprimieren. Von einer starken Strömung gezogen, winden sich Schlangen von Treibeis durch den Sund.

Wir sind ehrlich froh, daß es hier noch einen letzten Vorposten, eine Bastion der zivilisierten Welt gibt, deren Beistands wir uns bedienen können vor dem rauhen Atlantiktörn. Unser Auspuff macht Sperenzchen, und das seit kurz nach Nanortalik, allen gründlichen Überholungsarbeiten zum Trotz. Aber das ist nun mal Fahrtenseglers Los: Es gibt wohl keine Yacht, jedenfalls habe ich noch keine gesehen, auf der einmal überhaupt nichts zu reparieren wäre. So haben wir einen Grund mehr, Hell's Corner anzulaufen. Wenn die Station so gut ausgerüstet ist, wie alle sagen, dann bietet sich dort bestimmt Gelegenheit, noch einige Mängel zu beheben.

Helgas Adlerauge hat sich nicht geirrt. Die roten Tupfen rechts verlieren beim Näherkommen den Grauschleier und gewinnen geometrische Konturen. Die hoch oben auf der Klippe sind die Gebäude der Relaisstation, garniert von viel Technik – Antennen jeder Bauart recken Arme und Parabolspiegel in den Himmel. Unten an der Wasserlinie werden große Lagerschuppen erkennbar, und der rote Fleck davor, bei der Steinpier, das ist kein anderer als – der røde Bent! Oder besser gesagt: sein rostiger Kutter. Er ist also noch hier, der urige Knabe, das Beuteltier – und seine Mädchen demnach auch. Der feurige Punkerkopf ist zwar nirgends auszumachen, dafür warten aber am Anleger, leuchtend wie Mennige, schon zwei Mann, die wir nicht kennen, die aber gleich hilfreich die Leinen übernehmen und uns grinsend entgegentreten: das Empfangskomitee der Station. Die Buschtrommeln scheinen so gut zu funktionieren wie überall dort, wo es besonders wenige Menschen gibt und diese daher besonders aufeinander angewiesen sind. Die Nachricht unserer baldigen Ankunft ist uns über Funk vorausgeeilt. Schließlich laufen hier, in diesem Antennenwald da oben, alle Informationsfäden zusammen. Die zwei Dänen, bestens orientiert, begrüßen uns mit den Worten: „Hallo! Gute Fahrt gehabt von Nanortalik? Willkommen auf unserer Festung. Wollt ihr gleich mal mit raufkommen?"

Warum nicht? Wir legen die Köpfe in den Nacken.

Eine solide Treppenkonstruktion führt auf das Bergplateau, Hunderte hölzerner Stufen, unterbrochen und gestützt von mehreren Plattformen, wo die Formation des Felsens es anbietet. Allerdings sollen wir erfahren, daß die Bewohner von Hell's Corner diesen Zugang anscheinend für den Notfall schonen. Zumindest werden wir während unseres Aufenthalts nicht erleben, daß einer diese Himmelsleiter mühsam erklimmt. Es gibt nämlich eine bequemere Einrichtung, die Gipfelhöhe zu erreichen: Direkt bei den Lagerschuppen an der Pier ist eine Seilbahn installiert, eigentlich ein Materiallift, eine große, offene Holzkiste, um Proviant oder Ausrüstungsgegenstände vom Anleger auf die Station zu befördern. Und ein zentral plaziertes Warnschild beweist, daß die Sicherheitsvorschriften für derlei Transportmittel hier nicht anders lauten als überall sonst: „LASTENAUFZUG! Tragfähigkeit max. 400 kg. FÜR PERSONEN STRENGSTENS VERBOTEN!" Um niemanden in Versuchung zu führen, befindet sich der Schaltknopf zum Inbetriebsetzen der Bahn an der Wand des Lagerschuppens – so weit entfernt, daß er auch mit den längsten Teleskoparmen von der Kiste aus nicht zu betätigen ist.

Wie mit diesem Appell an die menschliche Vernunft in der täglichen Praxis umgegangen wird, zeigt sich, als wir sehr freundlich und ganz selbstverständlich aufgefordert werden, doch schon mal in der Kiste Platz zu nehmen. Einer der beiden Dänen steigt gleich als erster ein. Helgas Miene drückt aus, was ich denke, aber natürlich trauen wir uns nicht, Einspruch anzumelden. Man ist ja nicht feige, und anscheinend funktioniert die Sache normalerweise. Gewichtsmäßig müßte sie zu vertreten sein, über den Daumen gepeilt bringen wir vier Figuren zusammen keine 400 Kilo auf die Waage. Unklar ist mir nur noch, wie das Gefährt sich in Bewegung setzen läßt, wenn wir alle auf einmal hinauf wollen. Doch die Frage beantwortet sich sofort: Der Letzte drückt den Knopf an der Schuppenwand, rennt im Schweinsgalopp hinter der Kiste her und springt auf, bevor sie die Steilwand erreicht. Hat man's geübt, klappt das ganz wunderbar. Und sie haben es geübt: „Keine Bange", sagt der eine gemütlich, „das machen wir immer so."

Etwas zugig geht es ja zu in dem offenen Behälter, der Seewind haut aufs Trommelfell und läßt die Drahtseile singen. Aber dafür erspart man sich den schweißtreibenden Aufstieg und wird noch mit einem grandiosen Weitwinkelpanorama belohnt. Einfach toll die Perspektive: Tief unter uns, am Ende des Seils, wird die Pier mit den roten Spielzeugschiffchen rasch kleiner, winzig liegen SHANGRI-LA und der Kutter nebeneinander. Und dahinter, im Strom des Sundes, die Eisberge und die weit auseinandergezogenen Treibeislinien. Jetzt noch blauer Himmel – und es wäre ein Polartraum wie im Bilderbuch.

Oben mit heimlicher Erleichterung dem etwas zweifelhaften Transportmittel entstiegen, empfängt uns ein ganzer Komplex schachtelartiger Gebäude, die allesamt von hölzernen Laufstegen umgeben und miteinander verbunden sind – das landesübliche Hilfsmittel, um im Winter die meterhohen Schneeverwehungen zu überwinden. Kaum auszumalen, wie es hier oben zugeht, wenn brüllend die eisigen Stürme heranfegen, denen die Quartiere und Gerätehäuser auf dieser „höllischen" Klippe schutzlos standhalten

204

müssen. Die Relaisstation von Hell's Corner ist für die Insel in der Weltferne des Eismeeres die Nervenzelle, die ihre Rezeptoren nach Europa ausstreckt. Was der Kontinent über UKW und Fernsehwellen mitzuteilen hat, von dieser Zwischenstelle aus wird es landesweit an die Empfänger weitergeleitet. Sie ist das Ohr, mit dem Grönland über den Atlantik lauscht. Und für uns Nordmeerfahrer ist sie noch viel mehr: eine Oase in der Wüste.

Lars, der Boss des Teams, und seine fünf Männer sind zu unserem Erstaunen ganz und gar auf die Bedürfnisse von Yachtbesatzungen eingestellt. Etwaige Wünsche brauchen wir kaum zu äußern – sie wissen schon Bescheid. Woher diese Sachkenntnis? „Ja, weißt du", erklärt Lars, „von unserem Bent mal abgesehen – wer findet denn schon den Weg zu uns? Wenn wir überhaupt Besuch kriegen, dann von Seglern. Und das kennen wir schon: Die möchten immer als erstes die Werkstatt sehen, wenn sie mit dem Duschen fertig sind. Ich nehme an, ihr auch?"

So ist es. Und sie übertrifft unsere kühnsten Erwartungen. Man sieht es der Ausstattung auf den ersten Blick an: Sie ist so gewählt, daß die Station in allen möglichen technischen Notfällen allein zurechtkommen kann – und nicht hilflos ist, wenn Wetter und Eis den Beistand von außen, zu Wasser oder aus der Luft, vereiteln. Es fehlt an nichts. Eine Drehbank haben sie und alles, wovon der fortgeschrittene Heimwerker sonst noch träumt. Auch Schweißarbeiten sind möglich, deshalb wird es kein Problem sein, hier unseren Auspuff zu reparieren. Und da fällt mir auch unser nicht mehr ganz intakter Wellengenerator ein, für dessen Reparatur in Nanortalik leider die Voraussetzungen fehlten. Hier ließe sich das machen – wenn man darf? „Selbstverständlich", nickt der Chef, „bedient euch, die Werkstatt steht euch zur Verfügung." Eine Aufforderung, der ich gleich morgen früh nachkommen werde.

Sechs einsame Lebenskünstler

Am Abend machen wir Bekanntschaft mit dem ganzen Trupp. Nach und nach trudeln alle zur Feierabendgestaltung in der „guten Stube" ein, dem Klubraum der Station, der mit ausgesuchtem Komfort – es gibt eine raumbeherrschende Bar, Poolbillard und eine gemütliche Fernsehecke – den sechs Männern über vieles hinweghelfen muß: Einsamkeit, Langeweile, Frust.

Zur Zeit dient diesem Zweck natürlich auch Bents siebenköpfige Damenriege. Hier und da sieht man ein Inuitmädchen sich in den Ecken herumdrücken, nicht selten mit einer Buddel bewaffnet. Aber es hat den Anschein, als ob das gegenseitige Interesse bereits abflaue.

„Wie lange bleiben sie denn hier, eure Unterhaltungsdamen?" kann ich mir nicht verkneifen zu fragen.

Der Stationsleiter wiegt schmunzelnd den Kopf. Ach, das sei verschieden. Es käme ganz darauf an, wie lange es dauert, bis sich bei den ersten Mädchen der Lagerkoller bemerkbar macht. Dieser kündige sich meist damit an, daß zwei oder drei Damen sich zu prügeln beginnen. Erste lautstarke Handgemenge, sagt Lars, seien ein untrügliches Zeichen, daß es Zeit werde, die ganze Bande an die Luft zu setzen.

„Und deine Crew hier – kriegt die sich nicht in die Haare?"

„Wegen der Mädchen? Ach wo, keine Spur." Bent bringe ja immer mehr Damen mit, als Männer auf der Station seien. So käme niemand zu kurz, und darüber hinaus könne die eine oder andere auch mal zum Küchendienst eingeteilt werden. In dieser Hinsicht sei allerdings von den Besucherinnen kein besonderer Einsatz zu erwarten, sie kämen ja schließlich, um es sich gutgehen zu lassen. Am Ende werde der Logierbesuch immer recht teuer.

„Wenn du Grönländerinnen kennst", seufzt Lars, „dann weißt du, wie durstig sie sind."

Bei dieser Charakterisierung geht die Tür auf, und der Initiator des Callgirl-Unternehmens erscheint auf der Bildfläche, wie gewohnt in beuteliger Känguruhoptik. Erfreut schneidet der røde Bent seine Bibergrimassen. „Hab' eure SHANGRI-LA schon gesehen. Schön, daß ihr da seid. Ich glaube, dann bleibe ich auch noch ein bißchen." Eigentlich hätte er ja morgen früh zurückfahren wollen (der Hülsenfrüchte-Deal scheint bereits unter Dach und Fach zu sein), aber jetzt, in Anbetracht unserer Anwesenheit, die anscheinend von Unterhaltungswert ist, komme es ihm auf ein paar Tage nicht an. „Außerdem sollen wir sowieso morgen Sturm kriegen, sagt Lars, stimmt doch?"

Der Angesprochene bestätigt das. „Ja, schweren Nordost. Wenn ihr da nicht direkt hineinlaufen wollt, bleibt lieber bei uns."

Dem Schicksal dankend, daß es uns an die Quelle der Wetterinformation verschlagen hat, richten wir uns auf ein paar weitere Tage Landaufenthalt ein, der sich infolge der landesüblichen Klimalaunen auf eine ganze Woche ausdehnen soll. Der Nordoststurm kommt wie angekündigt und schiebt Eis über Eis in den Prins-Christians-Sund. Wieder einmal ist uns der Ausgang versperrt. Aber wen wird so etwas noch erschüttern? In solchen Situationen hat uns der Norden Geduld gelehrt. Und diesmal ist das Warten sogar kurzweilig. Es wird eine fröhliche Woche bei den sechs Rauhbeinen von Hell's Corner. Jeder dieser Männer nutzt weidlich die Gelegenheit zum Plaudern. Untereinander – das ist klar – werden sie sich nicht mehr viel Neues zu erzählen haben, für uns dagegen sind ihre Geschichten so unterhaltsam wie unsere für sie. Besonders abends in der Bar ist viel Zeit für ausschweifende Memoiren. Von Träumen ist da die Rede, von großen Träumen, die sich bei allen um dasselbe drehen: eine Zukunft weit weg von Hell's Corner. Jeder einzelne versichert mit dem Brustton der Überzeugung: Nur ein paar Jahre, dann wird das Geld reichen für eine selbständige Existenz, einen kleinen Laden vielleicht oder einen Handwerksbetrieb, dann wird man frei sein und unabhängig. Das sind Träume, die sich bei der fürstlichen Entlohnung dieses Einsiedlerjobs eigentlich rasch verwirklichen lassen müßten. Auf Arbeitsstellen wie Hell's Corner wird „richtig Knete gemacht", unvergleichlich mehr, als jeder in seinem erlernten, meist handwerklichen Beruf an einem normalen Arbeitsplatz bekommen würde. Und das bei freier Unterkunft und Verpflegung und ohne die Möglichkeit, das Geld hier auszugeben. Und doch bleiben all die Träume nur Schäume. Auf die Frage, wann es denn soweit sei mit dem Wunschprojekt, kommt stets ein wenig gewunden dieselbe Antwort: „Also, es geht bald los, ich fange jetzt gerade an – mit dem Sparen..."

Sie fangen niemals an. Das Geld festgehalten wird nur, solange sie auf der Klippe am Sund sitzen. Es stellt sich heraus, daß diese Leute gar nicht mehr anders zu leben wissen als etwa die legendären Cowboys, die einst am Ende eines langen Trails den ganzen verdienten Lohn bei erster Gelegenheit in der nächstbesten Stadt verjubelten. Oder wie die Fischdampfermatrosen, die nach drei Monaten im Nordmeer nach Hause kamen, um im Hafen ein Vermögen auf den Kopf zu hauen. Wehe, wenn sie losgelassen – diese Devise gilt auch für die „Gefangenen" von Hell's Corner. Einen vierwöchigen Urlaub gibt's pro Jahr, inklusive Freiflug nach Kopenhagen, und dann wollen sie wissen, was Leben heißt. Alle hochheiligen Vorsätze werden vergessen, verdrängt durch allzu verständliche menschliche Schwächen. Aus den Ferien zurückgekehrt auf den zugigen Felsen, blank bis auf die Hosenknöpfe, müssen sie dann ihre hochtrabenden Pläne aufs neue verschieben. Der Dienstälteste schafft das schon sieben Jahre, ohne wahrhaben zu wollen, daß es immer so weitergehen wird.

Als Extremfall aber entpuppt sich ausgerechnet derjenige, den wir rein optisch für die einzige Ausnahme in der ungezähmten Horde halten. Uns jedenfalls fällt Zimmermann Ole als introvertierter, geradezu asketischer Mensch auf, wortkarg, stets in Beschäftigung versunken, immer fleißig und so von selbstauferlegten Pflichten in Anspruch genommen, daß ihm höchstens ein zerstreuter Gruß zu entlocken ist. Schon in aller Frühe ist er mit seinem stets präsenten Werkzeugkasten unterwegs. Ein Mann, der auch abends nach Dienstschluß aus der Masse heraussticht: Ungeachtet aller Frotzeleien gibt er, offenkundig aus tiefster Überzeugung, Milch oder Obstsaft den Vorzug vor Alkohol. Ein Abstinenzler in dieser ungehobelten Männerwelt? Das ist doch etwas Bemerkenswertes. „Respekt", sage ich mit gebührender Bewunderung, „einen habt ihr hier ja, der sich nicht scheut, gegen den Strom zu schwimmen. So was von Enthaltsamkeit in der Arktis – alle Achtung."

Prompt hält sich alles den Bauch vor Lachen. Gar nicht wieder einfangen können sie sich. Ich habe wohl den Witz des Jahres gerissen. „Der?" grinst Lars. „Den müßtest du mal sehen, wenn er in Kopenhagen aus dem Flieger steigt! Keiner ist schneller randvoll, da kannst du die Stoppuhr nach stellen! Und die Damen – die haben Hochkonjunktur." Jedes Mal dasselbe. Niemand von der Crew käme derart abgebrannt aus dem Urlaub zurück wie der stille, zurückhaltende Ole. „Wie der das immer so genau hinkriegt", einer der Kollegen schüttelt bewundernd den Kopf. „Bei dem reicht

30

32

Lavamassen begruben
Wohnhäuser.

30 Die Hafeneinfahrt von
   Heimaey.
32 Dorsche satt vor Islands
   Küsten.

33 Heimaey am Fuße des schla-

34

34 Auf heißen Sohlen an
Flanke des Drachen.

das Jahresgehalt wirklich exakt für die vier Wochen, den Bogen hat er einfach raus. Auf dem Rückflug kann er sich keine Zigarette mehr kaufen. Das muß ihm erst mal einer nachmachen."

Tausende von Kronen schmeiße dieser Lebenskünstler im Urlaub unters Volk, um sodann zufrieden in die Einsiedelei zurückzukehren und für elf Monate der solideste Mensch der Welt zu sein. Auf der Station sei er dann so etwas wie der Papa für den Rest der Besatzung, habe stets ein offenes Ohr für die Anliegen der Kollegen. Tja, hier gibt es eben keinen Menschen, der nicht wenigstens zwei Gesichter hätte... Und vielleicht ist das Dasein in solcher Abgeschiedenheit nur erträglich mit einem extremen Gegengewicht.

Was für ein Leben. Ein Leben, für das man wohl schon die genetischen Voraussetzungen mitbringen muß. „Für Hell's Corner", meint auch Lars, „mußt du einfach geboren sein." Sicher kann niemand soviel Entsagung ertragen, ohne eine ausgeprägte Liebe zur Natur, wie sie in allen Gesprächen mit diesen Leuten zum Ausdruck kommt. Das Eis, die Berge, der Wind – sie sind damit verwachsen. Ein wildes Land, geeignet nur für Menschen, die selber wild genug sind, um ein Teil davon zu werden.

Abschied von Grönland

Die Tage schleichen dahin. Unser reparierter Wellengenerator ist wieder eingebaut, der Auspuff gibt normale Töne von sich – doch wir können nicht weg. Das Wetter will sich nicht ändern, die Eisbarriere nicht weichen.

Wir fangen an, mit ausgedehnten Spaziergängen die Zeit totzuschlagen. „Ich will nicht, daß wir hier noch zum Störfaktor werden", hat Helga gesagt, die in Wahrheit wohl nur der ständigen Männergespräche überdrüssig ist. Ich dagegen glaube nicht, daß wir ein Störfaktor sind. Kommen wir abends nach rücksichtsvoller Abwesenheit zurück auf die Station, dann herrscht bereits Sorge über unseren Verbleib: „Wo wart ihr denn bloß? Wir haben mit dem Essen auf euch gewartet!" Dennoch machen wir uns etwas rarer, lassen uns stundenlang den Wind um die Nase wehen, inspizieren den Berg nach allen Himmelsrichtungen, sagen im Taubenschlag guten Tag oder im Hühnerstall – denn „richtige" Hennen haben sie auch auf Hell's Corner. In deren Bretterverschlag wurde extra eine Heizung verlegt, damit die Eierlieferanten ohne Schaden über den Winter kommen. Oder wir schmusen mit den beiden Schlittenhunden, den gehätschelten und streichelbedürftigen Lieblingen der ganzen Station.

Der røde Bent sitzt genauso fest wie wir. Gemeinsam stehen wir auf der Pier und betrachten die weiße Bescherung. „Allmählich langt's", brummt Bent. „Sobald 'ne Lücke ist, hau' ich ab."

Ob denn auch die Damen weg wollten, fragt Helga. „Weiß ich nicht", sagt Bent, „die können auch noch bleiben." Die Jungs würden sie dann später mit dem stationseigenen Boot nach Augpilagtoq bringen, wo sich schon ein Fischer für den Weitertransport finden werde. Für ihn sei jedenfalls das Geschäft gelaufen, es werde Zeit, den Ertrag nach Hause zu bringen.

Erfreulicherweise ist das Telefonieren gebührenfrei. So verursacht es keine Kosten, wenn wir täglich an der Strippe hängen und dem Eiswarndienst in Narsasuaq Löcher in den Bauch fragen. Spätestens am dritten Tag kennen die mich schon an der Stimme. Und nach einer Woche kommt endlich die beflügelnde Auskunft: Der Sturm werde abflauen, die vorherrschende Windrichtung auf Südwest drehen, wodurch mit einer baldigen Entspannung der Eislage an der Ostküste zu rechnen sei. Das ist das Stichwort! Ich lege den Hörer auf und wähle umgehend eine andere Nummer: eine in Deutschland. Dort nämlich wartet schon einer dringend darauf, daß es klingelt: mein alter Freund Helmut, Bootsbauer in Lübeck, hat den festen Vorsatz, unseren letzten Törn von Island nach Hause mitzusegeln. „Wenn's euch recht ist, wird das mein diesjähriger Urlaub", hat Helmut gesagt, und uns paßt die Aussicht, in den rauhen Gewässern um Island zwei Hände mehr an Bord zu haben. „Gebt mir Bescheid, sobald ihr überblicken könnt, wann ihr etwa in Island ankommt, damit wir uns dort treffen können." Bei dieser Vereinbarung ist es geblieben.

Noch am selben Tag hege ich die Befürchtung, daß ich Helmut voreilig alarmiert habe. Zunächst deutet rein gar nichts hin auf die Veränderung, von der die Wetterfrösche gequakt haben. Immer wieder suchen wir, schräg gegen den Wind gestemmt, ungeduldig

unseren zugigen Beobachtungsposten auf der Spitze des Höllenecks auf, diese ideale Aussichtsplattform, von der aus das Geschehen im Sund wie auch draußen vor seiner Mündung gut zu überblicken ist. Doch erst in der Nacht hören wir, daß das Heulen leiser
wird. Der Oststurm flaut tatsächlich ab, was hoffen läßt, daß auch
der Rest der Prognose noch in Erfüllung geht. Denkste. Als wir am
anderen Morgen erwartungsfroh den Ausguck beziehen, müssen
wir mit langen Gesichtern feststellen, daß die Sperre der Treibeis-
schlangen, bestückt mit Eisbergen, beharrlich die Ausfahrt aus
dem „Prinzen" blockiert. Es sieht so aus, als blecke der Atlantik
hämisch sein Raubtiergebiß gegen die Küste, und wir stehen da
und fragen uns, wo die Zahnlücken sind, durch die wir hindurch-
schlüpfen könnten. Wie zum Hohn leuchtet hinter den weißen
Streifen ein reines Dunkelblau bis zum Horizont. Bloß – wie dorthin kommen?

Und dann brechen wir von Hell's Corner doch sehr plötzlich und
schneller als gedacht auf, was allein dem røden Bent zu verdanken
ist. Der wiegt nämlich, als wir zusammen da oben auf dem Plateau
stehen und die Lage peilen, bedenklich seinen Igelkopf, kratzt sich
nervös die Bartstoppeln und sagt auf einmal: „Paßt auf, wir gehen
lieber hinüber auf die andere Seite des Fjords. Hier gefällt mir das
gar nicht. Sieht verdammt so aus, als würde diese Ecke mal wieder
zugeschoben."

Auch mir behagt es nicht, wie immer mehr Eisstücke sich aus den
Feldern lösen und nach einem unergründlichen System vom Flut-
und Ebbstrom im Sund verteilt werden. Dummerweise füllt sich bei
dem ungeordneten Geschiebe mehr und mehr der Miniaturhafen
zu Füßen unserer Klippe mit Eis. Das käme leider öfter vor, sagt
Bent, diese Eigenheit sei der einzige Nachteil von Hell's Corner.
Wenn es nach ihm ginge, wäre das gegenüberliegende Ufer ein viel
günstigerer Standort, weil es meistens eisfrei bleibe. Bent hat recht:
Wenn uns das Eis hier einschließt, sitzen wir vielleicht noch tagelang fest und ärgern uns schwarz über die verpaßte Gelegenheit.

Lars und die anderen wissen gar nicht recht, wie ihnen geschieht,
so überstürzt entschließen wir uns, auf Wiedersehen zu sagen und
danke für alles. Dann knattert Bent auch schon mit seinem Kutter
voraus, und wir preschen hinterher. Zuvor ruft er uns noch einige

rätselhafte Instruktionen zu: Wir sollten drüben mit dem Ankern warten, er werde uns helfen, denn er habe da seinen eigenen Trick. Was das nun wieder heißen soll? Helga schüttelt den Kopf. „Laß ihn man", sage ich, „er kennt sich hier aus." Aber als wir dann in seinem Kielwasser über den „Prinzen" verholen, da kann ich mich nur wundern: Lotst uns Bent doch in die unmöglichste Ecke. Das soll ein Ankerplatz sein? Kein Segler würde an dieser Uferzone, auf die Bent unbeirrt zuhält, Zuflucht für sein Boot suchen. (Helga blickt sich schon reumütig nach der Bucht um, aus der wir kommen.) Aber wir werden sogleich eines der originellsten Ankermanöver unserer Laufbahn erleben. Der rote Kutter stoppt auf, wir gehen in Warteposition, sehen Bent geschäftig aus dem Ruderhaus wieseln und sich einen bereitliegenden Bootshaken greifen. Damit langt er geübten Griffes über die Kante, um irgend etwas an Deck zu befördern. Was in aller Welt fischt er denn in diesem gottverlas-

senen Winkel aus dem Sund? Es ist eine kleine Ankerboje mit zwei dicken Tampen. Der erste wird einfach auf dem Vorschiff über einen Poller gelegt und der zweite, kräftig durchgeholt, achtern. Das war's. Der Kutter liegt vor Anker, seine Vorleine schwingt jetzt in elegantem Bogen hinunter zum Wasser, steigt von dort wieder hoch über die kurze Uferböschung und endet – wir folgen ihr sprachlos mit den Augen – an einem mächtigen Eisenring, der darüber in einer Felsspalte verankert ist. Die Achterleine hingegen taucht einige Meter hinter dem Heck in unergründliche Tiefen. Was dort unten als Daueranker versenkt ist, darüber wird Bent sich hartnäckig ausschweigen; „etwas Schwergewichtiges" habe er an der strategisch richtigen Stelle verschwinden lassen.

Die ganze Aktion ist eine Sache weniger Augenblicke. Bent wischt sich die Pfoten und feixt, nicht ohne Genugtuung, zu uns verblüfften Zuschauern herüber. Das hier sei seine Geheim-Mooring, erklärt das rote Beuteltier lachend und freut sich diebisch über unsere beeindruckten Mienen. Dann sind wir an der Reihe, verankert zu werden.

„Wartet, ich komm rüber!" ruft Bent, klettert in sein museumsreifes Dingi und pullt mit ruhigen, routinierten Schlägen, bis ein unbekümmert kräftiger Bums unterstreicht, daß er an der SHANGRI-LA angelegt hat. (Helga saugt hörbar die Luft durch die Zähne.) „Okay, ihr werft jetzt hier das Eisen." Womit unser Bügelanker gemeint ist. So weit, so klar. „Und nun", fährt Bent mit seinen Anweisungen fort, „gebt ihr mir die Vorleine her. Ich hab' da noch einen Ring am Felsen." Spricht's und rudert mit dem Ende unserer Leine zum Ufer, um SHANGRI-LA an den zweiten seiner selbstinstallierten Garderobenhaken zu hängen. „Das erinnert mich an die Karibik", fällt es Helga ein. Mich auch; eine ähnliche (aber natürlich weniger ausgereifte) Methode haben wir damals selber öfter angewandt: den Heckanker am Abhang und die Vorleine um irgendeine freie Parkuhr geschlungen. In Ermangelung eigens dafür montierter Eisenringe mußte in der Regel eine Palme herhalten.

Damit wäre SHANGRI-LA sicher geparkt, keine Strömung kann ihr etwas anhaben, und wir liegen gleich in der besten Startposition, um den Sund zu verlassen, falls sich ein Durchschlupf in der Eisbarriere auftun sollte. „Genial!" lobe ich den Hafenlotsen und

Festmacher. „Das muß belohnt werden. Komm an Bord, Buddy, mach's dir bei uns gemütlich."

Der so Gepriesene läßt sich dazu nicht zweimal auffordern. Das klobige Dingi kommt wieder längsseits (man hört's), und Bent zerrt sich an der Seereling hoch, um sodann in fröhlicher Arglosigkeit mit seinen Clogs, den dänischen Holzpantinen, über unser Parkett zu poltern. (Was erneut bewirkt, daß Helga gequält die Luft durch die Zähne zieht, und es soll noch nicht das letzte Mal sein.) Frohgemut pflanzt sich Bent im Salon aufs Sofa, natürlich so, wie er ist, im dreckig-speckigen Arbeitsanzug, seiner 24-Stunden-Montur, an der jede Motorschmiere haftet, mit der er je in Berührung gekommen ist. Aber nein, ich kann es ihm nicht sagen, dem guten Bent mit seiner Unschuldsmiene. Ich kann ihm nicht klarmachen, daß er wenigstens eine Zeitung unter seinen Allerwertesten legen sollte. Helga starrt mit zugefrorenem Mund auf die Polster, die selbstgenähten, und ich weiß, ich muß sie erlösen.

„Wie wär's denn jetzt mit 'ner schönen Tasse Kaffee draußen in der Plicht?" schlage ich vor. Das ist ein Wort, findet Bent und erhebt sich bereitwillig wieder von den guten Bezügen. (Helgas Erleichterung ist nur für mich sichtbar.) Und so begeben wir uns auf die „Veranda", wo es nicht so darauf ankommt, und tun für den Rest des späten Nachmittags genüßlich das einzige, was uns im Moment zu tun bleibt: nichts.

Noch heute, wenn ich mir den røden Bent vergegenwärtige, sehe ich ihn auf der SHANGRI-LA in der Plichtecke sitzen, unter freiem Himmel mit einem Becher Kaffee in der Hand, und die tiefstehenden Sonnenstrahlen auf seinen roten Bartstoppeln; über sein zerfurchtes Gesicht zieht ein Ausdruck tiefster Ruhe und Zufriedenheit. Ich sehe Bent, wie er still und versonnen die kleinen, glänzenden Augen über den abendlichen Sund gleiten läßt, ein Bild vollkommenen Friedens, wie es wohl nur das uralte, versteinerte Land im Norden bieten kann: die Arktis in ihrer unwandelbaren Gelassenheit. Gemächlich kostet sie ihre eigene Prachtentfaltung im Glanz der Abendsonne aus. Wären wir jetzt in den Tropen, denke ich, so würde abrupt und unsensibel das Tageslicht ausgeknipst werden. Der Sonnenuntergang wäre nur eine schöne Momentaufnahme, die übergangslos weggeblendet wird. Doch hier neigt sich der Tag unendlich zart und verhalten zur Nacht, in einer behutsamen Metamorphose, einem sachten Hinübergleiten, das den Beschauer mitnimmt, ihm Zeit läßt, an jeder Phase des Wunders teilzuhaben.

Drüben, jenseits des Stroms, an der Uferlinie, die von vielen gestrandeten Eisstücken gesäumt ist, entfacht die sinkende Sonne ein unwirkliches Verwandlungsspiel. Eine Kette verschwenderisch hingestreuter Pretiosen beginnt zu blinken und zu funkeln. Hat vielleicht ein Pirat, der am Ufer entlangfloh, dort den Inhalt seiner Schatzkiste verloren? In dieser Stunde der Verzauberung werden die Brocken, die aus der Kälte kommen, zu schimmernden Edelsteinen, und sie tauschen in geheimnisvollem Wechselspiel ihre Identität: Blaugrüner Aquamarin wird zu zartem Bergkristall, transparenter Topas zu orakelhaft undurchsichtigem Mondstein. Dazwischen erwachen bizarre Skulpturen, Fabeltiere und Paradiesvögel aus Licht und Eis zu einem kurzen, geisterhaften Leben. Grazile Brücken scheinen abzuheben und zu schweben, in verwunschenen Schlössern erstrahlt festliche Beleuchtung.

Und selbst als später alles wieder zu grauem Eis erstarrt und auf der Bühne das Licht erlischt, ist die Vorführung noch nicht ganz zu Ende. Sie verlagert sich auf eine andere Ebene und lenkt die Blicke nach oben: Ein letztes verglimmendes Feuer läßt die Bergwände erglühen.

Bent ist längst verstummt. Der røde Bent, an nordischen Verhältnissen gemessen sonst eine Quasselstrippe, wäre jetzt zu keiner Silbe zu bewegen, und ich versuche es auch gar nicht. Es gibt nichts zu sagen. In stillem Einvernehmen bewundern wir die Zauberkünste der Natur. Und in unwillkürlichem Vergleich wandert mein Blick zwischen den faltigen Bergen mit ihren langen Schattenkerben und diesem geschnitzten Gesicht hin und her, das mir wie ein Spiegelbild der Landschaft erscheint. Ich glaube, nie in all den Monaten ist mir das Wesen der großen Insel Grönland bewußter geworden als an diesem Abend, der unser letzter an ihren Ufern sein soll. Denn da entdecke ich ihr Wesen in Bents Gesicht, das so unverkennbar ein Teil von ihr ist. Das Land der stillen Sensationen, der Einsamkeit und des Schweigens – es gehört ihm, und er gehört zu dem Land.

Wie er so dasitzt, versunken und entspannt, kommt es mir vor, als lausche er auf eine vertraute Melodie, eine der immer wiederkehrenden Weisen, die einen Menschen ein Leben lang begleiten können und ihn nie mehr loslassen. Das kann nur ein Lied sein, dessen Strophen von Freiheit und Weiträumigkeit erzählen, von der Weite dieses Landes mit seinen eisigen Ufern und warmherzigen Menschen. Und ich bin sicher, Bent könnte nirgendwo mehr leben, wohin der Klang dieses Liedes nicht reicht.

Auch wir haben nun eine Zeitlang diese Melodie vernommen. Gewiß sind uns noch manche ihrer Zeilen entgangen. Doch was in unser Ohr und an unser Herz gedrungen ist, wird nicht verstummen, bis der Wunsch gestillt ist, mehr davon zu erfahren.

Sturm aus Nordost

Kleine verspielte Wellen schmatzen gegen die Steven, die tintenblaues Wasser zerschneiden, und die automatische Ruderanlage meldet von Zeit zu Zeit mit einem kurzen Surren, daß SHANGRI-LA optimal getrimmt ist. Glücklich und zufrieden wie ein Landwirt, der auf seinem Acker die junge Saat aufgehen sieht, lasse ich die Blicke rundum aus der Plicht schweifen. Herz, was begehrst du mehr? Sonnenschein, eisfreie See, klare Sicht und Backstagsbrise, mit diesen Zutaten ist die Segelei ein einziges Hochgefühl.

An einem richtigen Segler-Wunschtag hat sich die Eissperre geöffnet und uns das Auslaufen aus dem „Prinzen" gestattet; zum Abschied zeigte Grönland noch einmal sein Reklamegesicht. Ein klarer, bizarrer, auf den Horizont gestellter Scherenschnitt – so sahen wir zum letzten Mal die ostgrönländische Küste. Mit ihr ist inzwischen auch das Eis im Kielwasser achteraus geblieben. In der Mündung des Prins-Christians-Sunds galt es noch, durch Zickzackschläge einige Treibeisfelder zu umgehen. Weiter draußen dann paradierten ein paar versprengte Eisberge vorbei, aber sie sollten endgültig das allerletzte Eis dieser Reise für uns sein; auf der restlichen Route werden wir keines mehr sehen. Jetzt, zwei Tage nach Hell's Corner, Grönland ist hinter den Horizont geplumpst, befinden wir uns in völlig freiem Wasser: eine schon lange nicht mehr gekannte Situation. Es zeigt sich, daß das Unterbewußtsein sich nicht so schnell umgewöhnen kann: Immer wieder ertappe ich mich dabei, daß ich das Wasser nach weißen Stücken absuche. Seit Monaten permanent mit der Eisgefahr vertraut, haben wir nun Mühe abzuschalten, und vor allem der Schlaf will sich nicht so recht einstellen. Aber das ist in den ersten Tagen auf See eigentlich nichts Ungewöhnliches, es braucht jedesmal seine Zeit, den Organismus dem veränderten Rhythmus anzugleichen, und so messen wir dem nicht allzuviel Gewicht bei. Was überwiegt, ist der Genuß. So sehr uns die Schönheit der tiefen, stillen Fjorde gefangennahm – die See ist eben die See.

Aber leider: Diese Bilderbuchsegelei soll nur eine kurze Episode bleiben. Nachmittags entdecke ich am Himmel erste Anzeichen einer Veränderung. Die Hakenzirren, weiße, ausgefranste Federwölkchen, gefallen mir nicht besonders, gelten sie doch als Vorboten für Sturm. Helga, die die Welt stets mit allen ausgefahrenen Antennen wahrnimmt, hat sie längst bemerkt. Ein kurzes Kopfrukken nach oben und ein skeptisch-fragender Blick zu mir sollen heißen: Sieht nicht gut aus, was hältst du davon?

Nun ja, immer mit der Ruhe. Man muß nicht immer sofort an das Schlimmste denken. Noch sehe ich nicht ein, warum ich mir mein frischerwachtes Segelentzücken gleich wieder verderben lassen soll. Beschwichtigend sage ich: „Sieht aus, als hätte der røde Bent seine Augenbrauen an den Himmel geklebt." Wirklich haben die feinen Wolkenstricheleien eine nicht von der Hand zu weisende Ähnlichkeit mit jenen struppigen, borstigen Handfegern, die den verwegenen Ausdruck von Bents blauen Äuglein so markant unterstreichen. (Wo mag der alte Knabe wohl jetzt sein? Sicher schon fast wieder zu Hause in Nanortalik.)

Doch wie sich bald erweist, offenbart die Natur ihre Vorzeichen niemals nur zum Spaß. Einen Tag noch ist uns das lang entbehrte Traumsegeln vergönnt, dann hört der herrliche Südwestwind schlagartig auf, und eine lange, hohe Dünung, die uns genau entgegensteht, kündigt an, aus welcher Richtung Unangenehmes zu erwarten ist: aus Nordost. Eine Front zieht auf, klassisch wie im Lehrbuch. Das Barometer stürzt geradezu ab, dunkle, massige Wolken haben Bents Augenbrauen längst verwischt und bedecken den ganzen Himmel. Noch liegen wir zwar mit flappenden Segeln in einer bleiernen Dünung, aber die Stille lastet über der See wie ein unheilvolles Omen. Daß dies nichts anderes bedeutet als die sprichwörtliche Ruhe vor dem Sturm, darüber versuche allein ich mich noch mit allerlei Schönfärberei hinwegzutäuschen. Ach was, wird schon nicht so wild, nur eine kleine atmosphärische Störung, der Südwest verschnauft mal ein bißchen. Dabei sagt mir eigentlich schon Helgas Verhalten, was die Stunde geschlagen hat. Mit dem Instinkt eines Wildtieres deutet sie die Warnzeichen der Natur – und hat sich schon darangemacht, wortlos, konzentriert und mit größter Selbstverständlichkeit ihre Maßnahmen zu treffen. Geschäftig wuselt sie durchs Schiff, klappt hier eine Luke dicht, verstaut irgendwas im Schapp, schleppt Decken aus den Rümpfen nach oben, füllt eine Thermoskanne mit frischem, heißem Kaffee, eine andere mit Brühe, packt, räumt und sichert: eine Frau zur See, und ich wette, es hat nie eine geeignetere die Meere überquert.

Als ihr Gesicht im Eingangsschott erscheint, mit diesem gesammelten, beherrschten Ausdruck, der nichts verraten soll, läßt nur ein leiser, besorgter Unterton in ihrer Stimme etwas von ihrer inneren Anspannung ahnen. „Hier ist jetzt alles klar", sagt sie knapp. Und ich weiß, das kann ich wörtlich nehmen. Ich kann mich darauf verlassen: Das Schiff ist wirklich seeklar, die Seeventile sind geschlossen, alle Luken verriegelt. Nichts liegt mehr herum, das unkontrolliert durch die Gegend fliegen und kaputtgehen könnte. Meine Kamera ist vom Kartentisch verschwunden und bruchsicher verstaut, keine Untertasse klappert mehr in der Spüle. Dafür liegen unter dem Tisch Ölzeug, Gummistiefel und zwei Sicherheitsgurte parat. Und garantiert steckt wieder in irgendeiner Tasche des Ölzeugs ein frischer Nüßliriegel, der gerade dann zum Vorschein kommt, wenn man ihn am nötigsten braucht. Was so eine süße, nahrhafte Kleinigkeit ausmachen kann, weiß man erst, wenn in dunkler, kalter Nacht die Wache nicht vorbeigehen will.

Die Spannung läßt keinen von uns mehr schlafen. Es ist wieder Wind aufgekommen, aber – Mist verfluchter – er kommt, wie zu befürchten, von genau dort, wo wir hinwollen. Da Angriff immer noch die beste Verteidigung ist, versuchen wir, Meilen zu gewinnen: Nichts wie hoch ran an den Wind! Aber natürlich fruchten solche Maßnahmen wenig. Nur kurz ist die Phase, in der SHANGRI-

LA sich noch in weichen Sprüngen über die gewaltigen Wasserbuk-kel schwingt, auf denen sich schon kurze Kräuselseen tummeln. Zusehends plustern sich die kleinen Halbmonde auf, haben es immer eiliger, voranzukommen, und das ist das Stadium, in dem der Kat seine Bewegungen einschneidend ändert: Von der Mast-spitze herunter läuft ein Vibrieren bis aufs Deck, man spürt es unter den Füßen. Und schon knallen die Steven brutal und mit brachialer Wucht in die anrollenden Brecher, dicke Schaumflocken fliegen zur Seite. Höchste Zeit zum Reffen!

Zwei Stunden später heißt es noch einmal reffen. Und nach einer weiteren Stunde darf sich der Wind endgültig Sturm nennen. Nun wird es wirklich hart. Alle Segel weg und Sturmfock raus, lautet die Parole, und es ist keinen Moment zu früh für dieses Manöver. Die See ist jetzt nur noch ein brüllendes Inferno, in dem die Böen kreischende Schreie ausstoßen. SHANGRI-LA, unsere bewährte Ve-teranin, bohrt, drückt, rammt ihre Steven in das wüste dunkle Gebirge, zu dem der Atlantik geworden ist, schaufelt eisige Fluten aufs Deck, um sie unwillig wieder abzuschütteln. Das Trampolin-netz zwischen den Rümpfen zersiebt die See beim Einklatschen in feine Fontänen. Wasserfahnen wehen von der Reling und den Bugkörben. Alles, aber auch alles ist naß, naß und kalt. Mit blei-chen Gesichtern und blauen Lippen, verpackt in wassertriefendes Ölzeug, hocken wir im Cockpit, gebeutelt von den Prügeln, die das Schiff treffen. Ruckartig federt SHANGRI-LA zur Seite weg, wenn sie Ohrfeigen von den querlaufenden Brechern einfängt. Die Automa-tik kann man jetzt vergessen, einer muß ständig am Ruder sein, und der andere leistet ihm solidarisch Gesellschaft.

Zwischendurch hangelt sich Helga in die Kajüte: Der Satelliten-navigator spuckt unseren Standort aus. Sie beugt sich über den Kartentisch. „Hab' ich mir doch gedacht!" schreit sie gegen das Schrillen der Böen an. „Wir stehen!" Die Position stimme mit der zuletzt festgestellten fast genau überein, so dünn lasse sich der Bleistift gar nicht anspitzen, um beide Orte nebeneinander in die Seekarte einzutragen. Damit ist auch meine Vermutung zur Ge-wißheit geworden: Wir machen keine Fahrt mehr nach Luv, im Gegenteil, wenn die Umstände so bleiben, gibt es ein unverhofftes Wiedersehen mit Grönland.

Nach zwei Tagen und zwei Nächten ohne Veränderung frage ich mich, was wohl aus unserer Verabredung in Island werden soll. Wenn der Atlantik uns noch länger gefangenhält, bedeutet das für Helmut, der in Kürze in Keflavik eintreffen wird, einen Dauerurlaub im Wartesaal. Da schinden sich Schiff und Mannschaft bis zum Erbrechen, und es bringt nichts. SHANGRI-LA taumelt, torkelt, wälzt sich gequält über weiß schäumende Steilhänge, boxt die Brecher mit hilflosen Aufwärtshaken, daß die nassen Fetzen nur so wegstieben. Aber Island bleibt, wo es ist, und unser Schiff auch.

Notreparatur bei schwerer See

Am dritten Sturmtag entschließen wir uns zu einem Akt verzweifelten Trotzes. Wir setzen das Groß mit drei Reffs – das ist das höchste, was zu verantworten ist und dient allein der Hoffnung, auch die winzigste Chance auszunutzen und wenigstens – vielleicht – zentimeterweise das Bandmaß abzulaufen, an dessen Ende die isländische Küste liegt.

Durch das Segel werden die Schläge allerdings noch härter, die Stöße, unter denen der Kat erzittert, schütteln uns bis ins Mark durch. Das gibt uns fast den Rest, mürbe und kaputt, wie wir schon durch die ständige Schlaflosigkeit sind. Auch die Tatsache, daß es seit Tagen nichts als Kaltverpflegung zu kauen gibt, ist nicht gerade Balsam für Körper und Gemüt. Mit der einhelligen Feststellung, so ein Sturm nehme wirklich sämtliche Strafen des Fegefeuers vorweg, hat unser Stimmungspegel eindeutig die Nullmarke unterschritten.

Da passiert es. Jetzt rächt sich die Vermessenheit, die Naturgewalten überlisten zu wollen, statt sich ihnen zu beugen. Mit ohrenzerfetzendem Knall haut der Großbaum aufs Kajütdach. Ein paar Schrecksekunden lang starren wir wie vereist zum wild schlagenden Großsegel hoch. Dann, als habe der Startschuß unsere Ohren mit Verzögerung erreicht, kommen wir endlich in Gang, stürzen beide zugleich zum Mast, springen aufs Dach, um mit Fallen und Schoten den Aluminiumprügel zu sichern, bevor er uns die ohnehin seit Godthåb dezimierten Solarzellen zerschlägt.

Der Baum ist gebrochen, glatt durch, und zwar im Lümmellager, der Stelle, wo er am Mast gehaltert ist. Als unsere Blicke sich treffen, wortlos, mit unverhüllter Bangigkeit, wissen wir, daß wir beide denselben beklemmenden Gedanken haben: Wenn massiver Nirostahl von 16 Millimeter Stärke so einfach durchbrechen kann, wie steht es dann erst um die dünneren Bolzen, Drähte, Schrauben? Doch Angstphantasien dürfen wir uns jetzt nicht hingeben, und auch die gewiß nötige Manöverkritik muß auf später verschoben werden. Helga tut, was in diesem Augenblick das Sinnvollste ist: Sie schenkt uns heiße Hühnerbrühe ein. Die halbgefrorenen Finger um den Becher geklammert, mache ich mir klar, daß die Notlösung nur heißen kann: unten im Ersatzteillager eine Gewindestange zu finden, aus der sich Bolzen verschiedener Länge zurechtschneiden lassen. Damit müßte dann der Schaden provisorisch zu reparieren sein, zumindest käme es auf einen Versuch an...

Der weitere Verlauf der Sturmfahrt an diesem Tag wird der ungewöhnlichste, an den ich mich erinnern kann. Während Helga das Ruder übernimmt, das Schiff wild bockend zu Berge und zu Tal rast, hocke ich unten in den Katakomben vor dem Schraubstock, die Füße krampfhaft abgestützt, um nicht gegen die Wand geschleudert zu werden. Trotz Ohrensausen und gegen die Schädeldecke walkendem Gehirn versuche ich, mit der Eisensäge eine 12-Millimeter-Nirostange zu teilen. Das ist, als ob man seine Metallfacharbeiterprüfung im Atlantiksturm ablegen müsse, und eine härtere Strafe, als man sie irgendwem wünschen kann. So etwa könnte ich mir eine komplizierte Zahnbehandlung in der Achterbahn vorstellen.

Bald bin ich bei der Strafarbeit in meinem hüpfenden, wirbelnden Zwinger einem Tobsuchtsanfall nahe; unartikulierte Flüche dringen bis nach oben an die Ohren des Rudergängers (der allerdings zur Zeit ebenfalls keinen menschenwürdigen Arbeitsplatz hat). Nach einer Ewigkeit, der Eisenknüppel ist bereits gekürzt, befinde ich, daß der Bolzen passen könnte. SHANGRI-LA schüttelt mich ins Freie, und meine Erscheinung weckt das Erbarmen der Bordfrau. „Komm, wir bringen sie vor den Wind!" ruft sie mir zu. „So kannst du ja nicht arbeiten."

Wie wahr. Wir rollen ein winziges Stück des Vorsegels aus und lassen SHANGRI-LA eine Kehrtwendung vollführen. Sofort macht sie

Rauschefahrt, natürlich in die ganz falsche Richtung, wo wir überhaupt nicht hinwollen, aber was soll's, auf ein paar verschenkte Meilen kommt es nun auch nicht mehr an. Hauptsache, den Schlägen ist die Härte genommen. Es ist immer wieder verblüffend, daß zwischen Himmel und Hölle auf See genau 180 Grad liegen. Jetzt wiegt sich SHANGRI-LA gleich in weicheren Bewegungen, hört das Poltern, Dröhnen und Schlagen umgehend auf. Mit steifen, klammen Fingern, breitbeinig um Balance bemüht, turne ich um den Mast, um den behelfsmäßigen Beschlag zu montieren. Bei dieser Mechanikerarbeit in steiler Berg- und Talfahrt muß noch ein kleiner Verlust abgebucht werden: Als eine mächtige See das Schiff nach vorne kippt, fällt mir der Maulschlüssel aus der Hand, hüpft übers Deck auf das Trampolin und verabschiedet sich durch dessen Maschen in den Atlantik. Doch dieses Mißgeschick kann meinen Erfolg nicht vereiteln, bald sitzt der Großbaum wieder an der für ihn vorgesehenen Stelle, wackelt zwar auf Teufel komm raus, weil zuviel Spiel im Lager ist, aber er hält. Und halten wird dieses aus der Not geborene Provisorium sogar bis Travemünde, obwohl wir jetzt zum Zipfel der Rollfock auch frech das dreifach gereffte Großsegel wieder setzen. Diese scheinbare Ignoranz beruht weniger auf Unvernunft als vielmehr auf der Einsicht, daß die Schinderei baldmöglichst ein Ende finden muß, da sonst die Besatzung schlappmacht. Außerdem kann ich mir lebhaft ausmalen, wie Freund Helmut in Reykjavik bereits einen ahnungslosen Hafenmeister mit seinen Erkundigungen nach dem Verbleib eines deutschen Katamarans nervt.

Wir erleben eine weitere schlimme Nacht, der ein noch schlimmerer Tag folgt. Helgas Augenringe haben sich dem Graphitgrau des Atlantiks angepaßt, abweichend nur durch einen Stich ins Violette. Meine eigenen Schattierungen wage ich gar nicht erst im Spiegel zu überprüfen. Wenn man bloß den Knopf wüßte, um diese verdammte Windmaschine abzustellen...

Schlafen, nur noch schlafen...

Am anderen Morgen behauptet Helga, das Schlimmste sei nun überstanden. Zu merken ist davon überhaupt nichts, aber das Barometer, unser kleiner Wahrsager an der Wand, von Helga alle paar Stunden nach unserem weiteren Schicksal befragt, antwortet mit einem Zucken des Zeigers, nicht viel mehr als ein Sekundentick auf der Armbanduhr, aber Helga ist sicher: Von nun an wird es mit uns allen bergauf gehen, mit dem Wetter, dem Schiff und der Mannschaft. Auf ihre absolute Vertrautheit mit dem Wandel von Wind, Wolken und Wasser ist wieder einmal Verlaß: Ein paar Stunden darauf kann das zweite Reff des Großsegels ausgeschüttet werden, bald auch das erste, und am frühen Nachmittag steht die Genua in einer letzten sich erschöpfenden Brise aus Nordost. Nur die See geht noch gewaltig hoch, jedoch schon mit deutlichen Symptomen der Ermattung: Die zischenden Gischtroller laufen nicht mehr zu langen Schaumstreifen aus, sondern verkümmern auf der Stelle zu einer Spur weißer, zerplatzender Blasen.

Als der Satellitennavigator das nächste Mal unseren Standort kundtut, ergibt sich der Beweis für den längst gehegten Verdacht, daß wir weit nach Süden abgedriftet sind: Island liegt nicht mehr in östlicher Richtung, sondern genau im Norden! In weite Ferne entschwunden ist unser eigentliches Ziel, die Westküste mit Reykjavik, in dessen Umkreis Helmut mittlerweile bis zur Verzweiflung jede Kneipe kennen dürfte. Doch Helmut hin, Helmut her, uns wäre jetzt jeder Hafen an jeder Küste recht, wenn er nur bald in Sicht käme.

Wir gönnen uns gerade Kaffee und Kekse, als wir merken, daß der Sturm sein schwaches Leben endgültig ausgehaucht hat und wir bei völliger Flaute, mit tausend Fragezeichen im Gesicht, in der hohen Dünung schwingen. Aber nur kurz währt die Ratlosigkeit. Als sehr bald ein neuer Stoß durch die Luft fährt, wagen wir kaum, an das Wunder zu glauben: Das ist Südwest! Hätten wir noch genug Mumm in der Brust, würden wir jetzt Hurra schreien ... Wir lassen den Großbaum (den noch etwas argwöhnisch beobachteten) mächtig weit nach vorn ausholen, fieren die Fockschot, und das Kielwasser zeigt: gute vier Knoten Fahrt macht unser altes Mädchen, und zwar nach Norden, nach Norden! Dort, gerade voraus, liegen auf der Karte die Pünktchen der Westmännerinseln.

Daß der Atlantik jetzt das reine Chaotenwasser ist, weil gegen den Südwest noch die Restdünung des alten Sturmes steht – was macht das schon? SHANGRI-LA strebt wie ein Pferd, das den Stall wittert, voran und teilt unerschütterlich ihr Element wie ein Pflug die Ackerkrume, ungeachtet der graugrünen Kreuzseen, die an ihre Außenhaut krachen und unter dem Boden der Kajüte explodieren. Und ich schwöre, kein von Palmen umfächeltes Südseeatoll wurde je von einer Schiffsbesatzung heißer herbeigesehnt als dieser dunkle, unwirtliche Klotz, der schließlich voraus aus dem Dunst schimmert.

Zuerst passieren wir Surtsey, den schwarzen Lavahaufen im Meer, dessen spektakuläre Geburt im Jahr 1963 ein öffentliches Ereignis von höchstem wissenschaftlichem Interesse war – und es bis heute ist. Wann wächst schon mal eine nagelneue Insel vor den Augen der staunenden Menschheit einfach aus dem Wasser empor: Land, so jungfräulich wie in den Anfängen der Erdgeschichte, das den Forschern erlaubt, die Ansiedlung von Flora und Fauna quasi am Original statt am künstlichen Experiment zu studieren. Soviel wir gehört haben, darf Surtsey, das unverhoffte Geschenk, wegen der Gefahr der Verfälschung nicht von jedem Bakterienträger einfach betreten werden. Die Insel ist im Namen der Wissenschaft okkupiert. Hier also wird ein Segler keine Zuflucht finden.

Als wir Heimaey, den erstmöglichen Unterschlupf, erreichen, ist es bereits dunkel. Das verlangt noch einmal äußerste Konzentration von uns, denn die Hafeneinfahrt dieser Vulkaninsel, bei der medienwirksamen Katastrophe von 1972 nur durch beherzten menschlichen Einsatz davor bewahrt, gänzlich von Lavamassen zugeschüttet zu werden, ist ein Nadelöhr: steuerbords droht eine turmhohe Wand, an Backbord der Schlackenwall. Es geht links um eine Ecke und nochmals links, dann liegen da, schwach beleuchtet vom nächtlichen Hafenlicht, einige Fischdampfer. Wir bemächtigen uns des erstbesten, machen dran fest, die Tür zu – und tauchen ab in die Koje. Aus, fertig, Feierabend. Nur noch schlafen, nicht mehr bewegen, nicht mehr denken, nicht mal essen oder trinken, nur noch schlafen.

An der Flanke des Drachen

Draußen vor der Tür: der Feuerberg. Mit seinen düsteren, erstarrten Lavahalden, die nach der Stadt greifen und den Randbewohnern drohend zum Fenster hineinsehen, ist er nicht weiter entfernt als das Nachbarhaus.

Wie lebt es sich wohl auf den Flanken des Drachen, den alle für gezähmt hielten, bis er sich in einer Januarnacht des Jahres 1972 fauchend zu Wort meldete, flüssiges Gestein zu speien begann und klarstellte, daß mit ihm noch jederzeit zu rechnen war? Läßt sich der rumorende, explosive Glutofen unter dem Fußboden des Wohnzimmers überhaupt aus den Gedanken des Alltags verdrängen? Fragen, die vielleicht nur der Fremde stellt, der die Häuser der Insel Heimaey nicht anders zu betrachten vermag als mit Unbehagen. Man weiß, sie stehen auf dem Schlund zur Hölle, und ertappt sich immer wieder, wie man einen prüfenden Blick auf den Rauch wirft, der wie eine warnende Quarantäneflagge ständig über den Abhängen weht. Weiß qualmende Linien durchziehen die schwarzen Aschefelder – undichten, aufgebrochenen Nähten gleich, aus denen der Berg jeden Augenblick erneut zu platzen droht. Aber die Leute von Heimaey hätten viel zu tun, wenn sie dem von morgens bis abends Beachtung schenken wollten. Ihre Vorfahren lebten mit dem schlummernden Ungeheuer, wieso nicht auch sie?

Gewiß, damals in jener Winternacht, die so unerwartet heiß wurde, weil das Monstrum den Rachen aufriß, um seinen glühenden, zähen Auswurf gegen die Stadt und ins Meer zu wälzen, in dessen eisiger Flut er zischend und dampfend erstarrte, damals hat es sie alle aus ihren Wohnungen verjagt. Aufs Festland mußten sie sich in Sicherheit bringen. Doch sie kehrten zurück, kaum daß der

Spuk vorüber war, und stellten fest: Der Berg hatte zwar ein paar von ihnen ihrer Behausungen beraubt, im übrigen jedoch der Gemeinde eine Stadtmauer aus dunklem Gestein beschert sowie eine nicht unpraktische neue Mole für den vorher eher ungesicherten Hafen. War auch die Einfahrt für die Kutter etwas enger geworden und erforderte nun erhöhte Vorsicht beim Ein- und Auslaufen, so waren sie doch an ihren Liegeplätzen nun nicht mehr den wütenden Attacken des Atlantiks preisgegeben.

Es scheint, als hätten sie sich arrangiert, die Menschen und der schwelende Inselberg mit den verborgenen Abgründen, in denen er im Namen Lokis das Feuer hütet. Als wir am Vormittag das erste Mal vors Schott treten und die Glieder recken, stellen wir beruhigt fest, daß es wenigstens nicht nach Pech und Schwefel riecht, sondern wie in vielen anderen Häfen auch. Starker Fischgestank hängt in der Luft und verrät, um was sich das tägliche Bemühen der Einwohner von Heimaey dreht. Allem Anschein nach trauen die Fischer nach dem gerade verebbten Sturm dem Wetterfrieden noch nicht so recht. Viele haben es vorgezogen, im Schutz des Hafens zu bleiben, glücklicherweise auch der Nachbar, mit dem wir verknotet sind, was es uns erlaubte, ohne Störung auszuschlafen. Den tobenden Atlantik noch in allen Knochen, haben wir uns ziemlich spät aus dem Tiefschlaf ins Leben zurückgerekelt, und es will überhaupt nicht gelingen (dem leidgeprüften Skipper am wenigsten), abrupt zur Tagesordnung überzugehen. Mühsam fange ich an, Überlegungen anzustellen: Man wird in Reykjavik anrufen müssen, beim dortigen Hafenmeister, der hoffentlich unserem Helmut übermitteln kann, daß es uns noch gibt – nur eben ganz woanders als verabredet. Dazu muß ich allerdings erst ein Telefon ausfindig machen, was mir im Augenblick noch sehr anstrengend erscheint. Während ich den Genuß des entspannten und ausgedehnten Frühstücks noch nicht beenden mag, verläßt die Bordfrau bald den Tisch, um sich ihrer größten Sorge zu widmen: dem Befinden des Schiffes, das sie als erstes einer Inspektion auf mögliche Sturmschäden unterzieht. Die improvisierte Befestigung des Großbaums sehe recht ordentlich aus, läßt sie sich lobend vernehmen, ruft mich aber kurz darauf alarmiert aufs Vorschiff: „Burghard, komm mal her!"

Fast ein Mastbruch

Was ich sehe, läßt mir das Blut gefrieren. Das Oberwant, eine der entscheidenden Halterungen des Mastes, zeigt am unteren Ende, kurz vorm Walzterminal, einige Drahtkardeele, die gebrochen sind und wie die Borsten eines Pinsels hervorschauen. Nur noch wenige Millimeter Draht fixieren an dieser Stelle den Mast.

„Eine halbe Stunde länger auf See, und wir wären kopflos hier angekommen", sagt Helga so sachlich, wie es nur eben geht.

Einigermaßen geschockt befingern wir die zerfaserte Stelle, uns betroffen das knapp verfehlte Desaster eines Mastbruchs ausmalend. Uns wird klar, daß wir Heimaey erst nach peinlich genauer Überholung des Riggs wieder verlassen können.

Da unterbricht ein freundlicher Zuruf unsere Horrorvisionen. Vom Nebendeck macht ein älterer Herr in Uniform auf sich aufmerksam und Anstalten, herüberzusteigen. Ach so, wir befinden uns ja wieder in den Fängen der Zivilisation – Islands Zoll kommt zum Einklarieren. Dieses Ritual war uns während der paradiesisch unbürokratischen Zeiten in Grönlands Häfen und Fjorden schon ganz entfallen. Allzu pedantisch wird aber dieser Pflicht, wie sich zeigt, auch nicht nachgegangen. Unsere Angabe, direkt von einem grönländischen Ankerplatz zu kommen, entlastet uns von jedem Verdacht des Alkoholschmuggels. Oh, wenn das so ist? meint der Staatsdiener wissend. Dann sei auf diesem Schiff ganz bestimmt nichts wegzuschließen. Wer aus westlicher Richtung Island anlaufe, besäße in der Regel nicht mal mehr eine Flasche hochprozentiges Rasierwasser im Regal, stimmt's? Der Mann kennt sich aus. In der Tat wurden unsere bordeigenen Spirituosenbestände von den durstigen Besuchern der letzten Monate restlos vernichtet. So ausgetrocknet war SHANGRI-LA noch nie. Wer immer sich künftig als Gast einfindet, kann nur noch mit Pulverkaffee abgefüllt werden. Der erste, den dies harte Los trifft, läßt nicht lange auf sich warten. Kaum daß der Zöllner sich verabschiedet hat, grüßt ein anderes Gesicht über die Reling mit der weltweit einheitlichen Floskel, es sei ja keine Neugier, nur Interesse – aber ob man zwecks Information wohl mal gucken dürfe?

Ein Männlein mit sauber gescheiteltem schwarzem Haar betritt das Deck, blickt sich angeregt um und gibt bekannt, auf den schönen Namen Thorvald zu hören. Thorvald? Manche Leute sehen ja so aus, wie sie heißen, in dieser Figur aber einen Namensvetter des nordischen Helden aus der Wikingersaga zu vermuten, ist eher abwegig. Darunter hatte ich mir immer so einen Schwarzenegger in engelblond vorgestellt. Dieser schmächtige Normanne hingegen wäre leicht mit dem Pizzaiolo zu verwechseln, der beim Italiener um die Ecke die Mozzarella auf den Hefeteig klatscht. Helga kommt später zu dem Schluß, Thorvalds Gene seien höchstwahrscheinlich als Souvenir von einem der normannischen Sizilienraubzüge in nördliche Breiten gelangt. Daß dieser Tarzanverschnitt aller fragwürdigen Vordergründigkeit zum Trotz ein waschechter Nordländer ist, davon kündet allerdings sofort seine süßliche Säuferfahne, die ihm als deutlicher Identitätsausweis vorausflattert, und die ungläubige Miene, mit welcher er unsere Einladung auf eine Tasse Kaffee entgegennimmt. Er bleibt trotzdem. Und schon zehn Minuten später bedaure ich, diesen Besucher wie einen Penner abgekanzelt zu haben, denn Thorvald ist ein leicht zu verkennender Genius. Der grazile Isländer, der da artig auf dem Sofa sitzt, wohlerzogen an seiner Tasse nippt und gepflegte Konversation betreibt, entpuppt sich – Promille hin, Promille her – als überaus charmanter Vertreter, dessen Humor und umfassende Bildung uns in den wenigen Tagen unseres Aufenthalts dieses kleine Stück Island auf unvergeßliche Weise näherbringen werden.

Heimaey und sein Vulkan

An Gesprächsstoff mit aufgeschlossenen Gästen mangelt es uns nie. Erst recht, wenn man einander niemals zuvor begegnet ist, gibt es genug zu erzählen, was der eine von der Welt des anderen nicht weiß. So stecken wir im Handumdrehen in angeregter Unterhaltung und mittendrin im Vulkanausbruch. Worin sonst? Der ist schließlich die einzige Attraktion, um nicht zu sagen der Knalleffekt, jedenfalls wohl das Bemerkenswerteste in der Geschichte Heimaeys und seiner Insulaner. Von so was kann man lange zehren. Und Thorvald ist ein kompetenter Chronist, war sogar selbst bei dem Inferno zugegen. Ja, das hätten sie nicht gedacht, daß ihr einsamer Felsklotz im Atlantik mit dem bißchen grünen Gras und den paar Schafen einmal Schlagzeilen für die Weltpresse liefern würde. Niemand jenseits des Ozeans hätte wohl jemals von Heimaey, einer der kleinen Westmännerinseln vor der Südküste Islands, Notiz genommen, wäre nicht dieser Berg, zu dessen Füßen sich die gleichnamige Ortschaft ausbreitet, unvermutet in Bewegung geraten.

Als sei es gestern gewesen, sagt Thorvald, habe sie sich allen ins Gedächtnis gebrannt, die Nacht vom 22. auf den 23. Januar 1972, in der sich ohne Vorwarnung eine Energie Bahn brach, die als längst erloschen gegolten hatte. Unter Beben und Donnern öffnete sich der Abhang, riß eine anderthalb Kilometer lange Erdspalte auf wie einen Reißverschluß, und gleich darauf trieb ein gigantisches

Feuerwerk die Leute aus den Betten. Eine glückliche Vorsehung, erinnert sich Thorvald, habe es gewollt, daß tags zuvor aufgrund einer Sturmwarnung eine Menge Trawler und anderer Schiffe im Hafen von Heimaey Zuflucht gesucht hatten. So sei die Evakuierung kein Problem gewesen. Für jeden gab es Platz auf den Booten, von denen die ersten noch während der Nacht ausliefen. Hunderte von Menschen drängten sich auf den Decks, aber alles ging geordnet und diszipliniert vonstatten, niemand sei in Panik geraten, obwohl die Vertriebenen hilflos mitansehen mußten, wie in der feuerrot beleuchteten Nacht ein dicker, glühender Wurm sich dem Meer zuschlängelte und die Häuser am Ortsrand unter sich begrub. Schließlich erkannte man aber die größte Gefahr: Der Lavastrom war drauf und dran, dem Hafeneingang einen soliden Riegel vorzuschieben – und da zeigten sich die Männer von Heimaey nicht gewillt, ihrer Stadt den Hafen und sich selbst die Existenzgrundlage nehmen zu lassen. Man schritt zum Gegenangriff, und (die Hühnerbrust bläht sich) er selbst, Thorvald, gehörte zu dem unerschrockenen Trupp, der die Hafenzufahrt verteidigte. Alle verfügbaren Pumpen wurden herbeigeschafft, um die Glutwalze mit Atlantikwasser zu bespritzen. Und der Kniff gelang: Das Erstarren des flüssigen Gesteins konnte beschleunigt werden, der Lavastrom staute sich, kam zum Stillstand, knapp bevor er die letzte Lücke der Einfahrt versperren konnte.

In den folgenden Tagen kamen mehr und mehr Freiwillige vom Festland zurück und machten sich daran, die letzten Brände zu löschen und ganze Dünen schwarzer Asche von den Häusern zu schaufeln. Erstaunlich schnell normalisierte sich das Leben auf Heimaey, ging alles wieder seinen gewohnten Gang – nur in einer etwas veränderten Landschaft. Und vielleicht rührt daher die erstaunliche Gelassenheit der Insulaner gegenüber dem Ungetüm: daß sie ihm so erfolgreich Paroli geboten haben. Thorvald jedenfalls hat keine Angst. Natürlich könne es wieder passieren, aber warum sollte man nicht auch ein nächstes Mal damit fertigwerden? Nein, das Leben auf Heimaey sei sehr schön, und um uns davon zu überzeugen, müßten wir unbedingt ein bißchen bleiben. Wir sind herzlich eingeladen, ihn zu Hause zu besuchen.

Seine Frau, versichert Thorvald, werde sich ungemein freuen, uns kennenzulernen. Das, schlage ich etwas dreist vor, könnten wir am besten sofort tun, da wir sehr dringend nach Reykjavik telefonieren müßten, wo ein neues Crewmitglied ohne Lebenszeichen von uns herumsitze.

Ich habe den Satz gerade zu Ende gesprochen, als auf der Pier ein bremsendes Auto zu hören ist. Hinter den Aufbauten des Nachbarkutters machen wir ein Taxi aus, und dem entsteigt eine Figur, die mir unerhört bekannt vorkommt, bezahlt und lädt einige Gepäckstücke aus dem Kofferraum.

„Grüß euch, Leute", sagt Helmut. „Da seid ihr ja, Gott sei Dank!"

Das kann doch nicht wahr sein! Wir trauen weder unseren Augen noch unserem Verstand. Woher in aller Welt weiß Helmut...?

Es folgt eine Viertelstunde der kompletten Verwirrung, in der alle auf einmal reden, keiner etwas versteht, aber Freudengejohle kundtut, daß unsere Welt nun wieder in Ordnung ist. Thorvald steht schmunzelnd daneben und verfolgt das Geschrei, bis es sich erschöpft.

Also, Helmut hat das folgendermaßen angestellt: Der Hafenmeister von Reykjavik, von dem um seine Freunde sehr besorgten Deutschen aufs heftigste genötigt, mußte sämtliche Amtsbrüder in den Häfen der West- und Südküste anrufen mit der Bitte, es umgehend zu melden, falls ein roter Katamaran mit deutscher Flagge auftauche. Nun ja, und der Kollege auf Heimaey sei eben fündig geworden und konnte die ersehnte Nachricht übermitteln. Worauf Helmut die nächste Maschine bestieg, die zu den Westmännern flog. Ganz einfach, nicht? Ich wußte ja, daß Helmut über Organisationstalent verfügt, aber auf ein so rasches Zustandekommen unserer Verabredung hätte ich doch nicht zu hoffen gewagt.

Im Nu steht die ganze Bude auf dem Kopf, verteilen sich Helmuts Siebensachen in der Wohnküche, wird gequasselt ohne Punkt und Komma. Thorvald merkt, daß er Sendepause hat, und verabschiedet sich mit der verbindlichen Zusicherung, uns alle drei am Abend abzuholen. Wir setzen ein drittes Mal an diesem Morgen Kaffeewasser auf, und Helmut, nicht nur willkommene Ergänzung der Crew, sondern auch ersehnter Ersatzteillieferant und Heimatkorrespondent, fördert aus seinen Taschen gleich das Wichtigste zutage: Briefe von zu Hause. Die nächste Stunde gibt es eine Menge zu lesen, und dabei spüren wir, daß die Heimat nicht nur symbolisch, sondern auch auf der Landkarte schon ein beachtliches Stück näher gerückt ist. Ein Brief ist dabei, der uns dies auf etwas verwirrende Weise klarmacht. Was mag sich Jörg, mein alter Kumpel aus frühen Sturm- und Drangtagen, wohl gedacht haben, als er schrieb: „Seid möglichst am 26. September um 12 Uhr an der Mole in Travemünde." Er habe sich ausgerechnet, daß dieser Termin sicherlich zu schaffen sei, und wir sollten uns um Pünktlichkeit bemühen.

Helmut behauptet, völlig ahnungslos zu sein.

So entstanden die Westmännerinseln

Es war einmal ein Riesentrollweib, das hauste im Süden Islands, und einem kleinen männlichen Troll widerfuhr das Unglück, ihr zu gefallen. Durchtrieben, wie nur Trollweiber sind, lud sie das Objekt ihrer Begierde zu Speise und Trank ein, und dämlich, wie nur kleine Trollmänner sind, folgte er der Aufforderung. Solange sich die Zweisamkeit auf Gaumenkitzel beschränkte, herrschte Friede an der Tafel. Dann aber, von weitergehenden Gelüsten überwältigt, kam das Weib dem Troll zu nahe, und das Männlein, von den gewaltigen Ausmaßen der hitzigen Verehrerin bedrängt, ward von Panik ergriffen und suchte Hals über Kopf das Weite. Die Verschmähte geriet in wilden Zorn, langte nach herumliegenden Wackersteinen und feuerte sie dem Entwichenen hinterher, der, einem verängstigten Kaninchen gleich, über die Äcker um sein Leben rannte. Einige der steinernen Wurfgeschosse fielen ins Meer, und so, behauptet die Islandsaga, seien in grauer Vorzeit die Westmännerinseln entstanden.

Ich schwöre, diese Geschichte erst lange nach unserem Aufenthalt in Heimaey erfahren zu haben, und weise den Verdacht von mir, der gute Thorvald und seine üppige Trollin seien inspiriert von den Gestalten aus dieser Sage. Die Ähnlichkeiten sind allerdings so augenfällig, daß ich heute noch die Erinnerung an unseren kleinen Pseudo-Wikinger und seine Frau stets mit der Entstehungsgeschichte ihrer Insel verknüpfe.

232

Thorvald erscheint pünktlich wie versprochen wieder an der Pier, als auf der SHANGRI-LA eben der Abendbrottisch abgetragen wird. Helmut, unser dritter Mann, hat sich im Laufe des Nachmittags eingerichtet und fühlt sich auf der ihm vertrauten SHANGRI-LA wie zu Hause. Als professioneller Bootsbauer hat er bereits ihre Sturmschäden unter die Lupe genommen, und wir sind dankbar, in der nächsten Zeit einen erprobten Handwerker und segelkundigen Kameraden an Bord zu haben. Heute abend jedoch soll erst einmal der Entspannung und der Völkerverständigung gefrönt werden. Thorvald, mit unvermindertem Promillepegel, ohne jedoch betrunken zu wirken, hat sich richtig in Schale geschmissen, den Scheitel der verräterisch schwarzen Haartracht noch mal akkurat nachgezogen und erklärt, wir könnten jetzt mitkommen, seine Frau habe nichts dagegen. Da stutze ich das erste Mal. „Hat nichts dagegen"? Das hört sich an wie: „Mami hat gesagt, ich darf euch mitbringen". Heute morgen war noch von einer Frau die Rede, die sich ungemein freuen würde, einmal so weitgereiste Gesichter in ihrer Stube zu begrüßen. Aber man soll nicht jedes Wort auf die Goldwaage legen.

Wir traben los, immer hinter Thorvalds Fahne her. An der Eingangstür eines gepflegten Neubauhäuschens heißt es, Schuhe ausziehen, was keine Schikane ist, sondern Sitte in Island. Hübsch und gemütlich ist es bei Thorvald, durchdacht und geschmackvoll die Einrichtung, und was sofort auffällt, sind quadratmeterweise Bücher an den Wänden: zweifellos die Quelle, aus welcher der Gastgeber seine breite Allgemeinbildung schöpft, die uns in den nächsten Tagen noch beeindrucken wird. Wir sind angenehm überrascht, allerdings nur so lange, bis der Paukenschlag erfolgt: Durch die Wohnzimmertür stampft Gudrid, des schmächtigen Italo-Normannen angetrautes Trollweib, die fleischgewordene Riesin der Islandsaga.

„Das", wispert der Ehemann, „ist meine Frau."

Troll Thorvald und seine Riesin

Wir drei, erschrocken verstummend, schrumpfen augenblicklich zu Däumlingen, und Thorvald wirkt wie paralysiert in ihrer Gegenwart. Als die Gewaltige mir von der Höhe ihres Olymps die Pranke herunterreicht, dräut über meinem Haupt ein Busen, der allein einen Vulkanausbruch verhindern könnte. Unwillkürlich erwidere ich die Begrüßung mit einem devoten Diener. In diesem Augenblick kenne ich die Sage von der Riesin und dem geflohenen Männlein noch nicht, kann aber heute beurteilen, daß die Version, die ich später las, das Ende der Geschichte unterschlagen haben muß. Die Sache ging nämlich noch weiter, und deshalb hier in Kürze und exklusiv die Fortsetzung der Westmännerlegende:

Als die Riesentrollin die Vergeblichkeit ihres Bombardements einsah, setzte sie dem armen kleinen Kerl in gewaltigen Sprüngen hinterher, erstickte die Bedenken des Wehrlosen in den Massen ihrer Oberweite und entführte ihn hinüber auf den größten der ins Meer geworfenen Felsbrocken, von wo der Troll, vom Ozean umschlossen, nicht mehr entwischen konnte. Sie ehelichte ihn ungefragt, nannte sich nach alter Wikingertradition Gudrid und das Männchen Thorvald, das von nun an nichts mehr zu melden hatte, und wenn sie nicht gestorben sind, dann leben sie heute noch so glücklich, wie Gudrid behauptet.

Rette sich wer kann, ist mein erster Reflex, und ähnliche gesunde Fluchtimpulse, den meisten Menschen zur Lebenserhaltung angeboren, stehen auch Helmut und Helga ins Gesicht geschrieben.

Gudrid die Riesin, an ihrem Endloswachstum natürlich ebenso schuldlos wie an ihrer Teufelsfratze, ist schon ein harter Brocken fürs Gemüt, vor allem als optischer Kontrast zu Thorvald, der neben ihr noch zerbrechlicher wirkt in seiner mediterranen Geschmeidigkeit. Sie könnte sich ihren Ehemann glatt als Krücke unter die Achsel schieben, und womöglich hat sie es schon probiert, was die leichten O-Beine des Gatten erklären würde. Zu allem Überfluß hat Gudrid das unwahrscheinliche Pech, einem Piranha zu ähneln: Die weit vorstehende Kinnlade beherbergt eine furchterregende Reihe kleiner, spitzer Zähne, während der Oberkiefer eine zurücktretende Knautschzone bildet. Hinter der Oberlippe, schmal wie ein Strich, kann man sich Zähne denken oder auch nicht. Bei schlechtem Wetter, so ist zu befürchten, nötigt sie diese Kieferkonstruktion, die Hand vor den Mund zu halten, auf daß es nicht hineinregne. Nun ist ja, zugegeben, der Mensch nicht verantwortlich für die Fehlversuche, welche die Natur an ihm begangen hat, und natürlich weiß auch der Erzähler, daß selbst hinter der bedauernswertesten Fratze oft ein herzensguter Mensch zu finden ist. Aber leider ist nicht einmal das von Gudrid der Walküre zu vermelden. Im Gegenteil. Wie Thorvald von dieser Giftspritze traktiert wird, das kommt sonst höchstens in den Sprechblasen der Comic-Hefte vor. Nein, er hat nichts zu lachen, der gekidnappte kleine Troll, das kuschende Hündchen, das von seinem Feldwebel zurechtgepfiffen wird. Rette sich wer kann, das ist leicht gesagt. Für Thorvald gibt es, soviel wird bald deutlich, nur eine Rettung: Er geht, wann immer es erforderlich ist, in die innere Emigration. Vertieft sich in die Unzahl seiner geliebten Bücher, lernt aus ihnen eifrig, was es von der Welt außerhalb seiner Gefängnisinsel zu lernen gibt. Jetzt aber schwitzt er sichtlich Blut und Wasser. Nicht nur das Auftreten, allein schon die Existenz seiner Angetrauten erfüllt ihn vor anderen mit offenkundiger Qual. Diese Peinlichkeit wäre ja nun leicht zu vermeiden gewesen, warum tut er es sich überhaupt an, Fremde mit heimzubringen? Die Frage beantwortet sich, als eine hausfraulich bedingte Abwesenheit der Kerkermeisterin ihm erlaubt, aufatmend zum eigentlichen Grund seiner Einladung zu kommen: „So, jetzt zeige ich euch meinen Hobbyraum!" Und mit geheimnisvoller Miene, die sein Gesicht wie erlöst aufleuchten läßt, winkt er uns, ihm über eine steile Treppe nach unten zu folgen. Nun erwecken Kellerräume, in denen meistens Laubsägearbeiten oder dem Zusammenleimen von Modellautos nachgegangen wird, bei mir nur ein mäßiges Interesse. Aber man will den Gastgeber ja nicht kränken, und jeder Anlaß, dem Machtbereich seiner Xanthippe zu entkommen, kann nur willkommen sein.

Die Brauerei im Keller

In einem sauber gestrichenen Raum empfängt uns ein seltsames System von Röhren, Kupferleitungen, Behältern und Flaschen, vor dem sich Thorvald mit dem Stolz eines Taubenzüchters aufbaut: „Na, ist das was? Ich kann euch verraten, und ihr werdet euch gleich selbst davon überzeugen, daß hier das beste Bier von ganz Island gebraut wird!"

Helga wirft mir einen verschleierten Blick zu, aus dem der ganze Frust einer genervten Seele spricht. Es ist aber auch zum Ausrasten. Gerade waren wir noch überzeugt, mit der grönländischen Drei-Meilen-Zone endlich auch die Promillegrenze passiert zu haben, und sind doch nur vom Regen in die Traufe gekommen.

Thorvald klärt uns darüber auf, daß man in Island geradezu zur Eigenfabrikation gezwungen sei, von Staats wegen, denn das Land führe weder Bier ein, noch werde es auf seinem Boden industriell hergestellt. Statt dessen bietet der Handel sogenannte Bastelpackungen für den chemisch begabten Hobbybrauer an, die alle Zutaten für ein allerdings alkoholfreies Bier enthalten. Was Wunder, daß sich Island zur Hochburg der privaten Kellerbrauereien entwickelt hat und es von Fachleuten in dieser Kunst nur so wimmelt. Jeder Isländer, versichert Thorvald glaubhaft, könne fachkundiger als ein Apotheker darüber Auskunft geben, durch welche Tricks das harmlose Erzeugnis aus der Bastelpackung mit den gewünschten „Prozenten" zu veredeln sei. Um aus der nach Bier schmeckenden Limonade etwa ein Thorvald-Pilsener zu machen, bedürfe es lediglich einer gewissen Menge Zucker (was erklärt, warum sich ganz Island über steigende Zuckerpreise fürchterlich aufregen kann).

Thorvalds Apparaturen machen mich skeptisch. Wenn ich nicht

irre, gibt es Unterschiede zwischen der Technik des Bierbrauens und der des Schnapsbrennens, und hier scheint mir für beides gesorgt (was dann etwas neben der Legalität wäre). Dieser Verdacht soll sich bewahrheiten. Natürlich müssen wir kosten, versteht sich doch, denn Thorvald hält uns, da weitgereist, für eine kompetente Jury im Bewerten geistiger Produkte. Die erste Probe schmeckt auch tatsächlich nach Bier, und Helmut versichert, nach zehn Gläsern handelsüblicher Ware würde diese Hausmarke gar nicht mehr als Amateurerzeugnis auffallen. Das nächste Gläschen, ich wußte es doch, ist ein starker Stoff, der Helga die Tränen in die Augen treibt und Thorvalds Dauerfahne erklärt, denn natürlich muß das Fabrikat einer täglichen Qualitätskontrolle durch den Hersteller unterzogen werden.

Ich gebe allerdings zu, daß es in diesem einen und einzigen Fall Umstände gibt, die einen Menschen im rosaroten Nebel einer Droge Zuflucht suchen lassen. Wer weiß, in welche Abgründe *mich* diese Beißzange mit den Piranhazähnen und dem Motorsägenorgan getrieben hätte?

Bald klappt oben eine Tür. Die Trollin ist zurück. Thorvald zuckt zusammen, als es ohrenzerreißend die Treppe herunterschrillt. Man muß nicht der markigen isländischen Sprache mächtig sein, um jedes Wort zu verstehen: „Schluß da unten! Raufkommen!" Thorvald kippt mit ruhiger Hand noch einen Schluck, und ich entdecke in mir die schrecklich asoziale Anwandlung, daß ich diese Frau umbringen würde, und zwar mit einem Urschrei der Erleichterung.

„Wir gehen dann wohl besser", sagt Helga. „Vielen Dank, es war sehr nett."

„Ich komme mit!" schnellt Thorvald auf. „Ich bringe euch zum Hafen."

Und während wir dann gemessenen Schrittes zur SHANGRI-LA zurückspazieren, offenbart dieser sonst durchaus kultivierte Mann das Ausmaß seiner Not, indem er ausspricht, was kein höflicher Mensch zu denken gewagt hätte.

„Beim nächsten Vulkanausbruch", sagt Thorvald, einen düsteren Schwur im Blick, „fackel' ich sie ab."

Wir retten die Ehre des isländischen Fischs

Es ist das alte Lied: Liegt SHANGRI-LA erst länger als drei Tage in
einem angenehmen Hafen, sinkt bei mir rapide die Bereitschaft,
überhaupt wieder wegzufahren und all den Annehmlichkeiten zu
entsagen. Das Wetter ist sommerlich geworden, ein hoher, blaß-
blauer Himmel wölbt sich über den glasklaren Felskonturen der
baumlosen Insel, und der Vulkan kokelt friedlich vor sich hin.
Warum heimwärts hetzen? Immerhin befindet sich Helmut im
Urlaub und soll auch etwas davon haben. Rasch hat sich der Tages-
ablauf wie folgt eingependelt: Die Vormittage sind dem Vergnügen
gewidmet und finden uns überwiegend im Schwimmbad von Heimaey. Nachmittags wird der Pflicht gehorcht und am Schiff gewer-
kelt, um die Wunden der Sturmfahrt zu heilen.

Unser Gastspiel im Hause Gudrids, der nordischen Medusa,
bleibt das einzige; aber Thorvald, der designierte Drachentöter, hat
in der SHANGRI-LA eine sichere Fluchtburg ausgemacht, in der er
täglich Asyl sucht. Eigentlich kaum vorstellbar, daß sich an einem

Ort wie Heimaey ein Mensch als Computerfachmann durchs Berufsleben schlagen kann. Aber Thorvald kann's und ist damit einer der wenigen auf der Insel, die nicht unmittelbar „am Fisch" arbeiten. Gleichwohl ist alles, was mit Fischfang oder -verarbeitung zu tun hat, jedem Isländer eine Herzensangelegenheit. Dies wird deutlich, als Thorvald eines Morgens echauffiert über die Pier eilt und wir im ersten Moment Gudrid keulenschwingend auf seinen Fersen vermuten, er aber nur mit Katastrophenmiene eine Zeitung schwenkt. Ob wir schon gehört haben, was passiert ist? Nach dem Grad seiner Erregung zu urteilen, muß es sich um einen mittleren Waffengang verfeindeter Mächte handeln. „So kann man es nennen", bestätigt Thorvald. „Ihr habt Island den Krieg erklärt!"

Was haben wir?

„Die Deutschen", stößt Thorvald verbittert hervor, „wollen unseren Fisch nicht mehr! Unser Hauptabnehmer läßt uns fallen! Wissen die bei euch denn nicht, was das für uns bedeutet? Wir leben davon! Das ist Wahnsinn, die schicken ganz Island ins Armenhaus!"

„Warum sollten sie?" frage ich begriffsstutzig.

Thorvald entfaltet flatternd die Zeitung und übersetzt den Leitartikel ins Englische: Über die bundesdeutschen Fernsehschirme sei eine Sendung gelaufen, in der grausliche Würmer zu sehen waren, die sich höchst ekelerregend aus den Bauchlappen von Speisefischen ringelten und jedem potentiellen Fischesser gründlich den Appetit verdorben hätten. Natürlich habe das Ungeziefer auch einen wissenschaftlichen Namen, mit dem man die Leute zusätzlich erschrecken könne: Nematoden heißen sie. Der deutsche Konsument fürchte nun um Leib und Leben und habe den Genuß von Fischen vollkommen eingestellt. „Nichts für ungut", sagt Thorvald, „aber die spinnen." Ein Würmchen im Fischgedärm, das sei in den warmen Monaten des Jahres seit Urzeiten vorgekommen, genau wie Kartoffeln manchmal eine schwarze Stelle hätten. „Fisch ist gesund!" stellt dieser in seiner persönlichen Ehre getroffene Isländer klar. „Aber bis die das bei euch kapieren, ist unsere Wirtschaft wahrscheinlich zusammengebrochen."

Ich bemühe mich um Schlichtung: So schlimm werde es doch nicht gleich kommen. „Und ob!" versetzt Thorvald und zitiert wieder die Zeitung: Schon jetzt sei der Absatz völlig zum Erliegen gekommen. Das bedeute natürlich, daß auch die Händler in Deutschland, die auf dem angelandeten Fisch sitzenbleiben, dabei bankrott gingen. Das Ganze sei kompletter Irrsinn.

An dieser Stelle schaltet sich Helmut ein mit der Ansicht, das Thema sei womöglich nur künstlich aufgebauscht, um bei den Medien das Sommerloch zu füllen, woraufhin Thorvald aufgebracht erklärt, das sollten sie dann gefälligst nicht auf Kosten anderer Leute tun. Um keine politischen Feindseligkeiten auf die SHANGRI-LA überschwappen zu lassen, versichere ich eidesstattlich, daß an Bord unseres Schiffes seit Jahren Fisch an erster Stelle im Küchenfahrplan stehe und sich daran auch nichts ändern werde. Und vor isländischem Fisch grause uns schon gar nicht. Dabei fällt mir ein, daß wir unser Mittagessen mal wieder direkt aus dem Meer holen könnten. Meine passionierte Fischerseele lechzt danach, der geliebten sportlichen Nahrungsbeschaffung nachzugehen. Thorvald besänftigt das außerordentlich, da er es als einen Akt der Solidarität begreift. Er beschreibt mir sofort eifrig, wo genau vor Heimaey der erfolgversprechendste Standort sei: Man brauche sich nur mit dem Dingi zwischen die beiden vorgelagerten kleinen Inseln treiben zu lassen, dort stehe jede Menge Dorsch und Schellfisch. Das hört sich verheißungsvoll an, viel besser als was Aufgewärmtes zu Mittag.

„Wie ist es, kommst du mit?" stoße ich Helmut, unseren Matrosen auf Zeit, an.

Aber der hat zunächst gar keine Lust und findet Angeln reichlich öde. Zwar hat er es noch nie gemacht, aber man weiß ja, daß Angler bei ihrem hirnrissigen Hobby tagelang bewegungslos verharren und sich noch dazu so verhalten, als hätten sie ein Schweigegelübde abgelegt.

Ich kann mir ein Grinsen nicht verkneifen. „Wenn du diese Vorstellung hast, solltest du erst recht mitkommen. Wir gehen nicht angeln, wir gehen Fisch holen und sind in einer Stunde zurück. Versprochen!"

Helmut hält diese Behauptung natürlich für reinen Zweckoptimismus, läßt sich aber trotz aller Skepsis überreden, mir Gesellschaft zu leisten. Wenige Minuten später rauschen wir mit dem

Schlauchboot an der Felswand der Papageientaucher vorbei, die sich himmelhoch neben der Hafeneinfahrt erhebt. Draußen liegen die beiden von Thorvald bezeichneten Felsinseln, die nur den Seevögeln und der Brandung gehören. In der Mitte zwischen ihnen stoppen wir auf. „Und jetzt?" Helmut blickt sich ratlos um.

„Jetzt kannst du dich nützlich machen." Ich reiche ihm eine Rolle mit dem Dorschpilker. Helmut, um nicht zuviel Unkenntnis zu verraten, fängt sofort an, desorientiert damit herumzutüdeln. Ich kann mir die Bemerkung nicht verbeißen, er habe vom Angeln tatsächlich soviel Ahnung wie ein Beduine vom Wasserskilaufen.

„Du wolltest ja, daß ich mitkomme."

„Okay. Wir machen einen Kurzlehrgang, das packst du leicht." Und ich verklare ihm, was Sache ist: Den Pilker langsam bis auf den Grund laufen lassen, ihn dann eine Armlänge wieder hochholen und in regelmäßigen Abständen an der Sehne reißen. Das ist schon alles. Helmut bringt die Zunge in Position, läßt mit höchster Konzentration die Sehne langsam durch die Hände gleiten – und schüttelt nach wenigen Augenblicken den Kopf. „Nee, das war nichts. Irgendwas mache ich falsch, es ruckt immer so."

„Du stellst dich doch sonst nicht so blöd an."

„Aber irgendwas ist falsch! Ich mach's noch mal von vorn." Spricht's und holt nervös reißend die Angel ein.

Ich ahne es ja, will aber dem Debütanten nicht die Überraschung verderben: Einer hat bereits angebissen. Helmut hievt zu seiner grenzenlosen Verwunderung einen Prachtdorsch über die Kante. Ich kann mir nicht helfen, aber in diesem Augenblick haben Helmut und der Dorsch, wie sie sich so anstarren, denselben verblüfften Gesichtsausdruck.

„Kann ja nicht wahr sein", murmelt Helmut fasziniert. „Wo kommt der denn so schnell her?"

„Ich hab' dir doch gesagt, das geht ganz flott."

„Und nun? Der lebt ja noch."

„Logisch. Jetzt haust du ihm eins aufs Hirn, dann lebt er nicht mehr. Und wieder runter mit dem Pilker, wir brauchen noch 'n paar Verwandte von ihm."

„In Ordnung, aber das andere machst du. Aufs Hirn hauen, meine ich."

„Das lernst du auch noch. Was nützt dir so ein Prachtkerl, wenn du ihn nicht ins Jenseits befördern magst? Gib her, meine Bordfrau will die Ware küchenfertig."

Helmut ficht das nicht an, denn im nächsten Moment kriegt er schon wieder den angespannten Dorschblick: „Das gibt's ja nicht, Burghard – es ruckelt schon wieder!"

Und dann ruckelt es nochmals und nochmals, und nach zwanzig Minuten haben sich neun schmackhafte und wurmfreie Beutestücke auf dem Boden des Dingis versammelt, ein Ertrag, der für die nächsten Tage unseren Eiweißbedarf sichern dürfte. Auf der Rückfahrt habe ich einen heftig für den Angelsport entbrannten neuen Petrijünger neben mir, dem es auf Anhieb gelungen ist, siebenmal zuzuschlagen, während der Fischereiexperte von der Shangri-la es gerade auf zwei Fische gebracht hat. Aber so ist das nun mal mit den dümmsten Bauern und den dicksten Kartoffeln.

Eier à la Helgafell

Nach Ablauf einer Woche sind die Schäden weitgehend getilgt. Am Mast haben wir eine vertrauenswürdige, nagelneue Want aufgezogen, nachdem die gefährlich zerfaserte auf den Müll wandern mußte, und mein in der Not entstandener Beschlag am Großbaum hat nach sorgfältigem Nachbessern jetzt fast Markenqualität. Bloß „El Ferro" ist am Ende, unsere Selbststeueranlage. Nachdem sie schon dann und wann eine gewisse Altersschwäche verriet, hat sie nun endgültig den Geist aufgegeben. Daran sei unter den gegebenen Umständen leider nichts zu ändern, entscheidet Helmut, der Sachverständige, nach vergeblichen Wiederbelebungsversuchen, womit feststeht, daß Shangri-la von Island bis Travemünde in herkömmlicher Manier von Hand gesteuert werden muß. Welch glückliche Fügung, daß wir zu dritt sind! Das erleichtert immerhin die anstrengenden Ruderwachen.

Helga, wie immer die erste, die bei den Landaufenthalten wieder ans Segelsetzen denkt, fängt nun prompt an zu drängen: Die Gründe für unser Verweilen hier seien ja jetzt erledigt. Sie erinnert mich daran, daß wir eigentlich die Atlantikinseln nur für kurze Zwischenstopps zum Verschnaufen und Verproviantieren anlaufen wollten, und dann sei da auch noch dieser ominöse Brief von Jörg. Irgendeine Bewandtnis müsse es doch haben mit dem 26. September, dem vorgeschlagenen Ankunftsdatum. Indessen bin ich zu der Ansicht gelangt, einem Kleinod wie Heimaey ganz und gar unrecht zu tun, wenn man es nur als Startblock für den nächsten Sprung mißbraucht. Das war doch in all den Jahren unsere Maxime: daß wir nicht um die Welt segeln, um komprimierte touristische Pflichtprogramme abzuhaken, sondern um intensiv die Flecken kennenzulernen, an die uns der Wind geweht hat. Aber ich sehe ein: für mehr als ein Beschnuppern reicht die Zeit in diesem Fall nicht.

Thorvald ist fast beleidigt, als er merkt, daß wir uns allen Ernstes mit dem Aufbruch befassen. „Wann segelt ihr denn?" fragt er entmutigt.

Ich suche stummen Blickes die Antwort bei Helga und Helmut und sage dann: „Morgen, denke ich."

Thorvald, der zweifellos durch unser Verschwinden seine Fluchtmöglichkeiten aus der häuslichen Knechtschaft reduziert sieht, protestiert kategorisch. O nein, so plötzlich kämen wir ihm nicht weg, dies und jenes sei einfach noch ein unabdingbares „Muß" für jeden Besucher der Westmännerinseln. Und so lassen wir uns einen weiteren Nachmittag lang von ihm auf staubiger Lavaasche über die Insel kutschieren.

Zum Auftakt seines Kurzprogramms präsentiert uns Thorvald das exzentrisch verformte, roststarrende Wrack eines Fischkutters, dem die Ostküste Heimaeys zum Verhängnis wurde. Was einmal ein Schiff war, gleicht nur noch einer leeren, bis zur Unkenntlichkeit verbeulten Blechdose, die unter rabiaten Tritten als Fußball benutzt wurde. „Die hatten einen Maschinenschaden", referiert Thorvald, „ausgerechnet im Novembersturm, und der hat sie dann über die Felsen geprügelt. Leider hat keiner überlebt."

Wir wenden uns mit Gänsehaut von dem Monument der Vergänglichkeit ab. Um vieles amüsanter, weil lebendiger ist da schon die nächste Attraktion: die quietschfidelen Papageientaucher, deren muntere Kolonie die Klippen am Hafenrand bevölkert. In den Höhlen und Spalten der Steilwand haben sie ihre Brutplätze. Jedes Jahr aufs neue ist es ein Ereignis für die ganze Insel, wenn die

Jungvögel aus schwindelerregender Höhe zum ersten Sturzflug ihres Lebens ansetzen. Noch nicht so zielsicher wie die Alten, leisten sie sich dabei manchen Fehlversuch. Einige der Kamikaze-flieger finden sich statt im Wasser ungewollt auf festem Boden wieder, von wo sie – da sie nicht wieder aufsteigen können – keine Chancen haben, alleine den Lebensbereich zu finden, für den sie bestimmt sind. Diese Pechvögel wären ohne Hilfe dem Verhungern preisgegeben und gelangen nur mit Unterstützung liebevoller Hände in das rettende Element. Die Kinder haben es zum Sport gemacht, morgens auf dem Schulweg verirrte Papageientaucher einzufangen, um sie im Hafen auszusetzen, wo die Kleinen ihrem unerklärlichen, prähistorischen Instinkt folgend sofort zur Nahrungssuche wegtauchen.

Die Zugnummer hat sich unser Fremdenführer natürlich bis zuletzt aufgehoben: den schwelenden Hausberg von Heimaey. Ihn könne man erst durch direkte Tuchfühlung richtig würdigen. Ich weiß nicht, ob das unbedingt sein muß, aber man ist ja nicht feige. Und so rücken wir mit etwas gemischten Gefühlen dem Helgafell zu Leibe, der wirklich so heißt, ohne daß die Bordfrau der SHANGRI-LA Pate gestanden hätte. Auf staubenden Pfaden steigen wir die düsteren Hänge der Aschefelder hinauf, aus denen allenthalben weißer Qualm in Nase und Augen dringt. Thorvald hat aus dem Auto eine kleine Hacke sowie eine Eierschachtel mitgenommen.

Irgendwo auf dem Berg bückt er sich dann, um eine kleine Vertiefung in die Asche zu graben und in diese zwei Eier zu legen. „In fünf Minuten", erklärt er, „holen wir sie wieder raus. Dann sind sie hartgekocht."

Helmut, von Haus aus ein ungläubiger Thomas, hält das für Gaukelei. Er raunt mir zu, wir hätten es hier offenkundig mit einem Routinier zu tun, der für seine Vorführungen zwei von Gudrid gekochte Eier in der Tasche parat habe, um mit solchen Taschenspielertricks Eindruck zu schinden. Als wir gespannt die Demonstrationsobjekte wieder ausbuddeln, sind sie glühendheiß, und Helmut ist der erste, der sich bei der Kostprobe die Zunge verbrennt.

„Na, wie ist dein Ei?" erkundigt sich Thorvald grinsend.

„Gar!" knödelt Helmut.

So was beeindruckt – und läßt schaudernd ahnen, welch gewaltiges Energiepotential sich wenige Zentimeter unter unseren Füßen befindet. Wir sind erleichtert, am Fuß des Berges wieder das Auto besteigen und uns vom Schlund des Drachen entfernen zu können.

Der letzte Tag neigt sich seinem Ende zu, als Thorvald, der sich um die Crew der SHANGRI-LA verdient gemacht hat, an der Pier parkt und freudig unsere Einladung zum Abendessen annimmt. Und wir wissen, daß Heimaey inklusive seiner Trolle und Beutewikinger als einer der Glücksfälle auf unserem Weg verbucht werden kann.

Zwei Weltumsegler
auf Heimatkurs

In glasheller Morgensonne dieseln wir unter der himmelhohen Papageientaucherwand vorbei, mit in der Flaute flappenden Segeln; die Luft ruht so bewegungslos, als existiere sie nicht. Im Widerspruch dazu empfängt uns draußen vor der schmalen Passage eine zwar verheißungsvoll blaue, doch herausfordernd konfuse See: richtiges Rumpelwasser, wie es entsteht, wenn der von der Küste zurückgeworfene Schwell auf eine querlaufende Restdünung trifft. Wir sind nicht die einzigen, die sich, von dem duftig sanften Morgen getäuscht, auf dieser überraschend unruhigen Tanzfläche abplagen: Von Westen her taucht die Silhouette eines herrlichen alten Schoners auf, der sich, die Nase rauf, die Nase runter, in Berg- und Talfahrt zum Eingangsnadelöhr von Heimaey müht. Die können darauf hoffen, das unbequeme Geschaukel bald hinter sich zu haben, für uns dauert es noch etwas. Erst als Heimaey sich anschickt, achteraus hinter die Kimm zu fallen, verebbt der Fahrstuhleffekt im Magen. Die Segel, von einem soliden und willkommenen Westwind gefüllt, stehen wieder unter Druck, und als später das Licht dieses ersten Tages über dem Atlantik verglimmt, in roter Pracht von grauen Abendschleiern verschluckt, da ist Ruhe eingekehrt, das Schiff hat zu seinem gewohnten Gleichmaß gefunden. *Homeward bound!* SHANGRI-LA ist auf dem Heimweg, mit jeder Meile wird uns das jetzt mehr bewußt.

Die Nacht bleibt klar, und eine trauliche Mondsichel hängt über der Weite des Ozeans. Um vier Uhr in der Frühe beginnt meine zweite Ruderwache. Als ich nach oben komme, um Helga abzulösen, wird die Farbe des Himmels schon milchig, und die Sterne sind verblaßt. Helga massiert sich die steifgewordenen Beine und erstattet knapp ihren Lagebericht: „Voraus ist irgendwas, zwei schwarze Punkte. Ich bin daraus nicht schlau geworden. Sieht nach zwei Robben aus, die dauernd auf- und wieder wegtauchen, kommt mir aber irgendwie seltsam vor."

Unbekanntes Seeobjekt voraus!

Ich nehme das Glas, doch das Licht ist noch zu schwach, und die USOs (unbekannte Seeobjekte) sind zu weit weg. Alles, was ich erkennen kann, sind zwei gleichgroße schwarze Punkte, die in der Tat an Seehundsköpfe denken lassen. Unwahrscheinlich allerdings, daß solche Tiere sich in freier Wildbahn mit zirkusreifer Symmetrie bewegen.

Helga gähnt: „Ich hau' mich wieder hin. Erzähl's mir später. Wird ja nicht gerade Nessie sein, die sich verirrt hat." Sie taucht in ihre Koje ab, und ich bin allein mit SHANGRI-LA, dem Morgengrauen und dem Atlantik. Ich behalte die ominösen Klumpen im Visier und gebe mich einem Ratespiel hin, das die Langeweile vertreibt; aber ich kann mir keinen Reim darauf machen, daß diese Dinger nicht nur im steten Gleichmaß der Dünung aus dem Wasser auftauchen, sondern dabei auch noch akkurat gleichbleibenden Abstand zueinander halten. Nach einer Weile liegen sie nicht mehr auf unserer Kurslinie, doch da keine meiner erwogenen Lösungen eine befriedigende Antwort zu sein scheint, will ich es jetzt genau wissen. Kurz entschlossen bringe ich SHANGRI-LA auf Identifizierungskurs. Als ich schließlich herangekommen bin, geben die zwei „Robbenköpfe" ihre wahre Natur preis, die mich in gelinde Verwunderung stürzt. Die Enden zweier stattlicher Eichenpfähle, untereinander mit einem massiven Plankenstück verbunden, ragen lotrecht aus den Fluten: das gut zwanzig Meter lange Fragment einer soliden Holzpier, in welchem Hafen auch immer abhanden gekommen, driftet durch den Nordatlantik!

Damit ist unsere in zehn Jahren schon beachtlich angewachsene Sammlung außergewöhnlicher Schiffahrtshindernisse um eine weitere Variante bereichert. Bislang wurden auf unserer Liste schon geführt: eine zu nachtschwarzer Stunde unbeleuchtete Hafenschute vor der Küste Brasiliens, ein einsamer Container, der sich, ganz allein auf großer Fahrt, in Äquatornähe auf dem Südatlantik herumtrieb, oder etwa die gewaltigen Stämme der vom Strom mitgerissenen Urwaldriesen, die vor der Amazonasmündung gerne auf Kollisionskurs gehen. Bei solcherlei unverhofften Begegnungen stelle man sich dann jene gottverlassenen Blauwassersegler vor, die auf See seelenruhig mit den Hühnern zu Bett zu gehen pflegen, da ja weit und breit nur Wasser sei, und die nicht glauben wollen, daß schon mancher über den einzigen Stein in der Wüste gestolpert ist. Aufgrund der oben aufgelisteten Erfahrung kann ich jedoch verbindlich sagen, daß das Abwegigste manchmal das Nächstliegende ist. Allzu sicher wähne man sich also nie, auch nicht vor den absonderlichsten Fußangeln. Die Regel, daß nicht sein kann, was nicht sein darf, hat sich schon öfter als trügerisch erwiesen. Naturgemäß treten sie überraschend auf, die treibenden Riffe seltsamster Herkunft, die, salopp übersehen und mit Braßfahrt gerammt, eine Yacht unschwer zu Kleinholz verwandeln können. Diese desertierte Holzpier, in irgendeinem Fischernest vermutlich nach einem Sturm auf die Verlustliste gesetzt, wäre im Kollisionsfall immerhin gleich als Rettungsfloß dienlich; doch wünsche ich niemandem, daß er davon Gebrauch machen muß.

Ich bringe SHANGRI-LA zurück auf ihren Bestimmungskurs und gebe mich noch anderthalb Stunden der Eintönigkeit meiner im weiteren Verlauf ereignislosen Wache hin. Mißmutig stelle ich fest, daß sich das Wetter zu ändern beginnt. Der Himmel bezieht sich mit feuchtem Dunkelgrau, und die Sicht trübt ein. Haargenau zum Ende meiner Wache setzt der Regen ein – Pech für Helmut, der gleich im Ölzeug erscheint und im fahlen Tagesschimmer genauso aus der Kapuze guckt wie der Himmel: grau und trübe.

Im tropfenden Einheitsgelb steht er noch nicht lange am Ruder, da brist es auf, was die Crew zu vollzähliger Präsenz alarmiert. Allzu frisch ist noch der Denkzettel im Gedächtnis, den uns der letzte Sturm verpaßt hat. Helga, durch die heftiger werdenden Bewegungen des Schiffes aus ihren Träumen gerissen, wälzt sich aus der warmen Mulde ihrer Koje und nörgelt: „Och nöö... Nicht schon wieder!"

Zum Glück können die Inseln nicht mehr weit sein. Das Radar hat sie, irgendwo vorn hinter Schwaden verborgen, schon angemeldet. Als „Regentonne des Atlantiks" müssen sich die Färöer bezeichnen lassen (von fünf Tagen, heißt es, sei bestenfalls einer regenfrei), und bereits jetzt, obwohl den Blicken noch in einer dicken grauen Suppe entzogen, machen sie diesem Namen alle Ehre. Erst aus kurzer Entfernung pellt sich etwas Sichtbares aus dem Dunst: wilde, kantige Konturen, zerklüftete Steilwände von schauerlicher Schroffheit – ein Erscheinungsbild finsterster Dramatik; aber dafür sind sie berühmt. Der erste Eindruck bestätigt überzeugend, was dem Nordlandreisenden in Bezug auf die Färöer angedroht wird: Wer hierher käme, solle erstens wissen, daß es schlechtes Wetter nicht gibt, sondern höchstens ungeeignete Kleidung, und müsse zweitens einen besonderen Sinn für den exotischen Reiz grober Unwirtlichkeit mitbringen.

Wie ein kleiner Schiffskonvoi – alle ausgerichtet auf Südostkurs –, so liegen die sechzehn bewohnten und diversen unbewohnten, länglichen Inseln dicht beisammen in der sturmumtosten Verlorenheit des Nordatlantiks, karg und öde, fast im Rohzustand, wie die letzte Eiszeit sie zurechtgehobelt und zurückgelassen hat. Kein vorgelagerter Schärengürtel gewährt ihren atemberaubenden Steilküsten Schutz, unermüdlich sägt in peitschenden Winterstürmen die See mit ihrer zerstörerischen Gewalt an den bis zu achthundert Meter hohen Basaltmauern. Bizarre Säulen, Pfeiler und Klippen sind das Ergebnis. Es nötigt schon Bewunderung ab, daß Menschen sich je überwanden, an diesem Hort der Monotonie in völliger Isolation zu siedeln. Die Färinger, seit tausend Jahren auf den Felsen zwischen Island und Norwegen ansässig, bilden heute eine Kommune von immerhin vierzigtausend Menschen (womit sie allerdings eine Minderheit sind, denn den weitaus größten Bevölkerungsanteil stellen die Vierbeiner: siebzigtausend Schafe mähen das Gras, das – dank der Feuchtigkeit üppig – als einziges Grünzeug im rauhen Norden gedeiht). Der mit Dänemark im Staatenbund vereinigte, jedoch weitgehend autonom verwaltete Archipel versteht sich als eigenständige Nation, und diese Selbständigkeit drückt sich auf vielerlei Weise aus. Mal Hand aufs Herz – wußten Sie, daß es ein international anerkanntes Autokennzeichen „FR" gibt? Damit nicht genug. Die Färinger haben auch ihre eigene Flagge, eine eigene Währung, färöische Briefmarken, ein färöisches Parlament – sogar eine färöische Universität. Wer allerdings per Schiff in Regen und Sturm an ihre Küsten gerät, wähnt sich wegen des Nebels und der Kälte auf einem menschenleeren und völlig unbewohnbaren Planeten, der das Zeitalter des Tertiär noch nicht überwunden hat.

Unser Satellitennavigator ist sich mit dem Radar einig: Die schwindelnden Felsabstürze, die rechts und links bis in die Wolken greifen, sind den Inseln Streymoy und Vågar zuzuordnen. Als wir SHANGRI-LAS Nase in den schmalen Sund schieben, der mit nur einem Kilometer Breite einen Durchlaß zwischen den Inseln bildet, dreht der Wind heulend auf. Keinen Augenblick zu früh flüchten wir nach links in eine tiefe, fjordartige Bucht, von heftigen Regenschauern förmlich hineingejagt in die rettende Obhut der Ortschaft Vestmanna. Die zweitgrößte Siedlung der Insel, 1300 Menschen sollen hier leben, erweist sich als ziemlich mickriges Fischerdorf, das uns aber ungeachtet seines ausgesprochen trüben Anblicks richtig froh und dankbar stimmt. Das Sauwetter und die Erleichterung, womöglich einem neuerlichen Sturm entronnen zu sein, geben sogar der wackeligen Holzpier, an der wir SHANGRI-LA mit klammen Fingern festbinden, einen solideren Anschein, als sie in Wahrheit rechtfertigt. Egal – da ist etwas zum Dranfesthalten, das Zuflucht und Sicherheit gewährt, obschon dieser Ort bei objektiver Betrachtung nicht gerade eine Welle von Geborgenheit und Wohlbehagen auslösen würde: jede Menge feuchtes Grau, so weit das Auge reicht, und keine Menschenseele. Wären da nicht ein paar Fischkutter, die neben uns im salzigen Wind an den Leinen knarren, man könnte meinen, Streymoy sei von allen guten Geistern verlassen. Die optischen Reize beschränken sich auf eine Handvoll Fischerhäuschen, die wie ausgestorben daliegen.

Wir lassen die Trübsinnigkeit draußen, machen die Tür von innen zu, pellen uns aus der wetterfesten Kluft und beschließen ein Kontrastprogramm zu der ungastlichen Außenwelt.

„Ich hoffe doch sehr", sagt Helmut, „daß es auf dieser Abenteuerkreuzfahrt jetzt ein anständiges Menü gibt, das Leib und Seele wieder zusammenfügt. Dann verzeihe ich euch vielleicht auch, daß ihr mich nach Sibirien entführt habt."

Die Idee findet breite Anerkennung. Helga beginnt die Vorratskammer zu plündern, und bald beschlagen die Fensterscheiben von appetitlichen Kochdünsten. Wir tischen auf und bewirten uns so fürstlich, wie die Möglichkeiten der Bordküche es zulassen. So was baut auf. Zwei Stunden später, nach drei gepflegten Gängen und Kaffee, sieht die Welt erfreulicher aus – und das nicht nur wegen des befriedigten Magens: Auch draußen vor der Tür fängt es an aufzuklaren. In den schwarzen Wolkenmassen, die sich an den Bergwänden aufgetürmt haben, um sich gründlich abzuregnen, reißt jetzt ab und zu eine Lücke auf, und viertelstundenweise wandert ein wäßrig-blasser Sonnenstrahl über die Bucht.

„Zodiac – nice country"

Während eines solchen regenfreien Intermezzos erblicke ich durchs Fenster diesen Typ draußen auf den Holzplanken. Ha, ein menschliches Wesen! Ich wußte doch, hier mußten welche sein. Er steht da und guckt auf die SHANGRI-LA herunter, wie sie immer alle gucken. Und wie er dann neugierig neben der Bordkante auf und ab spaziert, säbelbeinig, die Arme in der unvermeidlichen Latzhose versenkt, hätte er genauso in Neufundland oder anderswo auf den Plan treten können: Die Fischer der nördlichen Regionen, sie könnten wirklich samt und sonders miteinander versippt und verschwägert sein, so ausgeprägt ist die Übereinstimmung an Statur, Mimik und Bewegung – von Labrador bis zu den Färöern.

Unsere Fensterscheiben sind getönt, so daß sich leichter hinaus als hereinschauen läßt, was gelegentlich von Vorteil ist. Nicht ohne Vergnügen verfolgen wir, wie der knorrige Latzhosenträger unser Schiff von hinten bis vorne und von oben nach unten stirnrunzelnd mit Blicken zu röntgen versucht. Nicht wissend, ob er sich beobachtet fühlen muß, bemüht er sich vorsichtshalber um eine gewichtige Kennermiene; doch gelingt ihm die Expertenpose nicht so ganz: Zu groß sind angesichts dieser offenkundigen Schiffsmißgeburt seine Zweifel am eigenen, handfesten Seemannsverstand. (Mit diesem Ausdruck neugieriger Verblüffung würde man wohl auch ein soeben gelandetes UFO umkreisen.)

Helmut, dem die Abnormität eines Zweirumpfschiffes nicht bewußt ist, kann sich nicht erklären, was es da so zu glotzen gibt. „Mach dir nichts draus", sage ich, „der ist nicht der erste, dessen

Urteilsvermögen bei unserem Anblick ins Stocken gerät. Wenn die hier im Norden ein Schiff in doppelter Ausführung vor sich sehen, erschrecken sie erst mal, weil sie fürchten, daß so das Delirium beginnt." Dieses verstörte Mienenspiel ist uns schon von unzähligen gleichartigen Begegnungen geläufig. Und deshalb trete ich auch hier bereitwillig vors Eingangsschott, um wie immer Rede und Antwort zu stehen.

„Oh. Hello..." Er scheint erfreut, daß kein grünes Männchen zum Vorschein kommt. Ich signalisiere freundliche Absichten und ernte ein schiefes Lächeln samt Zunicken. Nochmals wandert sein Blick hinauf zum Mast und dann von dem seltsamerweise doppelt vorhandenen Bug bis zum Heck, das – anscheinend für Notfälle – ebenfalls gleich zweifach existiert.

„Nice boat", befindet der Färinger höflich. (Das sagt man so, wenn man nicht taktlos sein will.) Er scheint noch immer unsicher, ob hinter dieser Fehlkonstruktion nun Versehen oder Absicht zu vermuten sei. Ich soll aber ja nicht meinen, daß färöische Fischer etwa unwissende Hinterwäldler wären, nur weil ihre Inseln ein bißchen weltvergessen hinter dem Mond liegen. Als der Blick des Betrachters an unserem Achterstag und dem dort befestigten Stander hängenbleibt, erkennt er die Gelegenheit, mich von der hier durchaus üblichen Weltläufigkeit zu überzeugen. Denn das weiß schließlich jeder, auch auf den Färöern, daß die Flagge am Heck Auskunft über das Heimatland eines Schiffes gibt. Pech ist nun allerdings, daß sich unser schwarz-rot-goldener „Adenauer" vor kurzem im heftigen isländischen Wind von uns getrennt hat. Um dennoch Flagge zu zeigen (wenigstens irgendeine) und den Anschein vaterlandsloser Gesellen zu vermeiden, haben wir für Ersatz gesorgt: Aus unserem bunten Sammelsurium habe ich den knallgelben Wimpel mit der Aufschrift „Zodiac" aufgezogen. Der leuchtet so schön als Windfähnchen in dunklen Nordatlantiknächten – und verhilft nun auch unserem färöischen Fischer zu einer Erleuchtung. Wie praktisch, wenn einem die Peinlichkeit erspart bleibt, aus einer momentanen Gedächtnislücke heraus die Nationalfarben dem falschen Staat zuzuordnen – hier steht der Name für jeden, der lesen kann, gleich groß genug drauf...

„Ah, Zodiac!" identifiziert er klarsichtig unsere Nationalität und

fügt, mit dem Kinn zur Flagge weisend, richtig gentlemanlike
hinzu: „Nice country!"

Helga erleidet hinter dem Eingangsschott einen Hustenanfall.
Helmut, neben mir ins Freie getreten, gestaltet sein Gesicht zu
einem einzigen Fragezeichen. Mir gelingt es indessen, Haltung zu
bewahren und ernsthaft zu bleiben, so ernsthaft, wie das daneben-
liegende Kompliment tatsächlich und in aller Unschuld gemeint
war.

„Oh, yes!" pflichte ich ihm bei. „A very nice country – ein sehr
schönes Land." Und meine Aufgeschlossenheit gibt offenbar Anlaß, die Unterhaltung zu vertiefen. Er denkt kurz, aber angestrengt
nach, um sich letztlich doch zu überwinden und ein gewisses Defi-
zit an Geographie einzugestehen: „Zodiac... Wo war das noch
mal?"

Nun, da erteilt man doch gerne ein bißchen Nachhilfe. „You
heard about Africa?" helfe ich ihm auf die Sprünge. „Zaire, Zam-
bia, Zodiac...?"

Schlagartig erhellt sich seine Miene. Natürlich! Afrika. Doch, schon davon gehört. Daß ihm das nicht gleich eingefallen ist! Und dann beeilt er sich, mir zu versichern, Afrika sei überhaupt „a very nice country", was man natürlich nur bestätigen kann. Und vor lauter Begeisterung übersieht dieser Kenner von Welt, daß wir für zentralafrikanische Verhältnisse recht blaßgesichtige Segler sind. Die erste Yacht aus Afrika, wo immer das sein mag, hat sich in den Vestmanna-Sund verirrt! (Klar, daher auch die exotische Schiffsbauweise.) Jetzt treibt es ihn zur Eile: Die Neuigkeit muß unter den Färingern verbreitet werden. „Have a nice day!" wünscht er noch, sparsam mit den Vokabeln, in seinem freundlichen Holperenglisch, um sich sodann in wichtiger Angelegenheit zu entfernen.

Wir mäßigen unsere Heiterkeit, bis die blaue Latzhose hinter den Schuppen verschwunden ist. Dann ist es aus mit der Rücksichtnahme. „SHANGRI-LA aus Zodiac...", keucht Helga und wischt sich die Lachtränen aus den Augen. „Dafür mußt du das zodiakische Verdienstkreuz kriegen. Aber den armen Kerl so zu verarschen!"

Nun ja, gewiß hätte ich ihn belehren können, daß es sich bei „Zodiac" um die in Frankreich ansässige Herstellerfirma unseres Gummibootes handelt. Aber warum denn immer alles so kompliziert machen?

Färöer: die Regentonnen des Nordatlantiks

Sieben Tage in Torshavn, das sind sechs zuviel, zumindest für uns Durchreisende, die wir nicht beabsichtigen, auf dem Felsen Wurzeln zu schlagen. Aber diese Feststellung nützt wenig, solange wir unfreiwillig an der Mole festkleben. Wie lange du als Segler einen Hafen genießen darfst oder mußt, darüber entscheidet eben nicht selten allein der Wetterbericht.

Um den Färöern noch andere Eindrücke zu entlocken als die regenverhangene Düsterkeit der Fjordsiedlung Vestmanna (und deren Erdkunde-Koryphäen, denn der Zodiac-Kenner muß natürlich den beeindruckten Stammtischbrüdern das „afrikanische" Boot vorführen), haben wir SHANGRI-LA gleich am anderen Morgen wieder durch das Tor der lotrechten Felswände hinaus in den Sund gelenkt und zur Südspitze der Insel Streymoy. Auf deren östlicher

Seite wollen wir zur Hauptstadt des Archipels gelangen, ein Törn von nur wenigen Stunden – aber leider auch ein Wechsel vom Regen in die Traufe.

Daß strahlender Sonnenschein die Pier in sommerliche Helligkeit taucht, als wir zum Festmachen die Vorleinen hinüberreichen, ist nichts als Täuschung. Noch am selben Abend prasseln die Regenplatscher aufs Deck, als würden überreife Pflaumen vom Baum geschüttelt. Um das triste Bild abzurunden, kommt beim Frühstück eine Sturmwarnung durchs Radio, und schon ächzen draußen die Leinen, an denen SHANGRI-LA gereizt zu zerren beginnt. Nordatlantikwetter. Was sonst will man hier erwarten? Die Stadt da draußen vor den beschlagenen Fensterscheiben hat sich in Grau gehüllt, und wir haben uns mit ihrer gleichmütigen Abgeschiedenheit zu arrangieren.

Torshavn („Hafen des Thor"), sein Name verrät noch heute seinen Ursprung in der Finsternis des Heidentums. Um das Jahr 900 etablierten die aus Norwegen eingewanderten Nordmänner an dieser Stelle ein frühes Parlament, in welchem Thors Hammer geschwungen und das Volk der Normannen zur Ordnung gerufen wurde –, zählt heute knapp 13 000 Nachfahren der notorischen Haudegen: mehr als ein Viertel der färöischen Gesamtbevölkerung. In den alten Tagen Thors jedoch gab es hier gar keine eigentliche Siedlung, nur einen Versammlungsplatz. Und die Wikinger allein mögen gewußt haben, weshalb sie just die kleine Landzunge in dieser Bucht der Felseninsel wählten, um sich darauf zum Thing einzufinden – und somit am verlassensten Punkt in der Einöde des sturmtosenden Atlantiks das älteste Parlament Europas zu gründen. An eben dieser Stelle, der Halbinsel Tinganes, die den Hafen der Stadt in ein westliches und ein östliches Becken teilt, tagt bis in unsere Zeit das „lagthing", die tausendjährige Volksversammlung der Färinger.

Uns präsentiert sich der Brennpunkt des färöischen Gemeinwesens vorrangig in seiner Eigenschaft als Zentrum der nordatlantischen „Regentonne". Es bedarf keiner bordinternen Diskussion darüber, daß Auslaufen unter den gegebenen Bedingungen nicht in Frage kommt. Bald hat sich die Atmosphäre im Schiff den Außenverhältnissen angeglichen und kann nur als verdrießlich

bezeichnet werden. In der Einsicht, daß die Kajüte zum Krisenge-
biet erklärt werden müßte, wenn man sich tagelang in den vier
Wänden anödet, kleiden wir uns in Imprägniertes und besteigen
täglich abwechselnd die Überlandbusse, die von Torshavn abge-
hen: mal zu diesem, mal zu jenem Ende des immerhin 373 Qua-
dratkilometer großen Felsens.

Streymoy, die Hauptinsel, verfügt über ein erstaunlich gut ausge-
bautes Straßennetz, das jede Ortschaft erreicht. Und solange man
nicht aussteigen muß, sondern, die Nase an die regenbetropfte
Scheibe gedrückt, warm und trocken über Land kutschiert wird,
haben diese Ausflüge durchaus ihren Reiz. Gewiß gibt es keine
sensationellen Attraktionen zu besichtigen, aber die Szenerie,
durch die sich die Landstraßen ziehen, ist selber eine Attraktion für
sich: gewaltig und eindringlich in ihrer markigen, geradlinigen

Wuchtigkeit und Urwüchsigkeit. Die furiosen Wettergewalten steigern noch das dramatische Bild der Landschaft. Hier und dort findet die Sonne Löcher in dem schwarzen, wilden Himmel, durch die sie verstohlen ihre Suchscheinwerfer übers Land streifen läßt. Unter den drohenden nachtblauen Wolkenwänden leuchten dann die geschwungenen Wiesen in tiefem, sattem Grün; sie enden abrupt an dunklen, schwindelnd steilen Abstürzen, die zu den Fjorden abfallen – in schaurige, unheimlich leblose Abgründe.

Helmut ist hingerissen. Seine Begeisterung wirkt drei Tage lang ansteckend, dann merken wir, daß wir wahrscheinlich schon zu viele Fjorde gesehen haben. Anders als für ihn sind für uns diese Ausfahrten nur mehr ein Mittel, um das Übermaß an Zeit auszufüllen. Die Färöer sind nicht unser Urlaubsrevier, sondern lediglich Meilensteine auf dem Weg nach Hause.

Nach Hause... Es fällt überhaupt auf, in welchem Maße die bevorstehende Heimkehr jetzt mehr und mehr von unseren Gedanken Besitz ergreift. Immer häufiger entfährt uns scheinbar unmotiviert ein Satz, der anfängt mit: „Wenn wir dann in Travemünde sind..."

Aber noch sind wir es nicht, obwohl die Distanz schon geschrumpft ist. Noch warten einige hundert Atlantikmeilen, und die sollen, unvermutet wie so oft, kurzweiliger werden, als wir erwarten. Denn ein paar unvorhersehbare Begebenheiten werden noch für Unterhaltung sorgen.

Deren erste ist die ENCHANTRESS.

Als wir nach einer unserer Inseltouren dem Autobus entsteigen und zur Pier zurücktrödeln, stellen wir erstaunt fest, daß dort inzwischen Zuwachs aufgetaucht ist: Schön wie der Inbegriff von Seefahrtsromantik liegt ein malerischer alter Grand-Banks-Schoner hinter SHANGRI-LAS Heck vertäut. Es ist derselbe, den wir vor Heimaey beobachteten, wo er schwer kämpfend den Hafen ansteuerte: ein Schiff, das nostalgische Seemannsherzen höher schlagen läßt. Unsere Bewunderung artet sofort in unverhohlene Neugier aus, und wie immer, wenn Fahrtensegler aufeinandertreffen, ermöglicht der dieser Spezies eigene Korpsgeist zwanglosen Kontakt. Klaus und Ute Rabe, Deutschamerikaner aus Kalifornien, sind die Eigner des Schmuckstücks – und dessen ganze Besatzung. Man

fragt sich, wie das zu schaffen ist, die ENCHANTRESS bei ihren 45 Tonnen Gewicht und 19 Metern Länge mit nur zwei Personen zu handhaben. Eine stramme Leistung, die zu würdigen weiß, wer selber hautnah die entfesselten Kräfte des Nordatlantiks kennengelernt hat. Klaus und Ute machen denn auch einen verwehten und durchgeschüttelten Eindruck. So hohlwangig und unausgeschlafen pflegen Segler nach heftigem Wellenreiten auszusehen. Der Skipper, ein Typ von wortkargem Understatement, schildert den Törn von den Westmännern hierher mit der höflichsten Umschreibung, die einem für „Sturm" einfallen kann: „Pretty rough out there". Für „ein bißchen rauh" haben sie ziemlich viel zu reparieren. Auf dem Schoner hat es Kleinholz gegeben, unter anderem ist eine zu Bruch gegangene Spiere zu beklagen, und die Bordfrau räumt ein, für eine Weile werde die ENCHANTRESS wohl zwecks Rekonvaleszenz an der Pier von Torshavn bleiben müssen. (Was zweifellos der Mannschaft nicht weniger zugute kommen wird als dem Schiff.) Dies bedeutet jedoch, daß unser Kennenlernen leider ziemlich übergangslos in den Abschied mündet; denn nach einer Woche Zwangskurzweil ertönt für uns das Aufbruchsignal aus dem Radio: „Südwest Stärke 8, abnehmend."

Das hört sich brauchbar an. Besser werde es kaum kommen, höchstens schlechter, meint Helga. Also nichts wie los! Ein paar Passanten registrieren irritiert, daß da welche die Segel setzen – am fortgeschrittenen Nachmittag, wenn Torshavn eben zum Feierabend die Bürgersteige hochklappt. Doch wir sind auf dem Heimweg, und jetzt wird nicht mehr gebummelt! Carpe diem tauften einst Freunde von uns ihre Yacht – ein Motto, das für jeden Gültigkeit hat: „Nutze den Tag", auch wenn er schon zur Neige geht.

Seglertreff auf den Shetlands

Sollte der Südwest ausnahmsweise durchhalten, müßte bis übermorgen unser nächster Meilenstein, die britischen Shetlandinseln, zu erreichen sein. Und wahrhaftig, unsere Kalkulation soll diesmal aufgehen. Nach zwei rasanten Tagen unter vollem Segeldruck preßt uns ein reißender Tidenstrom in den Yell-Sound zwischen den Shetlands, und etwas später flattern wir schon in den Hafen von Lerwick. Womit wir uns im Schoße des United Kingdom befinden. Leinen fest und durchgeatmet – das war ein Erfolgserlebnis! Wir fühlen uns richtig aufgemöbelt und beschließen, uns gleich landfein zu verkleiden, um die wunderschöne Altstadt in Augenschein zu nehmen, in die sich malerisch das Hafenbecken einbettet und deren graue Granithäuser uns zu den Fenstern hereinsehen. Wir können nicht ahnen, daß eine Überraschung naht, die dieses Vorhaben sogleich vereiteln wird.

Das Ereignis heißt Mark, aber das wissen wir noch nicht, als es oben in der Plicht einen unüberhörbaren Rums gibt, während wir noch unten vor dem Spiegel die Haarsträhnen ordnen. Als wir erstaunt nachsehen, was da los ist, steht ein Mensch so Mitte der Dreißig vor der Tür und verkündet strahlend mit markigem schottischem Zungenlaut, wie rasend nett es doch sei, uns mal wiederzusehen. „Hello, Helga, hello, Burghard! Nice to be back on Shangri-la!"

Verstört sehen wir uns in zwei muskulöse Arme gequetscht und an ein überschäumendes Herz gerissen.

O je. Wieder mal einer, der offenbar mit uns um die halbe Welt gesegelt ist, aber uns lassen die grauen Zellen im Stich. Helmut sieht mich fragend an. „Ich wußte ja gar nicht, daß ihr hier Bekannte habt."

Wußte ich auch nicht. Und selbst mit größter Geistesanstrengung vermag ich ihm den unverhofften Besucher nicht namentlich vorzustellen. Auch Helgas inneres Auge kramt sichtlich im Gedächtnis nach diesem verlorenen Sohn. Überrumpelt mimen wir Begeisterung, doch es bleibt uns erspart, erste Anzeichen von Verkalkung zu offenbaren.

„Hello, wir kennen uns noch nicht", stellt der Typ mit Blick auf Helmut fest und reicht ihm die Hand. „Ich bin Mark und kenne die Shangri-la schon aus der Zeit auf Fidschi. Mann, das war noch was, nicht, Burghard?"

Fidschi. Aha. Das kann im Klartext nur heißen: Yachtklub Suva, wo damals die ganze Clique der internationalen Blauwassersegler versammelt war, gestrandet am „Mahagoni-Riff" der Bar, um mit eisgekühltem Bier die Polynesien-Saison zu verabschieden. Denn die Zeit der Taifune stand kurz bevor, und die Yachtiefamilie mußte aus dem Revier verschwinden. Mann, das ist Jahre her. Ich versuche, die Gesichter zum Leben zu erwecken, die mir in der Erinnerung aus dem Kneipendunst entgegendämmern. Verdammt, irgendwie bekannt kommt mir diese Nase schon vor.

„Finde ich ja irre", antwortet Helmut an meiner Stelle. Kann man wohl sagen. Nach zehn Jahren Weltumsegelung scheint es kaum noch eine Bucht an den Ozeanen dieser Erde zu geben, wo wir nicht auf alte Bekannte treffen.

Daß Mark unzweifelhaft zur Gattung der Yachties gehört, hat er bewiesen, als er unverzüglich mit einem Angebot herausrückt, das intimes Wissen um Fahrtenseglers dringlichste Bedürfnisse verrät: „Schlage vor, ihr kommt gleich mit zu mir. Nehmt eure schmutzigen Klamotten mit, ich hab 'ne Waschmaschine. Und duschen könnt ihr auch."

Derartigen Luxus hat noch kein Segler ausgeschlagen. Wir tun wie geheißen und sitzen eine Viertelstunde später bei diesem allerersten Besuch der Shetlandinseln in der Bude eines uralten Freundes.

Und Marks Zwei-Zimmer-Kabäuschen bleibt denn auch das wesentliche, was wir von Lerwick zu sehen kriegen. Während in der Waschmaschine unsere T-Shirts rotieren, erwachen die längst verblaßten Tage von Suva zu unverhofftem Leben. Mark muß über ein phänomenales Gedächtnis verfügen, denn er kennt sie alle noch, die damals dabei waren, die Yachten wie ihre Skipper, von denen jeder seine eigene Geschichte hatte. So ist dieser Abend angefüllt mit farbigen Pazifikstories, und es berührt uns schon etwas eigenartig, daß wir hier – fast am Ende der langen Reise – eingeholt werden von unseren frühen, einschneidenden Erlebnissen, die uns damals fest mit dem Volk der Yachties verschweißten.

Nur Helmut hat natürlich nicht allzuviel von dem ständigen „Weißt du noch…" und guckt genauso aus der Wäsche wie einer, der als Außenstehender stundenlang Urlaubserinnerungen an Gran Canaria ertragen muß. Zwei Tage später aber wird das Kapitel „Schottland in der Südsee" wieder geschlossen, denn der Wetterbericht gibt uns bereits das Okay zum Aufbruch. Keiner begrüßt das mehr als Helmut, weil er allmählich seinen Urlaub verrinnen sieht. Ihm fehlen jetzt die Tage, die er damals in Reykjavik wartenderweise vertrödeln mußte.

Unter Marks fachmännischen Blicken machen wir seeklar – da knattert die ENCHANTRESS an die Pier!

Klaus und Ute, inzwischen sichtlich regeneriert, winken fröhlich herüber. Wir fühlen uns vom Schicksal hereingelegt. Hätten wir jetzt nicht Grund genug, uns in Lerwick noch für eine Weile niederzulassen? Schon in Thorshavn reichte es nur gerade dazu, sich ein bißchen zu beschnuppern. Ein Nichteingeweihter könnte meinen, unsere beiden Schiffe veranstalteten eine Pendelstaffel; oder daß es sich um zwei Crews handelt, die einander nicht ausstehen können, da immer die eine das Weite sucht, sobald die andere auftaucht. Natürlich ist das Gegenteil der Fall.

Zu dumm – aber in Lübeck gibt es einen Chef, der unseren Helmut in wenigen Tagen an seinem Arbeitsplatz zu sehen wünscht. Deshalb hat der Urlauber es jetzt eilig, wieder europäisches Festland unter die Füße zu kriegen. Es ist bereits beschlossen, daß wir Stavanger in Norwegen anlaufen, von wo Helmut dann auf dem Landweg uns voraus nach Hause eilen wird. So wird also auch aus diesem Zusammentreffen mit Klaus und Ute Rabe und ihrem Traumschiff nur eine geraffte Abschieds-Stehparty. Bleibt zu hoffen, daß aller guten Dinge drei sind und es ein nächstes Mal gemütlicher zugehen kann.

Riesenspinnen an Norwegens Küste

Mit einem winkenden Gruppenbild – Ute Rabe eingerahmt von zwei Mannsbildern, alle drei dekorativ postiert neben der wunderschönen ENCHANTRESS – verabschiedet uns Lerwick, der schottische Hafen, in dem wir vorgestern noch keine Seele zu kennen glaubten. Wie wir uns denn fühlen, wollten sie noch wissen, jetzt, da wir nach so vielen Jahren und einer Kurslinie von mehr als doppeltem Erdumfang nur noch einen Katzensprung nach Hause haben? Ich fürchte, uns sind darauf nur ein paar unzureichende Formulierungen gelungen, die unser ganzes Unvermögen verrieten, das bevorstehende Ereignis überhaupt zu begreifen. Räumlich und zeitlich in greifbare Nähe gerückt, bleibt die Heimkehr doch noch eine seltsam versponnene Vorstellung, ein Tagtraum, vor den sich vorläufig noch immer wieder der nüchterne Bordalltag schiebt.

Helmut gerät langsam in Unruhe, ob er es schaffen werde, seinen Urlaub termingerecht zu beenden, und fängt auf See bald an, seine Sachen zu sortieren; denn die nächste Station wird sein Umsteigebahnhof sein – und ist nicht mehr allzu fern. Nur sechsunddreißig Stunden später liegen die norwegischen Ölfelder voraus, in die wir unter wachsamen Radaraugen einrücken. Ein weiträumiges, gespenstisches Panoptikum fürchterlicher Mega-Insekten, wie einem Gruselfilm entkrochen, breitet sich über die Meeresfläche aus: Auf ihren grotesk langen Beinen stehen die Förderplattformen noch über der grau wabernden, herbstdunstigen Nordsee – staksigen Riesenspinnen gleich, zwischen denen sich unser roter Kat winzig wie ein Wasserfloh ausnimmt. Um so ein Ungetüm für ein Porträt vor die Linse zu bekommen, setzen wir unseren Kurs nahe an eines der Monster ab, unerlaubt nahe, wie sich sofort zeigt. Schleunigst prescht wie ein Wachhund eine Barkasse herbei, um unser argloses Segelboot zu verbellen. Also: man darf nicht. Schon wegen der eigenen Sicherheit, versteht sich.

Na, dann eben nicht. Zu mitternächtlicher Stunde sind wir in Stavanger, und hier können wir die Stahlgiganten aus nächster Nähe bestaunen. Lichterloh strahlend wie galaktische Weihnachtsbäume liegen zwei zur Reparatur im Hafen. Die ganze nächtliche Szenerie gleißt im kalten Licht ihrer Lampen und

Scheinwerfer, die aus schwindelnder Höhe herabblitzen. Fasziniert ermessen wir die Dimensionen der maritimen Wolkenkratzer:
Selbst mit dreifacher Mastlänge wäre SHANGRI-LA noch ein Winz-
ling, der bequem unter diesen Plattformen herumkreuzen könnte.
Sobald wir einen stillen Platz gefunden haben, wünschen wir uns
umgehend gute Ruh'. Es ist spät geworden, und Helmut verbleiben
für seine letzte Nacht an Bord nur noch wenige Stunden.

Am nächsten Vormittag dann ist die Gästekabine wieder einmal
leer und unser Aushilfsmaat via Oslo schon auf dem Weg nach
Hause. Und wir stellen fest, daß jetzt, da der Kontinent erreicht ist,
auch uns nichts mehr hält. Mehr und mehr müssen wir uns des
Lampenfiebers erwehren, so als habe für uns ein heimlicher
Countdown begonnen. Ausgedehnter Landgang ist nicht mehr
gefragt und wird wegen mangelnder Konzentrationsfähigkeit gestrichen. Als Helmut am Bahnhof abgeliefert ist, führt uns nur noch
ein Abstecher in den nächsten Supermarkt, doch die landesüblichen Lebensmittelpreise katapultieren uns unverrichteter Dinge
bald wieder vor die Tür. Sie erkläre dem norwegischen Lebensmit-
telhandel mit sofortiger Wirkung den Boykott, verkündet die Bordfrau der SHANGRI-LA und strebt entschlossen an der Kasse vorbei.
Was sie noch morgens auf den Einkaufszettel gesetzt hatte, wird
nun als doch nicht so notwendig eingestuft. Bis nach Hause, behauptet die Zahlmeisterin jetzt, werden entgegen erster Schätzung
die Bestände wohl noch reichen.

Eine Nacht noch verbringen wir in Stavanger, des bequemen,
von keiner Ruderwache unterbrochenen Ausschlafens wegen und
weil der Zeitplan es erlaubt. Freund Jörg hat wirklich treffsicher
kalkuliert: Immer vorausgesetzt, die letzte Strecke birgt keine un-
vorhersehbaren Katastrophen, müßte es uns gelingen, mit königli-
cher Pünktlichkeit an die Mole von Travemünde zu dieseln. Über
Nacht hat der Himmel wie gerufen den kostenlosen Antrieb geschickt: Es brist aus Nordwest auf! Ohne Verzögerung legen wir
nach einer eilig hinuntergekippten Tasse Kaffee ab. Dann wird
zum zweiten Mal das Reich der Riesenspinnen passiert, und mit
Braßfahrt zielt SHANGRI-LA südwärts, immer der Linie des norwegischen Küstenbogens folgend.

Als es am Ende dieses Tages dunkelt, liegt das Leuchtfeuer von

Lista schon achteraus. Dann sackt es hinter den nächtlichen Horizont, und in die Dunkelheit hinein durchqueren wir das letzte rauhe Gefilde: das notorisch unruhige Skagerak. Es bietet uns das, wofür es berüchtigt ist: mächtige, hochgehende Seen von „Weltumseglerqualität", wie Helga es ausdrückt, unseren allerletzten brausenden Wellenritt über Berg und Tal, der sich aber erschöpft, sobald wir an Dänemarks Nordecke bei Skagen die Kurve ins Kattegat kriegen. Und hier – erstmals seit ihrer fernen Jungfernzeit – hat SHANGRI-LA wieder wohlbekanntes Wasser unter den Kielen: unser altvertrautes Übungsrevier ist erreicht, in dem der Kat einst während diverser Sommertörns auf seine Tauglichkeit getestet wurde.

Der warme Wind der Heimat

Am Eingang des Kattegat behindert uns drehender Wind, so daß wir zu pausieren beschließen und uns gleich in Frederikshaven festbinden. Macht nichts, wir sind ja fast zu Hause, und es bleibt noch Zeit genug. Die letzten Nächte können nun jeweils unter Land, im Schutz der dänischen Häfen verbracht werden. In bequemen Tagesetappen geht es weiter durch die dänische Südsee.

Ach, wie vertraut, wie anheimelnd alles ist! Der Wind trägt von Land her den intensiven Geruch frischen Heus über das Wasser, und wir inhalieren ihn wie das heilsame Aroma einer Arznei. Es riecht schon nach Heimat! Nach dem weiten, flachen Land zwischen den Meeren, wo zitronengelb die Rapsfelder leuchten, wenn es Sommer wird, und wo über sonnenschläfrige Rinderweiden, gesäumt von den dunkelgrünen Buschreihen verträumter Knicks voll zirpender Grillen, stets der frische Hauch des Seewindes streicht. Wir genießen sie berauscht, diese letzten, unbeschreiblichen Schritte aus der Fremde zurück in den heimischen Garten, in dem wohlbewahrt unsere Wurzeln liegen. Wir schwelgen in einer herzzerreißenden Lust, wohl wissend, daß sie einmalig in unserem Leben und nicht wiederholbar ist. Unsere Augen sind auf die Küste geheftet, die noch die Küste Dänemarks ist, aber der Schleswig-Holsteins so augenfällig verwandt. Wir studieren die Umrisse von Häusern und Kirchen, bestaunen eine Unzahl sausender Windräder, mit denen man offensichtlich zu alternativer Energiegewinnung übergegangen ist. Die gab's früher noch nicht, oder doch? Ach, es ist so lange her. Alles scheint vom Glanz des Neuen überstrahlt und verströmt doch das beglückend Besänftigende einer nestwarmen, verläßlichen Unwandelbarkeit.

Unser letztes dänisches Quartier nehmen wir in Ballen auf der Insel Samsö. In den kleinen Yachthäfen einen Liegeplatz zu ergattern, bereitet keine Schwierigkeiten, da die Segelsaison 1987 ihrem herbstlichen Kehraus zustrebt. Überall klaffen schon Lücken an den Stegen, und nur die ganz Ausdauernden nutzen noch die letzten, schon von Reif überhauchten Wochen, bevor Kälte, Regen und stürmische Winde die Boote ins Winterlager treiben und die Skipper zu Köm und Grog in die warme Stube.

Zu nachtschlafender Stunde gleiten wir an den Steg von Ballen, anscheinend unbemerkt vom Rest der Welt, denn morgens zeigt man sich auf dem Nebenboot überrascht ob der plötzlichen Nachbarschaft. Mehr noch, ein pflichtbewußter Freizeitkapitän beeilt sich, meinen Leichtsinn zu tadeln: „Mann, Sie haben aber Nerven, ährlich! Hier im Dunkeln einzulaufen, dat is jefährlich, mein Bester! Machen Se sowat lieber nich!"

Nun sind alle unsere Zweifel beseitigt: Deutschland kann wirklich nicht mehr weit sein. Seine berühmten Experten jedenfalls sind schon da. Aber nichts könnte heute den Höhenflug meines Gemüts auf die Erde zurückholen, nicht einmal das gestrenge Wort eines teutonischen Sachverständigen, der sich anscheinend nicht erklären kann, wozu die umfassende nächtliche Befeuerung gut ist, die gerade dieses Gebiet zu einem so sicheren Segelrevier macht. „Wieso denn nicht?" frage ich also in geheuchelter Ahnungslosigkeit und gestehe kleinlaut, daß unser Landfall auf den letzten neunzigtausend Seemeilen meistens ganz gut geklappt hat, auch wenn nicht die Sonne schien.

Das mit den neunzigtausend Meilen muß erst mal einsickern. Als ich die Erklärung nachliefere, wird ein beleibter Vorschotmann aus der Kajüte hochgescheucht. „Otto! Komm rauf, die da sind um die Welt gesegelt! Mach ma Fotto!" Otto kommt aus dem Bau. „Watt, ährlich? Um die Welt? Mit dem Dingens da . . .?"

Das Doppelkinn schwankt zwischen Zweifel und Respekt.

„Ährlich", sage ich.

Otto bringt die Pocketkamera in Anschlag und knipst uns für seinen nächsten Dia-Abend. Dann streichen zwei Freizeit-Sailors mit nicht sehr überzeugten Mienen von vorn bis achtern über ihr Deck, um das rote Boot daneben zu begutachten. Nee, wie klein dat is! Mit *der* Nußschale kann man so ausgefallene Sachen machen? Vier argwöhnische Augen forschen nach einem Indiz, nach Beweismaterial. Die große weite Welt, die hinterläßt doch ihre Spuren, oder? Irgendwas Handfestes, Sichtbares, das als Beglaubigung akzeptiert werden kann und der Phantasie auf die Sprünge hilft...

Ich folge ihren hartnäckigen Blicken und gebe mich geschlagen: Wir werden den Beleg schuldig bleiben. Wenigstens hätten wir ein paar Palmwedel als Trophäen aus Vordeck legen sollen, so was schmückt ungemein und sieht sehr glaubhaft nach Weltumsegelung aus; oder hätten wir in die Steven eindrucksvolle Kerben schnitzen sollen, unschwer als grausige Hinterlassenschaft des weißen Hais zu identifizieren? So aber braucht dieser Katamaran sich nicht zu wundern, wenn er mit hundert anderen verwechselt wird, die nur eine gemächliche Feriensaison hinter sich haben. Wir lassen Otto und den Dicken zurück: zwei Stegnachbarn, die großzügig Haltung bewahren, obwohl sie sich ganz klar veräppelt fühlen.

Noch einmal setzen wir Segel, routinierten Griffes wie tausendmal zuvor, doch nun schon mit schneller pochendem Herzen. Und SHANGRI-LA, als wüßte sie, wie bald sie ihrer Funktion für lange Zeit entbunden sein wird, scheint sich heute besonders an ihrem Element zu ergötzen, prescht lebendig voran, pflügt das Wasser der Ostsee, als gehöre es ihr, jagt wie der Wind selbst unter der hoch über uns am Himmel schwebenden Fehmarnsundbrücke hindurch – und wäre doch glatt noch vor ihrem Ehrentag daheim gewesen, hätten wir sie nicht ein letztes Mal gezügelt. Soll unsere Empfangsparty exakt nach Jörgs Libretto zelebriert werden (was mag der bloß organisiert haben?), so müssen wir bis dahin noch in irgendeiner Ecke auf unseren Auftritt warten. Wiederum „wagen" wir einen Landfall bei stockfinsterer Nacht, diesmal in Grömitz am Rand der Neustädter Bucht. Und jetzt, findet Helga, sei die Dunkelheit direkt unser Verbündeter, gelte es doch nun, das Inkognito zu wahren, um

Jörg die Pointe nicht zu verderben. Denn wie sähe das aus, wenn wir nicht triefenden Auges und abgezehrt unmittelbar aus der mörderischen Hölle des Nordatlantiks kämen, sondern bloß aus Grömitz? Von da kann ja jeder kommen.

Als der Morgen dämmert, findet er uns in einem eigenartigen Zustand: verirrt in einem Labyrinth verworrenster Empfindungen und Gedanken, fröstelnd nach ruhelos durchwachter Nacht. Doch das Heil naht. Nur noch wenige Stunden der mühsam beherrschten Erwartung, und ein ekstatischer Taumel der Freude wird uns erlösen.

Es ist Samstag, der 26. September 1987. Der Frühnebel hat sich verflüchtigt, ein knallblauer Himmel prangt über der Lübecker Bucht. Um zwölf Uhr mittags passieren wir die Mole von Travemünde, umringt und eskortiert von einer Armada unzähliger, über die Toppen geflaggter Boote. Eine unfaßliche Volksmenge, viele tausend Schaulustige säumen die Uferstrecke bis zum Anleger.

SHANGRI-LA kehrt heim. Wir verlassen ihre Planken, hineingerissen in einen Tumult herandrängender Menschen und Hunderter Hände, die uns berühren. Aufgefangen in einer Woge aus Umarmungen und Küssen, begrüßt mit Jubelgeschrei und ein paar hastig weggewischten Tränen.

„Wann wollt ihr wieder los?"

Wahrscheinlich kennt kein Mensch, der nicht zufällig in der Umgebung Lübecks beheimatet ist, dieses Schlackenhusen. Seine Bildungslücke ist verzeihlich, und der Unwissende gräme sich nicht, denn erstens entgeht ihm nichts, und zweitens würde ein Nichteingeweihter nach diesem ominösen Vorort der Hansestadt auf Karten, Stadtplänen oder Straßenschildern ohnehin vergeblich fahnden. Schlackenhusen, das sein Pseudonym der Treffsicherheit des Volksmunds verdankt, rangiert verwaltungsmäßig natürlich unter seinem richtigen Namen: Herrenwyk. Das tönt hochherrschaftlich und bemäntelt elegant, daß von der properen Ostseestadt übelster Schmuddelecke die Rede ist. Metallhütte, Kokerei, Elektrizitätswerk – kurz: was Dreck in die Gegend zu schleudern pflegt, versammelte sich in Eintracht an den einstmals idyllischen Ufern der

267

Trave. Daß die Metallhütte mittlerweile aus dem Reigen der Schmutzfinken ausgeschieden ist, mildert das freudlose Gesicht des schwärzlichen Industrieviertels um nichts, denn die verbliebene Kokerei und das E-Werk tun ihr möglichstes, Auswurf für drei zu produzieren.

Es ist also eine dieser Gegenden, wo einen der Weltschmerz anfallen kann – und das traurig aufgebockte, seinem Lebensraum entrissene Wasserfahrzeug (ehemals anscheinend von roter Farbe) nimmt sich um so elender darin aus: deplaziert, um nicht zu sagen degradiert. In Schlackenhusen hält Shangri-la ihren Winterschlaf auf heimischem Boden, gerahmt von den niederdrückenden Fabrikfassaden, und jedesmal, wenn ich hingehe, sie zu besuchen, denke ich, ihr Schlaf muß voller Alpträume sein. Wie doch das kümmerliche Quartier auf sie abgefärbt hat – abgefärbt im wörtlichen Sinne: vor kurzem noch die gefeierte, glitzernde Hauptdarstellerin eines maritimen Schauspiels, ist sie nun gräulich bemehlt vom Kohlenstaub, den der Wind von den Halden herüberträgt, ja achtlos beworfen mit ganzen Schlackenstücken, die das Elektrizitätswerk auf sie herabhustet. Aber auf die Schnelle hat nun mal kein anderer Parkplatz zu Verfügung gestanden, wir konnten nicht wählerisch sein. Und so teilt Shangri-la das Los gestürzter Filmdiven: vergessen im Abseits dämmernd, nachdem das Rampenlicht erloschen ist.

„Das hat sie nicht verdient!" martert sich Helga bei jeder unserer Kontrollvisiten in Schlackenhusen, und wehmütig, voll schlechten Gewissens, ziehen wir wieder von dannen.

Sechs Monate lang durfte die knallrote Polyester-Weltumseglerin ein Star sein, stürmisch umjubelt am Tag ihrer Heimkehr, bewundert und gewürdigt bei Segelwochen und was sich sonst an maritimen Massenveranstaltungen ereignete. Auf der „boot" in Düsseldorf, wo sie in einer Südseekulisse posierte (authentisch ausstaffiert bis hin zur Kokospalme), defilierten 400 000 Besucher an ihren auf Hochglanz polierten Rümpfen vorbei, bestaunten den kleinen Katamaran, der keinen Meridian der Erdkugel ausließ, der das legendäre Kap Hoorn umrundete, den südlichsten Hafen der Welt kennenlernte und abertausend Meilen weiter nördlich den segelnden Eisbergen der Arktis begegnete.

Von der Ausstellung in Düsseldorf motorten wir zurück über den Rhein und die Binnenwasserwege Richtung Ostsee geradewegs in das Schwarze Loch von Schlackenhusen – und dabei tröstete uns nur *ein* Gedanke: die Gewißheit, daß dies, mochte es auch ganz und gar nicht so aussehen, natürlich nicht das Aus bedeutet. Schlackenhusen, das wäre eine traurige Endstation. Aber es ist ja nur die Wartebank ...

Einerseits sind wir froh, als es endlich stiller geworden ist um SHANGRI-LA und ihre publicitygestreßte Crew, daß die hektischen Monate des Herumgereichtwerdens, der Vortragsreisen und der ewig gleichen Fragen vorüber sind. Alles hat seine Zeit, und als die Euphorie bei Heimkehrern und Publikum sich aufgezehrt hat, beginnt – endlich – für uns die nötige Phase der inneren Sammlung und Verarbeitung. Wir gehen in Klausur. Verschanzt hinter dem Bollwerk eines Schreibtisches, nehme ich den Kampf auf mit dem schrecklich weißen, leeren Manuskriptpapier, während Helga versucht, System in den erlebnisschweren Berg hunderter Filme und tausender Fotos zu bringen. Es mangelt uns nicht an Arbeit, und sie hilft, sowohl die Fülle der letzten Jahre in unseren Köpfen zu bewältigen als auch einen Ausblick auf die Zukunft zu finden. Denn natürlich geschieht in diesen Tagen und Wochen, was geschehen mußte: Das Fernweh erhält schon neue Nahrung. Die Sehnsucht nach blauem Wasser und unverbauten Horizonten, von den Notwendigkeiten des Augenblicks nur zeitweise verdrängt, ist lebendig geblieben und ergreift wieder von uns Besitz in dem Maße, wie die Sonne steigt und das Frühjahr sich ankündigt.

„Warte nur noch ein bißchen", sage ich zu SHANGRI-LA, wenn ich den Kohlendreck von ihrem Deck fege, „bald wirst du wieder Wasser unter den Kielen haben, altes Mädchen!"

So viele Ufer sind noch zu entdecken und die schon vertrauten wiederzufinden. Noch allerdings ist sich die Mannschaft uneins über die einzuschlagende Himmelsrichtung. Während die Bordfrau, genervt vom norddeutschen Schmuddelwinter, des öfteren äußert, die Zeit sei reif für Südseestrände und warme Lagunen, scheint sich der Skipper unheilbar zum Eis-Seebären entwickelt zu haben. „Na, du alter Wikinger", sagen schon manche zu mir, denn Pieske, das ist der, der immer mit ganz verklärtem Blick von Eisbergen, Fjorden und kahlen Gebirgen faselt. Es ist wahr: Die gewaltigen Küstenlandschaften und weiß betupften Gewässer des Nordens haben bei mir den nachhaltigsten Eindruck hinterlassen.

Bald ertappe ich mich dabei, daß ich erste Notizen auf Zettel kritzele: was zum Neuausrüsten der SHANGRI-LA alles zu besorgen wäre. Denn vor den nächsten Start haben die Götter natürlich wieder eine Generalüberholung gesetzt, und für Ausbesserungen hier, Verstärkungen dort, wird allerhand Material benötigt. Jetzt, nach zehn Jahren, müssen die Maschinen ausgewechselt werden, und auch neue Segel sowie einen neuen Mast setze ich gleich mit auf die Einkaufsliste, nicht ahnend, was dem Sparstrumpf sonst noch alles an nicht Einkalkuliertem zugemutet werden soll... Denn genau zu diesem Zeitpunkt, da frischer Unternehmungsgeist sich regt, sucht uns unvermittelt das Schicksal heim. Das heißt, nicht das Schicksal, sondern jemand mit zwei Beinen und zehn Fingern – sehr langen Fingern.

Es ist ein Sonntagabend, der uns wieder mal nach Schlackenhusen führt. Schon von fern erkennbar, gähnt weit offen SHANGRI-LAS Eingangsschott. Sollten wir letztesmal vergessen haben abzuschließen?

Als wir über die Leiter an Bord geklettert sind, bietet sich ein Bild, das unsere hochfahrenden Träume schlagartig platzen läßt. Die Tür ist mit Brecheisen und martialischer Gewalt aus dem Teakholzrahmen gehebelt worden, und der Blick in Kajüte und Kabinen bestätigt unsere schlimmsten Ahnungen: totale Verwüstung! Schapps und Schränke sind durchwühlt und geplündert, Schubladen ausgekippt, Lampen aus der Wand gerissen. Rasch wird uns klar, daß hier keine rabiaten Souvenirsammler am Werk waren, sondern Profis, die sich als Transportmittel eines Lastwagens bedient haben müssen. Denn eingesackt haben sie sachkundig, was brauchbar ist, um eine Yacht seeklar auszurüsten: Anker, Sicherheitsmittel, sogar das Ölzeug, vor allem aber die teuren Navigationsgeräte.

Helga sinkt blaß in die Sofaecke und kann sich der Tränen nicht erwehren; es sind Tränen der Wut und Enttäuschung. Eine Weile bleiben wir stumm, sitzen da wie erschlagen. Dann sagt sie verbittert: „Komisch, was? Der Tiki muß gepennt haben."

Der Tiki ist unsere polynesische Gottheit, holzgeschnitzt und eine Antiquität. Er hockt ungerührt in seiner Ecke am Niedergang zu den Backbordkabinen. Allem Anschein nach hält auch er gerade Winterschlaf, denn eigentlich soll es seine Aufgabe sein, Haus und Hof zu bewachen.

Nach und nach erfassen wir das ganze Ausmaß des Schadens und empfinden es als bitterböse Ironie, daß hier passiert ist, wovor wir in Grönland immer Angst hatten. Das Schlimmste aber ist, daß dieser Einbruch (weder wird sich ein Täter ermitteln noch das Gestohlene jemals aufspüren lassen) uns aller Hoffnung auf baldige Verwirklichung unserer neuen Pläne beraubt. Denn die Folgen dieser Gemeinheit – Kämpfe mit Versicherungen und kostspielige Neuanschaffungen – lassen sich nicht so schnell verkraften.

Jetzt liegt unser Schiff auch sinnbildlich auf dem Trockenen. Denn was es heißt, fast von vorne anzufangen, wissen wir nur zu gut. (Beim Stapellauf 1975 glaubten wir, noch im selben Jahr starten zu können – und dann zogen sich die Vorbereitungen weitere zwei Jahre hin.) Nichtsdestoweniger soll auch diese massive Erschwernis uns letztlich ein Ansporn sein. Weder im Treibeis noch in Orkanen ist SHANGRI-LA gescheitert – und schon gar nicht wird sie kapitulieren wegen irgendwelcher Segelfreunde, die sie möglicherweise mit einem Selbstbedienungsladen verwechselten.

Der Marathon ihrer Wiederherstellung wird umgehend in Angriff genommen. Nur die ewig gleiche Frage aller interessierten Mitmenschen können wir nicht befriedigend beantworten: „Wann wollt ihr wieder los?"

„Wenn das Schiff fertig ist", sage ich dann immer, was wenig erschöpfend ist, aber wahrheitsgemäß. Bis sie fertig ist – so lange wird SHANGRI-LA in Schlackenhusen ausharren müssen, um eines Tages wie Phönix aus der Asche zu steigen. Nicht selten packt mich Verzweiflung, aber dann fällt mein Blick auf ihre Schwimmerspitzen. Sie zeigen genau nach Westen – dorthin, wo weit hinter dem Horizont all das liegt, was mein Herz begehrt: üppig grüne Inseln unter tropischer Sonne – oder feierlich stille Felsenküsten, vor denen weiße Glitzerberge in ewiger Prozession dahingleiten.

Abenteuer bekannter Segler in unwirtlichen Regionen

Bobby Schenk
Segeln im Reich der Stürme

In spannender Form erzählt der vielgelesene Autor von seiner jüngsten Reise, die er zusammen mit seiner Frau Carla unternahm: Im eigenen Kleinflugzeug über den Atlantik nach Südamerika und dort mit der Yacht eines Freundes nach Feuerland und zum Kap Hoorn, der berüchtigsten Ecke der Welt.
294 Seiten mit 52 Farbfotos und 15 Abbildungen und Karten, geb. DM 36,–

Heide Wilts
Wo Berge segeln

Der lebendige Bericht über die zweite, ausgedehnte Reise des Ehepaars Wilts und seiner wechselnden Crew in die besonders risikoreichen Gewässer der Arktis, ergänzt durch Schilderungen aus Gegenwart und Vergangenheit der angesteuerten Küsten und besuchten Orte.
270 Seiten mit 44 Farbfotos und 8 Karten, geb. DM 34,–

Erhältlich im Buchhandel

Delius Klasing
Verlag

NOR

GRÖNLAND

Westmänner-I
Island
Färöer
Sh

Godthåb

Nanortalik
Frobisher Bay

NORD-
AMERIKA

Halifax
New York

Azoren

Vigo

Kanarische
Inseln

Miami
Bahama-In.
Kuba

ATLANTISCHER
OZEAN

Kapverdische
Inseln

Kl. Antillen

Cayenne

PAZIFISCHER

Galápagos-In.

SÜD-
AMERIKA

Ascension

OZEAN

Tuamotu-Inseln

Salvador

Tahiti
Cook-Inseln

Arica
Iquique
Antofagasta

St. Helena

Rio de Janeiro
Santos

Juan-
Fernández

Valparaíso

Concepción
Puerto Montt

Montevideo

Comodoro Rivadavia

Falkland-
Inseln

Kap Hoorn